本书获科技部创新型城市改革政策项目"基于政策导向的创新型城市建设'潍坊模式'研究"、教育部产学合作协同育人项目（编号：201801114030）、教育部人文社会科学研究项目"区域城乡一体化测度与评价研究"、山东省社会科学规划研究项目（编号：14DJJJ11）、潍坊市社会科学规划重点研究课题"潍坊创新型城市建设与高质量发展研究"、潍坊学院杰出青年人才支持计划资助

周志霞 著

山东省低碳经济发展与应用研究

中国社会科学出版社

图书在版编目（CIP）数据

山东省低碳经济发展与应用研究 / 周志霞著 . —北京：中国社会科学出版社，2019.9
ISBN 978-7-5203-5179-9

Ⅰ.①山… Ⅱ.①周… Ⅲ.①低碳经济—区域经济发展—研究—山东 Ⅳ.①F127.52

中国版本图书馆 CIP 数据核字（2019）第 216525 号

出 版 人	赵剑英
责任编辑	刘晓红
责任校对	周晓东
责任印制	戴　宽
出　　版	中国社会科学出版社
社　　址	北京鼓楼西大街甲 158 号
邮　　编	100720
网　　址	http：//www.csspw.cn
发 行 部	010-84083685
门 市 部	010-84029450
经　　销	新华书店及其他书店
印刷装订	北京市十月印刷有限公司
版　　次	2019 年 9 月第 1 版
印　　次	2019 年 9 月第 1 次印刷
开　　本	710×1000　1/16
印　　张	18
插　　页	2
字　　数	277 千字
定　　价	99.00 元

凡购买中国社会科学出版社图书，如有质量问题请与本社营销中心联系调换
电话：010-84083683
版权所有　侵权必究

序　言

自 2003 年英国政府首次提出低碳经济概念以来，日、美、加、法、意等国均做出了积极努力，发展低碳经济已成为各国应对全球气候变暖的战略选择。根据世界银行、全球碳计划（Global Carbon Project）等机构发布的数据，中国碳排放量已居世界第一，中国碳排放问题已成为全球关注的焦点问题。低碳经济是以低能耗、低排放、低污染为基础的经济发展模式，发展低碳经济符合我国保护生态环境的生态建设要求，以及提升国家国际竞争力的发展趋势。

为推进"绿色山东"及现代化强省建设，山东省政府于 2016 年发布了《关于加快推进生态文明建设的实施方案》，于 2018 年获批国家新旧动能转换综合试验区建设方案，大胆探索从改革完善省域主体健康发展机制、要素省域配置机制、财税激励约束机制、绿色低碳发展机制和城乡融合发展机制等多方面，构建起经济良性发展的政策与制度环境。但山东省经济发展的主体方式目前仍陷入"高能耗、高排放、高污染"的高碳模式，亟须寻求低碳健康的增长方式与路径。

基于上述研究背景，本书加强对山东省低碳经济发展现状、低碳经济要素关联性分析、低碳经济模式应用、低碳技术采用激励制度、低碳经济发展系统、低碳经济发展 SD 仿真模拟与预测分析、低碳经济发展路径选择及政策建议等内容的定性与定量分析，能够为当地政府科学规划并合理实施低碳经济发展路径提供科学适用的政策参考，具有极大的理论参考价值与现实指导意义。具体表现在以下方面：

第一，多维度、多层面调查分析了山东省低碳经济发展与应用问题。本书在理论研究与实践探索的基础上，运用规范分析、定量研究、实验经济学检验等研究范式，从不同维度探究山东省低碳经济发展的现状与模式应用，系统分析驱动要素的关联关系，科学探寻并合理检验低碳技术采用的激励政策，合理提出科学适用的政策建议，对于低碳经济研究范畴的拓展及实践具有一定的参考价值。

第二，运用系统动力学研究范式探究了山东省低碳经济系统的运行机理与发展规律。本书从系统性、演化论的角度深入分析了山东省低碳经济动力要素与系统经济绩效的耦合机理，探寻了低碳经济发展动因作用于系统绩效产出的有效路径。对山东省低碳经济演化机理与发展路径的仿真模拟与预测分析，既丰富和发展了 SD 仿真模型的应用领域，又为低碳经济发展提供了科学有效的实证借鉴，具有一定的理论拓展与实践指导意义。

第三，多模式、多路径探寻了山东省低碳经济增长路径，强化了示范和辐射带动作用，扩大了成果受益面。本书深入探寻了产业低碳化转型路径及综合互补型路径的发展模式，科学构建了不同发展阶段山东省低碳经济发展的有效路径，最终形成了低碳经济路径与需求良好匹配的动态生态系统。研究成果为低碳经济模式的有效运行提供了有力的依据，对于其他地区相关问题的研究具有一定的现实借鉴意义。本书以山东省低碳地区、中碳地区、高碳地区为研究重点，对山东省低碳经济发展模式及路径进行了研究与示范，提高了低碳经济成效，推进了低碳经济与地区、社会、环境的协调发展，其辐射带动效应扩大了相关地区发展的受益面。

目 录

第一编 理论研究综述

第一章 低碳经济研究发展脉络 ············ 3
- 第一节 碳锁定与低碳经济发展研究 ············ 3
- 第二节 低碳技术创新与扩散研究 ············ 5
- 第三节 碳锁定与技术扩散 ············ 8

第二章 低碳技术决策行为研究 ············ 11
- 第一节 经典小农范式与技术采用 ············ 11
- 第二节 个体决策行为理论与低碳技术采用 ············ 12
- 第三节 生态友好型技术采用决策 ············ 17
- 第四节 低碳技术采用决策研究展望 ············ 20

第三章 气候预测与低碳技术决策研究 ············ 22
- 第一节 气候预测与技术决策研究进展 ············ 22
- 第二节 气候不确定性对技术决策的影响 ············ 24
- 第三节 气候预测对决策经济价值的估值 ············ 28
- 第四节 气候预测对决策的潜在收益与价值 ············ 31
- 第五节 气候预测对决策价值研究的局限性 ············ 38
- 第六节 气候预测与技术决策研究展望 ············ 40

第二编　山东省低碳经济现状及分析

第四章　山东省低碳经济现状分析 …… 45
第一节　山东省能源消费总体状况 …… 45
第二节　山东省碳排放现状 …… 52
第三节　山东省低碳经济发展区域差异 …… 56

第五章　山东省低碳经济发展动因分析 …… 61
第一节　山东省低碳经济驱动因素分析 …… 61
第二节　山东省低碳经济发展系统构建 …… 69

第六章　山东省低碳经济要素关联性分析 …… 72
第一节　原始数据选取与 H—P 滤波平稳性处理 …… 72
第二节　ADF 单位根检验 …… 76
第三节　格兰杰因果关系检验 …… 77
第四节　冲击响应分析 …… 78
第五节　预测方差分解 …… 80

第三编　山东省低碳经济模式应用研究

第七章　山东省低碳技术需求研究 …… 87
第一节　低碳技术需求行为分析 …… 87
第二节　低碳技术需求影响因素分析 …… 92
第三节　低碳技术创新需求及路径研究 …… 96

第八章　山东省低碳技术扩散研究 …… 100
第一节　环保型低碳技术扩散过程分析 …… 100
第二节　技术扩散与用户参与行为分析 …… 102

第三节　用户参与低碳技术扩散实证分析……………………… 105

第九章　山东省低碳经济模式应用调研……………………………… 114
　　第一节　山东省低碳经济驱动因素调研……………………… 114
　　第二节　山东省低碳经济认知现状调研……………………… 116
　　第三节　山东省低碳经济模式应用与推广调研……………… 118
　　第四节　山东省低碳经济模式调研结论……………………… 121

第四编　低碳技术采用激励制度研究

第十章　低碳技术决策行为经济学分析……………………………… 125
　　第一节　技术决策行为特点分析……………………………… 125
　　第二节　低碳技术决策行为分析……………………………… 129

第十一章　低碳技术采用激励制度的实验经济学分析……………… 135
　　第一节　低碳技术采用的实验经济学范式…………………… 135
　　第二节　低碳技术采用与制度激励…………………………… 137
　　第三节　低碳技术创新与政策激励效应……………………… 144
　　第四节　低碳技术采用激励制度的实验经济学检验………… 154
　　第五节　促进山东省低碳技术采用的激励政策……………… 161

第五编　山东省低碳经济发展 SD 研究

第十二章　系统动力学概述…………………………………………… 167
　　第一节　系统动力学原理……………………………………… 167
　　第二节　系统动力学建模与仿真步骤………………………… 169

第十三章　低碳经济动因与绩效的系统动力学分析………………… 172
　　第一节　研究目的……………………………………………… 172

第二节　动因与绩效关系的系统边界与要素⋯⋯⋯⋯⋯⋯⋯ 173
　　第三节　动因与绩效关系的 SD 流图分析⋯⋯⋯⋯⋯⋯⋯⋯ 179
　　第四节　动因与绩效关系的 SD 方程建立⋯⋯⋯⋯⋯⋯⋯⋯ 182

第十四章　山东省低碳经济动因与绩效的仿真模拟⋯⋯⋯⋯⋯⋯ 201
　　第一节　动因与绩效 SD 模型的有效性检验⋯⋯⋯⋯⋯⋯⋯ 201
　　第二节　动因与绩效关系的仿真模拟分析⋯⋯⋯⋯⋯⋯⋯⋯ 207
　　第三节　动因与绩效的预测模拟分析⋯⋯⋯⋯⋯⋯⋯⋯⋯⋯ 211

第六编　山东省低碳经济发展路径选择及政策建议

第十五章　山东省低碳经济发展路径选择⋯⋯⋯⋯⋯⋯⋯⋯⋯⋯ 225
　　第一节　山东省低碳经济发展方案设定⋯⋯⋯⋯⋯⋯⋯⋯⋯ 225
　　第二节　山东省低碳经济发展路径仿真预测⋯⋯⋯⋯⋯⋯⋯ 228

第十六章　山东省低碳经济发展路径实施⋯⋯⋯⋯⋯⋯⋯⋯⋯⋯ 237
　　第一节　山东省产业低碳化转型路径实施⋯⋯⋯⋯⋯⋯⋯⋯ 237
　　第二节　山东省综合互补型路径实施⋯⋯⋯⋯⋯⋯⋯⋯⋯⋯ 242

第十七章　山东省低碳经济发展政策建议⋯⋯⋯⋯⋯⋯⋯⋯⋯⋯ 248
　　第一节　产业低碳化发展政策建议⋯⋯⋯⋯⋯⋯⋯⋯⋯⋯⋯ 248
　　第二节　能源可持续发展政策建议⋯⋯⋯⋯⋯⋯⋯⋯⋯⋯⋯ 250
　　第三节　科技低碳化应用政策建议⋯⋯⋯⋯⋯⋯⋯⋯⋯⋯⋯ 252
　　第四节　节能减排实施政策建议⋯⋯⋯⋯⋯⋯⋯⋯⋯⋯⋯⋯ 255

附录⋯⋯⋯⋯⋯⋯⋯⋯⋯⋯⋯⋯⋯⋯⋯⋯⋯⋯⋯⋯⋯⋯⋯⋯⋯⋯ 260

参考文献⋯⋯⋯⋯⋯⋯⋯⋯⋯⋯⋯⋯⋯⋯⋯⋯⋯⋯⋯⋯⋯⋯⋯⋯ 265

第一编

理论研究综述

第一章　低碳经济研究发展脉络

第一节　碳锁定与低碳经济发展研究

一　低碳经济发展模式研究

国内外学者对低碳生产方式进行了深入研究。国外学者 Conway 等（1986）建立了衡量产业生态系统性能的标准，并用于产业发展规划设计的研究。我国学者王昀（2008）、刘志明等（2010）从生产主体到用户的活动出发，提出低碳生产方式和低碳生活方式的实现路径，是否应用低碳技术也为评价用户生产方式的低碳化程度提供技术上的依据。我国学者对于产业生态评价的研究也渐趋深入，较有代表性的是周栋良（2010）、吴青芳等（2010）所提出的低碳生产评价指标。

各国学者都在积极探讨低碳经济发展道路。纳蒂娅·西尔拉芭（2008）、弗赖鲍尔等（2008）、哈钦森等（2009）提出，低碳经济是现代经济发展的必然选择，李晓燕、王彬彬（2010）认为，发展低碳经济是中国快速步入生态文明发展之路的必然选择。黄国勤等（2011）研究认为，有机农业有利于促进低碳经济的兴起与发展。陈柳钦（2010）、李文洁（2012）、公维凤（2013）、雷明（2015）、程东祥（2016）、顾建华（2017）等学者从不同维度探寻了不同地区低碳经济的增长路径。

二 低碳技术体系研究

"可持续低碳技术"这一术语的提出始于1997年，高旺盛在低碳技术国际研讨会上开创性地提出，应该构建具有中国特色的（集约型）可持续低碳技术体系，之后（1998）又深入研究了低碳技术体系的构成、标准及相关问题。程旺大（1998）深入阐释了传统技术与现代低碳技术、产业现代化与可持续产业的相互关系，认为建立并完善可持续性低碳科技推广体系及实用性技术体系至关重要。褚保金（2000）论证了可持续发展政策取向的重要意义，他认为科技创新、人力资本集约是在保护环境的前提下发挥经济效益最大化的必要途径。肖焰恒（1999，2004）持续探讨了可持续性低碳技术的创新问题，深入分析了低碳技术创新的相关背景、作用与特征、创新形式、扩散模式、采用过程及激励机制等问题。赵丽丽和喻永红（2006）、余杰和王旭龙（2007）等学者专门探讨了用户对可持续性低碳技术的采用动机、采用决策等问题。

我国国务院发展研究中心应对气候变化项目组（2009）指出，应"按照技术可行、经济合理的原则，逐步建立节能和能效、洁净煤和清洁能源、新能源和可再生能源以及自然碳汇等多元化的低碳技术体系"。国内诸多学者进一步关注了生态环境发展与低碳技术创新的问题，不断进行国际学术交流并引入"环境友好"技术相关概念，并对环境友好型低碳技术的形成与创新、绿色生态低碳技术、环保型技术与政策等延伸问题进行了深入分析与研究。

三 碳排放与碳锁定研究

在碳排放影响因素及节能减排相关领域，国内外学者进行了大量的定性分析与定量探讨。Schneider（2000）、Galeottia（2005）、Richamond（2006）、Galeotti（2006）等研究了碳排放的 Kuznets 曲线，Salvador（2006）、Ugur（2009）等探讨了碳排放影响因素，Annegrete（2004）、Andrea（2009）等学者研究了减排措施。国内学者漆雁斌等（2010）、陈卫洪等（2010）研究了农业生产中的碳排放问题，徐国泉（2006）、邹秀萍（2010）、朱永彬（2010）等从区域和产业层面研究了碳排放问题，提出了节能减排的相关政府和产业措施。

学者们试图对工业发展中"碳锁定"的形成路径进行阐述，Sanstad 和 Howarth（1994）认为，企业、消费者的非理性、信息不对称及道德等因素造成新技术的应用壁垒。西班牙学者 Gregory C. Unruh（2000）指出，发达国家的工业经济已经被碳基能源体系（以化石燃料为基础的能源消费结构）锁定，最早系统地提出了"碳锁定"概念。Unruh 认为，现代社会的经济、政治体制与高度依赖化石能源的传统技术相结合，阻碍了替代技术（零碳或低碳技术）的发展。之后，Perkins（2001）和 Berkhout（2010）等对印度经验的研究，一定程度上证明了 Unruh 对碳锁定全球化的判断。

国内学者（庄贵阳，2007；王毅，2009）认为，中国产业发展进程中替代技术难以实施的根本原因在于投资回报技术和资金的"锁定效应"。汪晖（2008）指出，在我国碳锁定更多地反映了经济发展模式面临的危机，发展低碳经济的本质就是要解除碳锁定（谢来晖，2009）。在此基础上，庄贵阳（2015）、汪中华（2015）、周五七（2015）等学者进一步分析了碳锁定的形成原理及衍化规律。

为深入探讨碳锁定可能的解锁路径，学者从制度和技术层面开展了深入的研究。林毅夫（1994）认为，根据制度变迁原理的解释，各种制度选择安排、技术与产品、资源与要素的改变及变迁，都会造成制度实施的不均衡。从技术层面看，新技术的效率必须超出较高的水平才有替代的可能。Unruh（2002）认为，对现有技术系统的变革存在三种递进式的政策途径：末端治理、连续性方法及断绝性方法。国内学者对解锁策略进行深入探讨，如对解除低碳技术锁定策略的研究（李明贤等，2010），我国在发电、汽车消费及建筑能耗领域的解锁策略研究（杨玲萍等，2011），以及描述技术制度内生变化的路径演化模型的研究（李宏伟，2012）。

第二节 低碳技术创新与扩散研究

一 技术创新与扩散研究

根据熊彼特（Joseph A. Schumpter）（1928，1939）的技术创新理

论，当技术创新获得成功后，必然导致技术从创新企业和机构向社会逐步扩散，最终使技术广泛使用。Kuznets（1930）首次提出技术变革可能服从一条"S"形曲线后，Mansfield（1961）创造性地将"传染原理"和Logistic生长曲线运用于扩散研究中，提出了著名的"S"形扩散数量模型，由此开创了对技术扩散问题的宏观、定量分析传统，后继学者（Sharif，1981；Skiadas，1986；Chatierjee，1990；Mahajan，1990；Maryellen，1991；Karshenas，1993）也进一步继承和发展了这一模型。哈维茨（1972）提出的激励相容概念，林毅夫（1994）提出的诱致性制度创新概念，张维迎（2004）提出的信息不对称问题都大大地拓宽了对技术扩散机制设计的理论研究。

图1-1显示的是经典的技术扩散曲线，即技术创新的传播过程包含不同阶段（认知、说服、决策、实施与确认），而创新技术的采用者以时间为度量可归为以下几类：技术创新者、早期技术采用者、中期大多数采用者、后期大多数采用者，以及技术采用落后者，以时间维度（X轴）及技术使用者维度（Y轴）为坐标，技术创新的传播过程呈现明显的"S"形曲线，即从创新源头（新成果、新发明、新发现、新技术、新知识）向四周（用户、企业、市场）传播与扩散的、相对独立的过程。

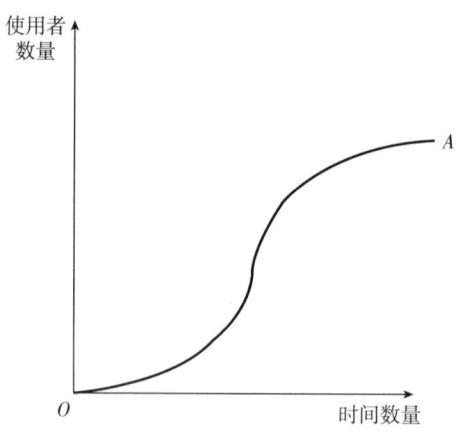

图1-1 经典技术扩散曲线

经济学家沃尔什（R. Rothwell & W. Zegveld, 1985）、弗里曼（C. Freeman, 1982）等相继构建了"Schumpeter's 企业家创新模型Ⅰ"和"Schumpeter's 企业创新模型Ⅱ"，阐述了企业技术创新在企业内生过程中推动经济长期增长的效应。

在"创新模型Ⅰ"中，企业家是新技术创新的活动主体，外生的科学和发明通过企业家的开发创新活动，影响市场结构的变化，创新的风险及潜在收入均由企业家承担。

在"创新模型Ⅱ"中，新技术创新的主体被企业内部的研发机构所取代，外生科学技术通过企业研发活动转化为内生科学技术，并被投入创新性投资管理过程中，从而产生了新的生产模式，继而影响市场结构变化，而技术创新的利润或亏损反馈到投资管理及企业研发活动中，并最终回馈到外生科学技术中，周而复始，形成创新的原动力。熊彼特的创新模型将供给激励政策作为技术创新政策的制定重点，突出了内生技术知识外溢与外生技术知识的相互反馈，但其局限点在于将技术创新过程限定为自上而下（企业家到市场）的单向流程，没能深入反映技术创新活动与市场销售活动的双向反馈。

二 低碳技术创新与扩散

国外对低碳技术创新扩散研究的代表性人物是 Rogers（1983），他提出的传播论经典地阐释了影响创新扩散的主要因素及有利于低碳技术创新扩散的特征，他所提出的"采用"观点也有效地解释了低碳技术创新扩散的空间扩散机制。Brown（1991）则认为，创新过程主要取决于技术设施（诸如资源与市场状况、技术基础与相关设施、经济与政策环境）对低碳技术创新的适应性程度。

国内学者刘志澄（1991）、夏恩君等（1995）、武春友等（1997）从技术扩散的动力源角度，对低碳技术创新扩散的动力机制进行系统研究，认为技术扩散的动力主要由牵引力和推动力合成。朱方长（2004）按照参与低碳技术扩散的主体成分的角度，将低碳技术扩散的运行机制分为政府驱动型、市场诱导型和联合驱动型三类；张建忠（2007）、李俊利（2011）、程广华（2012）、邓正华（2012）、陈品（2013）、国亮（2014）等学者分别从低碳技术扩散主体、技术供给方、技术中介方及技术需求方的角度出发，对资源节约型低碳技术的扩散机制及扩散模式进行深入分析。

国外学者早在20世纪60年代就关注了环境友好型技术创新的相关研究。R.卡逊（1962）探讨了DDT（杀虫剂的一种）对人类健康及周围环境的危害，Krutille（1968）指出，技术创新不应忽视对资源与环境的保护。Page（1971）提出，技术创新不应误入强调资源开发而忽视环境保护技术的误区。美国联邦政府（1992）专门探讨了绿色技术的内涵与界定范围。J. Wilkinson和B. Sorj（1992）详细论述了低碳技术创新体系的变迁路径，认为公共部门研发体系对于低碳技术的创新与推广更有公益心与责任性，也更为高效。C. Brenner（1999）探究了低碳技术创新体系发展与知识产权保护的关系，强调公共低碳技术研发应成为发展中国家低碳技术的研发重点，以改善技术供给市场扭曲与失灵的问题。P.迪德伦（1999）提出了"OVO"科技创新体系，即研究—推广—教育的技术创新与传播体系。R. Christian和R. L. Zimdahl（1998）探讨了技术创新过程中科学家的作用以及政府的职责，认为各方主体功能与职责的完善有助于创新路径的改进。Ingridverhaegen（2001）、J. S. Zoundi（2005）对环境友好型技术创新体系进行了定量研究，着重考察了生产者参与、制度创新、科技投资等因素。A. B. Jaffe（2005）、J. R. deLaiglesia（2006）探讨了环境外部性问题与新型替代技术创新的关系，认为良好的制度安排、高效的政府职能是解决市场失灵的有效途径。F. P. Carvalho和L. Chen（2006）对发展中国家环境友好型技术的采用与推广进行了实证分析，指出了相关政策设计的缺陷，强调了政策协调与用户需求对接的重要性。B. Saifi（2008）研究认为，产业发展、经济增长、社会进步的协同共进是可持续发展的良好状态，其共生演化系统的有序演进依赖于环境友好型技术的发展与传播。

第三节 碳锁定与技术扩散

一 关于路径依赖理论与技术锁定原理

路径依赖理论最初起源于Paul David（1975）将物理与生物学意义

上的路径依赖思想与经济学理论相结合,之后布莱恩·阿瑟(1994)进一步阐释了路径依赖的特征,即技术与制度在演化变迁中形成的不断往复的自我强化机制,以及由此产生的对传统技术、制度演化路径的锁定效应。

国外学者早在20世纪80年代就围绕技术锁定思想开展了相关研究,最早可追溯到谢林(Tomas C. Shcelnig,1978),他提出了"经济结果严重依赖于行为发生时的秩序"的思想。第一个提出技术锁定的是阿瑟(Arthur,1983),他与Santa Fe研究所的几位经济学家深入探讨了技术锁定的正反馈机制。

在此基础上,美国经济学家道格拉斯·诺斯(North,1990)将这两个概念融入制度变迁的研究中,据此阐释在社会和经济演化过程中所出现的技术锁定与路径依赖现象。在此之后,Kemp(1994)、Unruh(2000)、Wilson(2001)、Messner(2002)等学者对此概念产生了浓厚的兴趣,并在技术、经济、生态等领域进行深入的探讨。

二 TIC框架下技术解锁路径研究

经济学的"碳锁定"实质上是路径依赖原理(David,1975,1985,1988;North,1990)与技术锁定概念(Shcelnig,1978;Arthur,1989;Besen,1994;Stanley,1994;Kemp,1994)在解释低碳技术制度变迁中的具体应用和拓展,国外学术界对碳锁定的原理及解锁路径均进行了大量的理论探讨(Wilson,2001;Perkins,2001;Messner,2002;Unruh,2002,2006;Hellen,2004;Harmeline,2003;Rizzellos,2004),其中西班牙学者Gregory C. Unruh提出的TIC结构模型("技术—制度综合体")被公认为是分析碳锁定效应导致替代技术应用障碍的基准模型。学者基于这一思想针对产业实践,添加不同的解释变量,以更准确地阐释碳锁定困境下低碳技术扩散的演化路径(Martin,2006;Barrett,2006;Foxon,2007;Brown,2008;Berkhout,2010;Loorbac,2010;Matthias,2012)。

国内学者对低碳技术扩散的研究多集中在应用层面和对各个层面制度变迁的研究(林毅夫,1994;刘怀伟,2003;庄贵阳,2007;王毅,2009;熊鸿军,2009),部分学者分析了碳锁定困境对替代技术扩散造成的障碍（陈文婕，2010；孙晓伟，2010；李金兵，2010），近年来一部分学者在 TIC 模型基础上探讨了低碳技术扩散机制与路径（戴昕晨，2010；李国平，2011；杨玲萍，2011；张莎莎，2011；安福仁，2011；钱洁，2011；李宏伟，2012，2013；赵莉，2014；吕涛，2014）。李明贤（2010）重点分析了低碳技术扩散的演化路径，但其研究仅侧重于技术层面的分析，对于制度层面及产业层面未做深入探讨。

通过 Science Direct 数据库、Springer 数据库、Wiley Online Library 数据库、Emerald 电子系列丛书数据库、JSTOR 期刊数据库以及 CNKI 中文数据库检索，自 20 世纪 70 年代国外学者将生物学和物理学中的路径依赖与技术锁定概念应用到经济学研究中、以解释低碳技术制度的变迁问题以来，国外很多关注技术和生态环境关系的学者对这一概念进行了深入探讨，并在此基础上，西班牙学者 Gregory C. Unruh 提出的碳锁定概念及 TIC 结构模型则成为碳锁定效应导致替代技术应用障碍的基准模型。国外诸多文献将 TIC 模型及拓展的 TIC 模型引入产业发展以研究碳锁定效应对低碳技术应用与扩散的影响，而国内在 21 世纪初才开始应用技术锁定思路研究低碳技术应用问题。尽管国内学者对低碳技术扩散展开了一些研究，但对当前碳锁定困境下我国低碳技术扩散特定机制的研究，尚处于零星观点状态。

第二章 低碳技术决策行为研究

第一节 经典小农范式与技术采用

一 "形式主义"与"实体主义"小农范式的经济特性

经典小农理论的两个重要范式是以西奥多·舒尔茨（Theodore Schultz）和萨缪尔·波普金（Samuel Popkin）为代表的"形式主义"传统，和以恰亚诺夫（Chayanov，A. V.）、卡尔·博兰尼（Karl Polanyi）及斯科特（Scott，J. C.）为代表的"实体主义"。

舒尔茨（1964）在《传统农业的改造》中提出"传统农业"属于经济概念，一旦有了经济利益的刺激，小农就会为经济利润而进行技术创新，从而改造传统农业。受其学术思想影响，波普金（1979）针对斯科特的"道义经济"思想（1976），在 The Rational Peasant 一文中，把理性选择理论运用到农业社会研究中，提出了"小农理性论"，认为小农是一个在权衡长、短期利益之后，为追求最大利益而做出合理生产抉择的人。俄国学者恰亚诺夫（1996）通过对资本主义经济和小农家庭经济的比较，最早对形式主义传统进行了批判，他认为小农的行为动机和资本家的行为动机有根本的不同，小农经济是非理性的、保守的和低效率的。博兰尼（1944）提倡以实体主义的理论来分析资本主义市场出现之前的状况。斯科特（2001）则继承了恰亚诺夫关于前资本主义社会的农民研究，以及博兰尼对形式主义经济学的批判，进一步对形式主义经济学提出了批评，认为与资本主义企业不同，农民家庭不仅是生产单位，而且是消费单位。

二 中国小农行为模式的经济特性

"形式主义"和"实体主义"小农范式都与马克思经典小农观发生联系，黄宗智先生曾对上述学术观点作出概括，指出这三种观点都只看到了小农的一个方面，不能对中国小农进行有效解释。黄宗智（2000）指出，中国小农具有三种面貌，不同阶层的小农其行为会有不同选择，富农或经营式农场主较为符合形式主义分析模式中的形象，佃、雇农更符合马克思主义的分析模式，自耕农则接近于实体主义所描绘的小农。同时，根据中国小农的三种面貌，黄宗智（2000）区分了三种不同类型的商品化：生存推动的商品化、谋利推动的商品化及剥削推动的商品化。

与黄宗智对中国小农制度过于悲观的预期相反，贺雪峰（2013）揭示了用户微观经济运作的机制，即以代际分工为基础的半工半耕模式。他着重提醒学术界和政策界关注"新中农"生产模式，认为当前中国半工半耕的主流农民家庭再生产模式支撑了新中农阶层的崛起，两种模式互相作用、互为补充，形成了中国新式小农经济内在发展的并行道路。

农民的小农经济特性及理性选择行为模式，使中国农民在面临新技术创新的风险及潜在利润时，更多地受经济利益的刺激，同时也会对长短期利益进行反复的比较与衡量，从而做出对相关低碳技术的采用决策。

第二节 个体决策行为理论与低碳技术采用

一 期望效用理论、前景理论与优化

1965 年以前很少有关于不确定性的正式模型。Pareto（1897）的最优化理论所做的关于代理人（经理人）理性的微弱假设足够充分地产生很强的市场层面结论。之后很多模型假设代理人能够在风险与不确定性下作出决策，随时间推移而铭记微妙的博弈论效果，但很有可能个体代理人会违反这些模型，关于个体决策的研究可以解释违反的方式以及原因。

20世纪60—90年代，大多数关于个体决策行为的研究将判断与选择的规范理论（以概率规则及效用理论为典范）作为决策行为的原假设，并用心理学实验进行验证。大多数这类工作被称为"行为决策研究"（Edwards创造了这一术语），有时也被称为"认知幻觉"或"认知误解"。其目的是验证是否规范性规则被系统地违反了，并提出可以解释任何可观测到的违反现象的替代理论。最有成就、最普遍的替代理论来源于这一想法：运算能力的局限迫使人们使用简化的程序或"启发式"思维，造成问题解决、判断与选择方面的系统性错误（偏见）。这一方法源自Simon（1955）提出的实质性理性（规范性最大化模型的结果）与程序性理性（人们通过遵循合理的程序协调行动但有时结果会作出次优的决策）的区别。

冯·纽曼和摩根斯坦（1947）在一系列严格的公理化假定条件下，提出了个人决策的期望效用函数理论，认为在风险情境下，决策者通过对各种可能出现的结果进行加权估价，进而获得最终结果预期效用水平的最大化。之后，萨维奇（1953）通过实验进一步验证了该结果。阿莱斯则于1952年通过一系列彩票实验发现了著名的"阿莱斯悖论"现象，即决策主体对相同结果的不一致偏好情形，该情形违背了"预期效用"理论的独立性、简约性公理及线性特征等基本公理。学者之后在经济学实验中发现的"同结果效应"以及"同比率效应"，都验证了这一现象在决策过程中的普遍存在。

学者通过价值诱导的实验机制进一步揭示了决策主体的偏好性质。贝克尔、德古鲁特及马萨克（1964）通过彩票实验的最低定价（BDM方法）实验机制，测定了决策主体对不确定性事件偏好诱导下的决策行为。经济学家林德曼（1971）、心理学家利希滕斯坦和斯洛维克（1971）在偏好诱导基础上进行的彩票实验，同样发现了个体决策与偏好方面选择与定价不一致的现象。哈马克和布朗（1974）通过实验，研究了猎人在面临狩猎场地可能取消的情境下，其为保护猎场而愿意支付的最大值与因猎场取消而愿意接受的最小补偿值的差异，得出了当人们面临某种经济利益时，其"支付意愿"（WTP）要远远小于其"接受意愿"（WTA）的重要发现。

学者还提出，决策者在信息加工过程中往往遵循贝叶斯规则（Bayes' Rule），即决策主体通常根据新的信息，由对未知变量认定的先验概率得出认知的后验概率。萨维奇等所强调的个体理性在不确定性条件下的持续调整与学习过程，即为决策者在决策过程中遵循贝叶斯过程的写照；豪尔绍尼（1975）更是将决策者所谋求的预期效用最大化，称为贝叶斯理性。而学者进一步的实验探索，则发现了与贝叶斯规则不一致的现象。卡涅曼和特维斯基（1973）发现，决策者的后验概率主要受样本信息的表征影响，该结论与贝叶斯规则的延展性原则相悖。埃尔斯伯格则得出了"埃尔斯伯格悖论"，即决策主体对模糊事件的概率往往并不关心，反而倾向于偏好具体清晰的事件。决策个体在面临不确定性事件新的信息时，其"后视偏差"与"锚固效应"也使人们在决策上出现偏差。

对上述学说进行理论修正与替代的典型理论是卡涅曼和特维斯基（1979）提出的前景理论，该理论的核心概念即为我们所熟知的"构架效应"。前景理论认为，风险决策过程实际上是决策个体对"前景"即各种风险结果的选择，该选择过程包括"编辑"与"评价"两个阶段，其编辑方式的不同形成了对相同决策问题的不同"构架"，进而导致了个体偏好与行为选择的不一致，通常表现为决策中包含确定性损失时的风险偏好和确定性收益时的风险厌恶。前景理论应用"价值函数"与"决策权重"模型，来测度个体在不同的构架中对前景的评价结果，阐释了决策个体在决策过程中所遵循的特殊心理过程与规律。经过20多年的理论论证与实践运用，Quiggin（1982）提出了等级依赖期望效用（RDU）理论，认为决策结果的概率与排序都会影响决策结果的权重。Gonzalez 和 Wu（1987）通过研究决策概率权重函数的形状，进一步从心理学的角度测度了个体对风险决策的风险态度和时间偏好，Neilson（2001）则采用试验数据分析并估计了决策过程中价值函数、权重函数及关键参数的关系。Kahneman 和 Tversky（2000）进一步以 RDU 理论为基础提出了累积前景理论（CPT），其主要改进为，决策累积的概率变形之后被使用，这样就可以解释比较极端的事件，避免了与一阶随机占优的矛盾，并使投机交易结果的分布普及化与简洁化，CPT 理论进一步拓宽和优化了前景理论的内涵,并被广泛应用。

二 个体决策行为的映像理论

Beach 和 Mitchell（1987）拓展了行为决策理论中的合理观点,提出了以类似直觉的方式来思考与决策的映像理论。这一理论将传统的利益检验决策原则归为次要因素,认为决策者的决策原则由自我映像、轨迹映像、策略映像及预期映像构成,其决策过程包括采纳决策与过程决策,决策过程的评价均需进行相容性检验与利益检验（杨春江,2010）。针对映像理论全新的相容性检验机制是否更加贴近个体决策现实的疑问,部分学者（Potter & Beach,1994; Dunegan,1995; Bissell& Beach,1996; Richmond et al.,1998）进行了大量深入探索与研究,实验结果显示相容性检验具有良好的合理性与可接受性。

学者将映像理论应用于个体决策领域,在组织与管理情境中进行现实检验。Dunegan（2003）通过相关实验预测了员工的满意与感知,发现员工期望映像与上司工作行为的匹配,在很大程度上决定了员工对工作的满意度。Morrell（2004）检验了商业决策中映像理论对功利型伦理、义务型伦理、基于价值的伦理等的影响,发现其与三种典型商业伦理均具备一致性。Nelson（2004）分析了消费者所持有的原则与信念对其消费决策的影响,验证了消费者个体的准则与价值观对潜在价值决策的驱动作用。Pesta 等（2005）采用映像理论的框架预测了个体员工的绩效管理与晋升决策,发现被评估者在面临其他参与者的竞争时,往往倾向于放弃相容性检验的屏蔽功能,而直接剔除违背任何映像的晋升方案。

映像理论的二阶段决策过程与双重检验机制为决策行为理论的研究提供了崭新的理论框架,其在个体决策、管理行为与决策领域应用的合理性与有效性已得到大量实证研究的证实,其在组织决策领域的拓展应用已得到日益增多的关注。

三 风险偏好与框架效应的实验考察

国内学者在深入探究上述理论框架的基础上,运用实验经济学的方法,对个体决策行为的风险偏好及框架效应进行了具体考察。段锦云、王重鸣（2010）研究了创业风险情境中的个体决策行为，发现框架效应只出现在缺乏主导社会线索的决策情境中。张中杰、王重鸣（2010）从个体层面和群体层面出发，探讨了锚定效应信息间的相互作用对决策个体的干扰性影响。宋紫峰、周业安（2011）关注社会偏好、惩罚机制与公共品供给之间的关系，认为社会偏好的存在有助于提高惩罚机制的实施效果。陈叶烽等（2011）考察了社会分配中参与者的互惠偏好，发现参与者更加关注分配动机，其行为决策更多地受到分配动机影响而非分配结果。任广乾等（2011，2012）研究了投资者的风险偏好，发现投资组合的框架效应、投资者情绪的波动均对现状偏见具有不同的影响，且在面临风险与不确定性时，风险偏好对投资者决策行为的影响更为明显。李建标等（2011）提出了钝化信念的界定方式，用以区分信息瀑布与羊群行为的不同，该方式大大提高了信念在个体与群体行为中对于信息传递及决策行为的解释力度。

四　个体决策行为理论对低碳技术采用的启发

研究个体决策行为的经济学原因在于：第一，当市场价格可能错误以及分配没有效率时帮助预测，并提出改进效率的路径建议；第二，将经济学分析延伸进更为复杂的决策领域。自20世纪90年代至今，学术界大多数关于个体决策行为的研究都将判断与选择的规范理论（以概率规则及效用理论为典范）作为决策行为的原假设，并用心理学实验进行验证，其目的是验证是否个体决策行为违反了规范性规则，并提出可以解释任何可观测到的违反现象的替代理论。最有成就、最普遍的替代理论来源于这一想法：运算能力的局限迫使人们使用简化的程序或"启发式"思维，造成问题解决、判断与选择方面的系统性偏见。

运用个体决策行为的期望效用、前景理论、映像理论、风险偏好及框架效应的理论内涵，可以全面分析低碳技术采用过程中用户的偏好性质、直觉选择、经济预期与行为模式，根据最优化理论做出关于用户理性的科学假设，更深入地探究在风险与不确定性下低碳技术采用决策的博弈过程，揭示其决策行为所遵循的特定规律，并对违反个体决策行为模型的个别现象做出合理的预测与解释。

第三节 生态友好型技术采用决策

一 对生态友好型技术采纳决策的定量估算

国内外学者应用数学决策模型对不同地区、不同技术用户决策行为进行理论与实证研究，其基本范式是采用二元选择模型（Probit /Logit）或多元选择模型（MNL），估算新技术采用与所带来收益的分布关系，探究收益分布达到何种程度时用户才普遍采用该技术。

技术采纳分析在低碳经济领域属于一个较大研究分支，自 Ruttan, R.（1977）和 Dahymple（1992）研究现代水稻新品种技术的扩散路径以来，主流农业期刊刊发了大量低碳技术采纳研究成果。在用户对低碳技术的采纳方面，已有研究主要集中在保护性耕作技术、农药安全选配技术、化肥减量施用技术、可持续性新品种及新技术等方面。国外多采用计数模型（Count Data Model），如 Dahymple（2002）研究了用户对现代水稻新品种技术的采纳，估算了相关解释变量与用户技术决策行为的相关系数。Gillespie 等（2004）、Isgin 等（2008）和 Mariano（2012）分别探究了用户对奶牛饲养一体化技术、精准低碳技术及水稻高产栽培技术的采纳数量及关键因素。

国内的基本研究范式将是否应用低碳技术作为被解释变量，应用二元选择（Logistic/Probit）模型或多元选择（MNL）模型，估算一系列解释变量对技术扩散的相关系数（汤秋香，2009；葛继红，2010；徐卫涛，2010；毛飞，2011）。朱希刚（2009）采用 Probit 模型，定量分析了用户采用杂交玉米技术的决定因素及影响程度，并提出了新技术采纳与推广的政策建议。何安华、孔祥智（2014）采用零膨胀负二项模型（ZINB），考察了用户异质性对用户参与低碳技术培训的影响，发现合作社成员身份可以显著提高用户参与低碳技术培训的积极性，进而提高对低碳技术的采纳频率。不同于期望效应理论对用户技术决策过程中谋求效用最大化的单一目标的解释，刘莹、黄季焜（2010）建立了用户多目标种植决策模型，对宁夏回族自治区抽样用户信息进行了目标权重估计，研究发现，用户的种植决策按其权重大小，依次基于利润最大化、家庭劳动力投入最小化和风险最小化等多重目标，且用户决策的目标权重随时间及用户类型的不同而有所调整。

然而，无论是二元选择模型还是计数模型，这两种实证范式在实际应用中都存在解释变量不够全面、实证分析视角也较为单一的问题。

二 对生态友好型技术采用决策的实地考察

一部分学者采用参与式调查方法研究了用户对低碳技术的认知状况与采纳决策。孔祥智（2004）、王金霞和黄季焜（2009）等学者认为，用户的年龄及性别等用户禀赋极大地影响了用户对低碳技术的认知程度与采用决策。部分学者诸如汪三贵（1998）、高启杰（2000）及黄季焜等（2009）发现，文化程度也是影响用户对低碳技术认知的重要因素。此外，也有学者（曹光乔和张宗毅，2008；曹光乔等，2010；项诚等，2012）认为，诸如地域差异、农技推广力度、技术价格、政府补贴等外部因素也是用户在采纳新技术时重点考虑的因素。

汤秋香等（2009）考察了东北、华北、成都平原及西北绿洲区用户的保护性耕作模式，认为用户的技术认知是保护性耕作技术采用的重要前提，并评价确定了各生态区产量效应最好的土地耕作模式。葛继红等（2010）考察了江苏省用户对测土配方技术的采用行为，发现科学施肥能力、参加技术培训的强度与范围、示范户的示范带动等，极大地推动了低碳技术的应用与推广。毛飞、孔祥智（2011）以陕西5个苹果主产县为样本区域，考察了苹果种植户对安全农药选配的决策行为，发现户主个人特征、户主家庭特征、种植户种植特征及所在市场特征等都对用户决策行为产生显著影响。徐卫涛等（2010）基于对山西、山东、湖北三省化肥投入的实地调查，分析了循环农业中用户的减量化投入行为，发现在只有"增量使用"与"减量使用"两种模式下，用户更倾向于选择化肥减量投入行为；同时，其技术决策行为还受决策者个人特征、家庭特征、技术认知程度及政府扶持力度等因素的影响。

三 低碳技术应用与推广研究

农业是当前温室气体排放的第二大重要来源，如何减少农业温室气体排放量已成为低碳经济及低碳农业发展的当务之急。据联合国政府间气候变化专门委员会 2013 年第五次气候变化评估报告，人类活动对全球变暖的影响程度已超过 95%，在其排放的温室气体中，农业源排放占 1/15—1/5，主要有二氧化碳、甲烷、氧化亚氮等。国内外对农业源温室气体减排的研究日趋增多，主要集中在农业甲烷及氧化亚氮研究方面，并对典型农业源开展了相关典型测试。根据 Veldkamp 和 Keller（1997）的估计，大约有施氮肥的 0.5% 是以氮氧化物的形式损失。Paustian（1998）等测算指出，由于土地利用变化每年向大气中排放温室气体约占人类活动总排放量的 20%。

各国学者对于促进低碳技术创新向生态友好方向转化均进行了一定的研究。John Wilkinson 和 Bemardo Sorj（1992）研究了巴西三种主要作物大豆、小麦、制糖作物在向生态和环境友好方向转变过程中，低碳技术创新体系的技术变迁过程，认为必须强化公共农业研发体系，充分发挥其在低碳技术扩散中的关键作用。Arliene Brenner（1998）指出，由于发展中国家市场不完善导致的技术供给市场失灵和市场信号扭曲，需要强化公共低碳技术尤其是低碳技术的研发强度，并根据本国知识产权保护的实际情形构建适应的低碳技术创新体系。Juan R. Delaiglesia（2006）认为，低碳技术研发与推广的制度安排决定了用户对低碳技术的可获性及可获信息的数量，从而对农业发展产生了相当的制约作用，故而构建有组织、有效率的低碳技术研发与推广体系至关重要。Femando P. Carvalho（2006）和 Nico Heerink（2006）针对发展中国家的农业污染与低碳技术采用现状，强调了政策设计在低碳技术采纳与传播中的重要性。Basim Saifi（2008）认为，农业的共生演化进程涉及农业与其周围的生态及社会经济子系统，故而促进农业可持续发展的环境政策可以被看作实施社会目标的制度安排。

国内学者从农业源温室气体排放的角度出发，探究了农业发展的减排路径与措施。黄国勤等（2004）探究了施用化肥对中国农业生态环境的负面影响及对策，王义祥、翁伯琦等（2006）研究了全球气候变化对农业生态系统的影响及对策；王昀（2008）将低碳农业的技术特征归纳为低能耗、低污染、低排放的"三低"技术及节约型技术与安全型技术，董红敏、李玉娥等（2008）进一步测算了中国农业源温室气体排放情况，发现农业源排放比例占全国温室气体排放总量的

17.00%；进而提出应尽快开展诸如改善反刍动物营养、推广稻田间歇灌溉、推行户用沼气、推广应用缓释肥、长效肥料等减排技术示范，以提高减排技术的适应性与经济性。赵其国院士（2009）分析了农业生产用碳的根本途径，阐释了农业生态系统与温室气体排放的关系。潘根兴（2010，2011）基于对农业减排技术体系构建的研究，运用田野实验方法通过"散户改规模"模式对用户减排潜力进行实证测算，进而提出通过实施农业经营机制创新和实行农业碳补偿等经济激励措施，可以提高用户对低碳技术的采纳数量。

赵其国（2010）指出，应从无公害农产品种养殖技术、农产品加工技术、生态化种养殖业技术、高新低碳技术及标准化生产体系等方面，对我国生态高值农业进行技术创新，从而有效地推动低碳技术的发展与推广采纳。肖大伟（2011）总结了黑龙江省可以普遍推行的低碳技术，并提出了可供推广的特色低碳技术体系，包括山区立体种养低碳技术、半干旱地区节水灌溉低碳技术、城市周边观光休闲农业模式等。柯福艳（2012）通过对我国低碳农业发展技术路径及支撑体系的探析，提出了降低农业碳排放量的有效技术路径，即推广应用"节省"型低碳技术、实行农作制度创新等。

第四节　低碳技术采用决策研究展望

综观国内外文献，学术界对用户技术决策行为的研究涵盖了政治、经济、心理、行为等多个维度，并提出了多种分析范式。学者对小农范式的研究，分析了农民的小农经济特性及在此特性驱动下的理性选择模式，着重阐释了小农在面临新技术创新的风险及潜在利润时的各种衡量、判断及抉择模式；对于个体决策行为的研究多从心理学的角度分析，依次提出了预期效用模型、贝叶斯规则、前景理论、累积前景理论等经典学说，并通过价值诱导的实验机制验证并揭示了决策主体的偏好性质，深入阐释了决策个体在决策过程中所遵循的特殊心理过程与规律。映像理论的提出与应用为个体决策行为的研究提供了崭新的理论框架与研究视角，使我们能够更深入、全面地分析个体决策行为的过程与规律。

受小农行为范式及技术决策行为经典理论的启示，国内外学者对不同地区的用户技术决策行为进行了大量的理论与实证研究，探究了用户对低碳经济新技术的认知状况与采纳行为，估算并验证了用户技术决策行为的不同影响因素；对农业减排技术应用的研究集中于农业源温室气体排放减排技术，及农业低碳技术采纳等方面，着力探讨农业替代技术的应用现状与扩散路径。

鉴于当前我国农业发展中环境友好型替代技术应用与扩散缓慢、农业低碳化转型进程滞后的严峻现实，对低碳经济技术的认知普及、应用与推广，以及对用户采用农业替代技术的偏好诱导、风险防范及利益保障，是理论界与学术界今后应深入探究的领域，同时也是地方政府与相关机构需着力解决的工作重点。

第三章 气候预测与低碳技术决策研究

第一节 气候预测与技术决策研究进展

学者普遍认为，目前基本上所有的农业领域，不论是农作物生产、动物养殖，或食品和饲料的处理，都受到气候变异与变化的影响。预测信息对农业的价值预计在对气候波动更为敏感的地区要更大（Hansen，2002；Meza et al.，2003），农业和畜牧生产者面临气候变化和变异时，受到来自环境脆弱性，以及政治、社会和经济不确定性等诸方面的影响。同时，小规模用户更易受到环境、气候和天气相关压力的影响（Rodel D. Lasco et al.，2014）。气候变化主要通过两种不同的机制对用户施加成本，第一种机制主要受生产决策中信息局限的驱动，第二种是由于不确定性对风险规避型决策者施加的负担。

学术界对气候变化如何影响农业决策理解的加深，为气候信息预测机制（通过季节性预测使农业受益）的建立奠定基础。农业活动中使用季节性气候预测的机会通常存在于以下情形：有气候可预测性、系统响应及决策能力组合的情形（Hansen，2002）。在这种情况下，气候预测可以增加用户的防范和带来长期更好的经济与环境效益。准确的气候预测通过传递气候结果集中趋势的转变，而降低不确定性。利用这一信息，用户能更好地使管理决策与即将到来的天气条件相适应，从而缓解农业管理的移动目标问题；而且，由于不确定性已经降低，风险规避型用户可以放宽在气候有利或一般季节会采用的以稳定回报为目的的额外的保护性策略。

目前，气候预测已作为农业的适应性选择而出现，以更好地应对气候变化。由于季节性气候预测可能会对用户福利产生影响，全面探讨气候预测应用于农业的潜在收益、经济价值以及了解其应用局限，是非常重要的。本书梳理相关文献并全面探讨了气候不确定性对农业决策的影响、气候预测对农业决策的潜在收益及经济价值、研究的局限性及研究未来进展，以更好地应对气候变化带来的风险（相关研究的发展脉络如图3-1所示）。

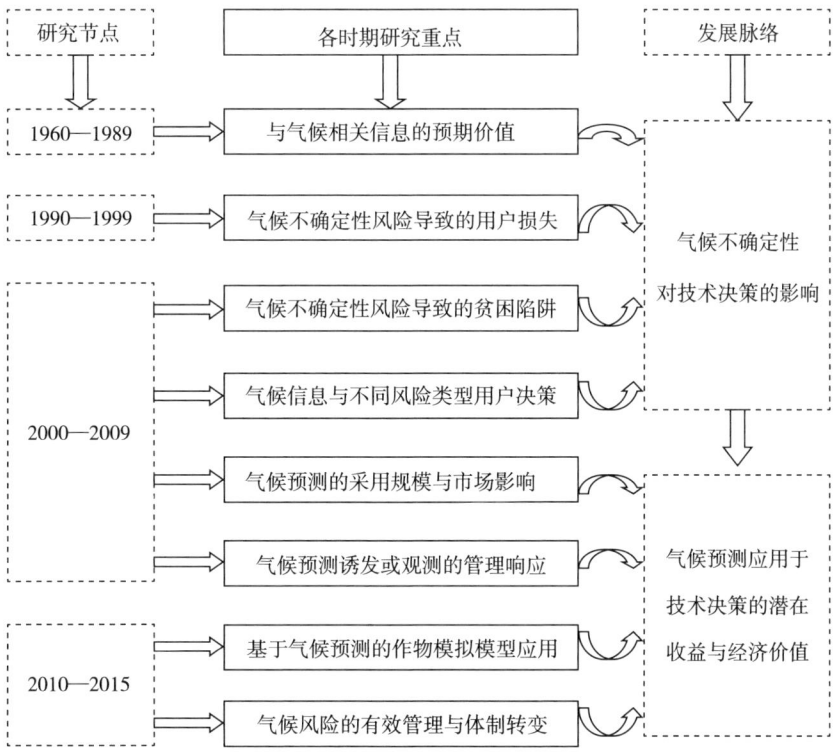

图3-1　气候预测对技术决策经济价值研究的发展脉络

资料来源：该脉络图由笔者在文献评述基础之上绘制而成。

第二节　气候不确定性对技术决策的影响

一　气候不确定性带来的风险成本

（一）气候不确定性导致的用户损失

气候变化对农业管理而言提出了一个移动的目标，因为"如果可变性被预期并被采取行动，变性本身并不一定是福利减少，然而惊喜也有不良后果，因为最优的事后与事前选择很少一致"（Hallstrom，2004）。由于生产者不清楚将发生在某一年的具体气候条件下的结果，用户必须采取季节性的管理行动，这是一种跨越所有情形的妥协。气候不确定性的成本在气候导致生产可变性更高的地区可能会更高，由于许多用户规避风险，在"移动的目标"效应所导致的成本之外又产生了气候不确定性所导致的额外负担。在气候不确定性面前，对于风险规避型用户而言，采用一系列牺牲平均收入和资产边际产量的保护策略以减缓气候极端事件的回报是值得的。

用户对风险的事前应对包括：避免改进生产技术（Marraet et al.，2003；Abadi Ghadimd et al.，2005）、选择风险较小但利润较低的作物或品种（Dercon，1996）、从生产型转向非生产型但更多的流动性资产作为预防性储蓄（Zimmerman and Carter，2003；Fafchamps，2003）等。尽管对于风险规避型用户而言牺牲平均生产力以避免遭受低收入是值得的，文献显示，这种事前风险管理应对的成本可能是巨大的，对于那些相对较穷进而更不能容忍风险的用户而言尤其巨大。Rosenzweig 和 Binswanger（1993）对印度半岛村庄的计量经济分析估计指出，气候变量的一单位标准差增加的管理应对，使中等收入阶层的用户农场平均利润减少了15%，最低收入阶层的用户减少了35%。Zimmerman 和 Carter（2003）估算得出，在布基纳法索六个村庄中相对贫困的农民通过保持防范性的粮食储存，放弃了约18%的收入以缓冲现有风险的水平（主要归因于气候变化），而样本中相对富裕的用户样本中仅放弃了0.4%的收入。

(二) 气候不确定性导致的贫困陷阱

贫困陷阱意味着某些阈值水平的存在，低于这一资产如无外部干预个人将无法积累必要的资源来摆脱贫困状态。对于贫困陷阱的研究（如 Barrett, 2005; Carter and Barrett, 2006）表明，气候变化是导致用户生活轨迹围绕贫困陷阱门槛分叉，并使许多用户锁定在长期贫困中的几个因素之一。严重或反复的气候冲击通过迫使用户放弃生产性资产，而将其家庭推入贫困（Dercon, 2004）。由于人们对风险的耐受性随着增加的资源禀赋而增加，每单位生产资产的回报率也随之减少至资产的低水平，这是微观经济贫困陷阱存在的必要条件（Carter and Barrett, 2006）。继而，通过降低贫困家庭对缓冲未来冲击可能所需资源的投资意愿（Zimmerman and Carter, 2003），以及降低贷款人对贫困户提供信贷的意愿，气候变化限制了克服盈利企业进入壁垒所需的资本进入。可见，气候的不确定性通过激励更加保守、低风险、低回报的资产组合和生计策略，降低了用户的平均收入。

二 气候信息对不同风险类型用户决策的影响

(一) 与气候相关信息的预期价值 (EVOI)

将气候相关信息的经济价值正式确定为代理理论的两项开创性的成果是 Nelson、Winter（1964）和 Hilton（1981）作出的，这奠定了大部分文献所遵循的基本概念框架。对气候信息经济价值的评估取决于两个主要的假设。首先，代理人充分认识到决策与情形所有可能组合的后果，即建立在替代品选择与气候实现条件上的经济表现；其次，代理人是理性决策者，即他们会选择最优化其效用函数的替代方案或替代方案组合，这是综合其系统成果与其个人价值和风险感知的结果。代理人面临着事前优化问题，在这一最优化决策中，关键在于利用关于潜在气候成果的可能信息选择最优化的投入水平。对于每一项气候状态与管理替代的可能实现，都将有一个独特的潜在效用函数来实现。优化管理策略（如播种期、种植密度、土地分配、肥料水平）将是期望效用的最优化策略（概率加权效用函数的权重由气候无条件状态的相关频率给定），以数学形式表示为：

令 $U[Y(X, C), W_0]$ 作为决策者的效应函数，是在当前生长期执行农业活动后收到的利润（Y）的函数。效用函数的形状取决于决策者的风险规避及其初始财富（W_O）。参数 Y 是决策向量 X（包含生产要素组合的向量）与向量 C（包含生长季节气象变量组合）。因为代理人面临气候的不确定性，向量 C 是一个随机变量，其多元概率密度函数被定义为 $f(C)$。

每项农业活动的预期效用由下式给出：

$$E\{U[Y(X), W_O]\} = \int U[Y(X,C), W_O] f(C) dC \qquad (3-1)$$

在这种情形下，用户将选择管理生产决策（x^*）的一种组合，进而得出：

$$\max E\{U[Y(X), W_O]\} = E\{U[Y(X^*), W_P]\} \qquad (3-2)$$

如果决策者能够得到包含有关未来气候条件可能性 $f(C|F)$ 的不同评估的季节性气候预测（F），那么其目标函数将会基于可得的预测使用条件概率密度函数，以最大化期望效应函数。这一问题的解决方案是决策向量（x^+），其满足下述条件：

$$\max E\{U[Y(X)|F, W_O]\} = E\{U[Y(X^+)|F, W_O]\} \qquad (3-3)$$

因此，气候预测使代理人可以选择一个输入变量，从而能更好地适合于将经历的天气变量。对事前决策者而言，信息的价值为预测信息的预期值（$EVOI$）。该价值是决策代理人对预测事前优化的期望值，即在事前投入决策中使用预测分布的期望效用，与使用气象分布的期望效用之差（Hilton，1981），用公式表示为（Katz and Murphy，1997）：

$$EVOI = E\{U[Y(X^+), W_O]\} - E\{U[Y(X^*), W_O]\} \qquad (3-4)$$

这一度量在效用单位中通常被映射为现金价值，对于风险中性型寻求利润最大化的代理人而言是直接扣除预期利润（如 Messina et al.，1999；Mjelde，Hill et al.，1999），对风险规避型代理人而言，是扣除利润分配的确定性当量（Letson et al.，2005）。由此产生的季节性气候预测信息的价值可以解释为决策者愿意为降低收入不确定性的预测而进行交易的货币量。由于对不同风险容忍的潜力，对两个其他方面相同的用户而言，即使在伴随气候预测的生长期未收到的实际额外货币回报是相同的，其价值也可能不同（Francisco et al.，2008）。

（二）气候信息价值与不同风险类型用户决策

过去数十年里人们对大气物理学、动力学及其建模能力的研究已取得了重要的进展,这使运营性生产以及在季节性前置时间内熟练的气候预测传播成为可能,同时促使人们努力捕捉这些信息用于农业的潜在价值。

尽管 Hilton（1981）证明,在风险规避与信息价值之间不存在通常的单调性关系,这项研究中发现的实证经验（Jones et al.,2000；Meza et al.,2003；Letson et al.,2005）表明,当从一个风险中性的决策者向轻微风险规避的决策者移动时,预测价值倾向于增加,但面临极高水平的风险规避时很可能会降低,因为高度保护性的风险管理策略限制了决策集,即高度风险规避型用户可能无法承受预测本身的不确定性风险。Letson 等（2005）证明了价格波动也是农场风险的一项显著来源,应纳入分析以准确估计风险规避情绪下的预测价值。

学者对不同程度风险规避的预测价值的研究提供了有益的启示。例如,预测分布的不同尾部对于不同类型的决策者可能更有价值（Meza et al.,2003；Letson et al.,2005）。Letson 等观测到,气候不利条件的预测对接近风险中性的用户而言是最宝贵的,而有利条件的预测对增加风险规避情绪更有价值。对更倾向风险规避的用户而言有利条件下更高的预测相对价值背后的直觉,是这些用户倾向于使用低回报、保护性策略管理所有的年度,以防止任何一年成为收入极坏的年度。由此,使用户能在有利年度放宽保守型策略的气候预测,使用户在有不利预期时能够利用有利年度的优势同时保留保护性策略。Hansen 和 Selvaraju（2001）在确定性等价基础上运用一个简单的耕地分配模型,估计了印度南部的气候预测价值,演示了与季节性预测相联系的不确定性其偏颇的认知或沟通,怎样减少或抵消风险规避型用户概率性季节预测的价值。Ashley R. Coles 等（2009）对亚利桑那州东南部农场主及牧场主的访谈研究表明,其面临的主要气候风险是干旱、洪水和霜冻。当地生产者自适应决策考虑到短期季节性因素的影响,同时力求保持长远的稳定生活,他们已经采取的自适应策略包括利用季节性气候预测（SCFS）等信息。对低风险承受能力和季节性生产与市场情况的不确定性削弱了 SCFS 作为决策工具的效用；相反,农民和农场主继续依靠过去的经验和短期预测,每年套期保值而不是冒险。

预测与保险都是免费的风险管理工具。当二者相结合,保险可用于提高预测的效用，使风险规避型生产者能够基于概率性预测信息做出管理决策，如没有保险，将有太多的不确定性需要应对（Carriquiry and Osgood，2007）。如果保险不用预测信息来定价，预测前进行的保险交易必须有技巧。否则，客户可以采取策略性行为破坏保险融资（Hess and Syroka，2005）。政府方案与政策，如补贴保险、对作物或地区的限制以及各种税收计划，对于农业预测信息的使用都会产生后果，其影响取决于项目详情（Cabrera et al.，2007）。

第三节　气候预测对决策经济价值的估值

一　气候预测对低碳经济价值的定量评估

对于季节性气候预测对农业价值的大量研究，其主体利用了定量经济评估和一系列定性社会科学方法来了解信息使用和价值的决定因素，其中定量研究普遍采用事前生物经济建模方法来估计预测信息在特定环境下对特定农业决策的价值。

对季节性气候预测的经济价值进行定量比较估计的研究最常见的是企业层面，其中季节性气候预测的价值是作为单个作物管理变化的职能来体现。Hill 和 Mjelde（2002）在农场和汇总层面估算了预测值，其研究重点集中在对季节性气候预测的应用以及对其采用约束的讨论。Jones 等（2000）和 Letson 等（2005）也在农场层面考虑土地分配，估计了气候预测的价值。Chen 等（2002）、Adams 等（2003）、Hill 等（2004）运用均衡模型估计了总体规模上季节性气候信息的价值，将供求的价格响应纳入模型，为作为社会福利措施的消费者和生产者剩余提供了估计。Cane（2001）、Goddard 等（2001）和 Palmer 等（2005）都对评估农业季节性气候预测价值的关键要素做出有益的贡献。其他研究大多集中在旱地条件下一年生作物（玉米、小麦、大豆等）的生长方面，一小部分研究考虑了灌溉园艺作物，少数研究涉及畜牧业（Jochec et al.，2001）。

尽管每种案例代表一个特定的评估，在一个商品类别中（干旱农艺作物或灌溉园艺作物）每公顷的额外经济回报在一个数量级幅度内通常会不同。作为一个群体，谷物表现出最低的经济价值。气候预测值可能会受价格成本关系的严重影响（Meza and Wilks，2004；Letson et al.，2005），因此在评估季节性气候信息的收益时必须加以考虑。一些研究通过均衡模型计算出聚合层面气候信息的收益，然后计算消费者和生产者剩余（Chen et al.，2002；Adams et al.，2003）。为了便于这些情况中的预估值比较，即使它可能引入一些偏差，所报告的数值仍根据作物在该区域的总面积来划分。所调查的决策被分为生产管理（例如，播种期、种植密度、施肥水平）与土地分配决策两类。少数研究涉及政府政策或保险对气候预测价值的影响。

几乎所有的研究都将季节性气候预测界定为具有直接性和线性影响的离散型产品，离散类别的使用简化了气候信息预期经济价值的评估。由于预测系统自身的性质，大部分货币收益来自于一小组生长季节。由此，用户可以通过大幅调整其管理方案，来利用特别有利的气候条件，或避免特别恶劣条件下不必要的损失。

二 厄尔尼诺—南方涛动（ENSO）现象预测的农业价值

虽然大多数研究都只是在生产、收入或成本节约方面表示预测值，少数研究也考虑到了环境对农业管理实践的相关影响。

由于气候的混乱性，通过掌握10—14天的初始气候状态进行分类预测是可能的。然而，来自底层海洋和陆地表面的边界压力影响了气候异常并比天气系统演化得更慢，从而允许了一定程度的可预测性。这些边界压力的一个例子就是众所周知的耦合大气海洋厄尔尼诺—南方涛动（ENSO）现象。当与ENSO相关的海表温度异常（SSTA）与气候异常之间存在统计学关联时，对ENSO状态的认知在一个方向或其他方向转移了气候异常的相关可能性（Barnston et al.，2000）。Hill等（1999）的研究成果表明，南方涛动信息的运用为生产者提供了更有效的利用氮的方法，从而产生了积极的环境结果。Mavromatis等（2002）的研究显示，通过调整基于ENSO阶段的播种日期，佛罗里达北部尚有增加花生产量和减少硝酸浸入地下水的潜力。尽管他们没有关注收入，增加的产量预计仍将按比例增加收入，因为调整播种期本身并没有明显的财务成本。

在以 ENSO 为基础的预测中，事件阶段被预见（厄尔尼诺、拉尼娜现象或南方涛动阶段）是最常见的。例如，对于智利瓦尔迪维亚的马铃薯作物，Meza 和 Wilks（2003）发现，信息价值在温暖的 ENSO 阶段达到了每公顷 320 美元，但在中性与寒冷阶段的价值为零。Cabrera 等（2005，2006）检验了气候预测信息对制定管理策略的应用，在保持或提高农场利润的同时最大限度地减少氮浸出。

David Letson 等（2009）研究发现，在许多地方，与 ENSO 现象有关的区域性气候变化的预测通过减轻不利条件的负面影响或利用有利条件，为提高用户的决策成效提供了潜力。通过模拟，研究估计季节性气候信息在可替代的假设条件下的预期值，从而展现出信息价值取决于风险偏好、损失规避、财富水平和期待，以及情境约束的程度。研究结果表明，在非实验室决策环境下，在某些情况下，对期望效用最大化心理上的合理偏差可导致气候预测预期值估计的巨大差异，故而气候信息与预测在农业上的有效使用必须植根于对决策者目标、目的约束的坚定认识。Melissa A.，Ramirez R. 等（2014）结合作物模拟及来自巴拉圭、恩卡纳西翁、伊塔普阿和埃斯特城的典型小麦种植区的历史气象数据，根据生长季节的 ENSO 阶段，分析了优化氮肥的施用比例。与巴拉圭当前用户持续施用低氮肥的做法相比，对 ENSO 季节型特殊氮肥施用应用 ENSO 或广义环流模型（GCM）为基础的预测，导致了大于 100 美元/公顷的收益，以 ENSO 持续性为基础的预测比 GCM 为基础的预测（具有两个前置时间但技术更低）显示出更高的价值。研究还通过将氮肥施用调整到 ENSO 3.0 定义的 ENSO 阶段（该阶段在生长季节初期运用适度的技术就可预测到），发现利用气候信息可以显著增加巴拉圭当前的小麦产量与毛利润率。

三 预测值的稳定性

几项早期研究集中于预测特性怎样影响价值（Mazzocco et al.，1992；Mjelde et al.，1993），并示范了序列决策的预测准确性与前置时间之间的权衡。Hill 等（2000，2004）和 Chen 等（2002）比较了 ENSO 预测 3 阶段值与基于南方涛动指数预测系统的 5 阶段值。然而，模拟预测系统与不同数目类别的比较是有问题的，除非采取预防措施以控制伴随类别数量增长而有增长倾向的人工技能（Hansen et al.，2006）。

预测值被定义为使用及不使用预测状态下预期与实现的集成，采用随机天气与价格模型，就能够生成预测值分布的估计。在实践中，预测估值涉及后报特定子期间的采样与历史气候的实现，以及潜在的其他随机驱动因素。一些预测估值研究已经着眼于对价格的敏感性研究（Jones et al.，2000；Meza and Wilks，2004）及对不同抽样年集的敏感性研究（Mjelde et al.，2000）。Letson等（2005）提出，季节性气候预测值应被视为随机变量而非一个独特的数值。

对于EVOI会随风险规避至少第一增量而增长的趋势的相关研究表明，忽视存在的风险规避可能导致低估预测信息。这反过来表明，即便在只考虑单个企业管理的情形下评估整个农场也可以提高评估，这是因为企业间不完善的协方差使经济风险无法在企业层面被评估或管理。对少数代表性灌溉园艺作物的预测值估计一般要高于旱作农作物，其他园艺作物、畜牧系统和灌溉农业要确保进行慎重考虑，才可以对气候预测价值作出稳健的概括（Messina et al.，2006）。

将定量评估研究与定性的、用户参与的研究方式相整合的实践（如调查、重点群体、人种学研究）引出了一套更为全面的建模方法，该方法考虑了有望的管理响应并采用生物经济学方法，能够充分地捕捉系统对决策冲击的突出反应与特征，这将极大地提高季节性预测对农业价值的稳定性。

第四节　气候预测对决策的潜在收益与价值

在过去的十余年，对季节性气候预测应用于农业管理决策的研究主要集中于四个方向：气候预测的采用规模与市场影响、气候预测的农业管理响应、基于气候预测的作物模拟模型应用，以及气候风险的有效管理与农业体制转变，相关文献预期并证明了季节预测对农业管理决策具有很大的潜在收益与经济价值。

一　气候预测的采用规模与市场影响

由于市场的均衡性，针对季节性预测的广泛采用，土地分配与作物管理中的大规模变化可能会对商品价格进而对用户收入产生重大影响。预测估值文献大致可分为两类：田间规模与农场规模研究，假定采用规模非常小、市场影响可以忽略不计；总体规模的研究，假定完全采用并将市场影响纳入经济均衡模型。两个明显的例外是 Messina 等（2006）和 Rubas 等（2008）的研究。Messina 等（2006）对佛罗里达州番茄种植者的 ENSO 信息价值建模，作为采用规模的函数。其研究显示，信息对于第一个使用的用户具有很高的潜在价值，但当更多的用户采用预测时，由于减少的均衡市场价格，该价值随之减少；当100%采用时，如果生产者独立行动，预测将对其产生负面价值，但如果生产者最佳地协调对预测的反应，则可以保留大量价值。Rubas 等（2008）通过国际小麦贸易模型检验了多个国家季节性气候预测的采用，研究发现，早期采用者受益最大，在60%—95%采用后，对生产者将季节性气候预测纳入其生产系统就失去了其进一步的激励作用。

季节性气候预测技术在过去的几十年已得到提高，这些预测连同其他气候信息，将越来越多地被农业管理人员所采用。James W. Hansen（2002）认为，在特定条件下，我们预先预测气候波动能力的加强为改善农业气候风险管理提供机遇。研究提出，有利于预测使用的先决条件：包括预测信息必须满足现实与想象的需求，只有通过对预测信息敏感的可行的决策选择才能出现互利，收益取决于对与可行决策相关的气候变量成分的预测，适当的预测需要相关信息的有效沟通，持续的使用需要机构承诺与优惠政策。研究认为，要考虑三个阶段的努力，这是非常有用的：获取理解与评估潜力的探索阶段，以研究人员与目标决策者的合作学习为特征的试点阶段，以及注重啮合与配备相关机构的运营阶段。Jessica Bolson 等（2013）依托美国南佛罗里达州2006—2010年进行的观测和半结构化专访的结果，确定了南佛罗里达水资源管理区气候信息早期采用的特征，认为其气候信息采用的障碍通常包括风险规避、制度约束和低的预测可靠性，这一结果涉及现有技术转让和创新扩散理论的分析。研究发现，在内部环境的专业知识、创新的文化机构、社会网络连接水资源和气候科学研究人员及偶然政策窗口的存在是采用的关键因素。此外，模型和信息、远程水文模型和政府发行的季节性气候预测必须是现成的，可以纳入预先存在的和可信的决策支持工具。

目前，已经有越来越多的研究关注于为旱地提供更好的天气、气候与资源决策信息。Laura Vang Rasmussen 等（2014）探索了 2013 年收到的萨赫勒地区牧民信息的种类，以及他们如何回应这些信息，并评估传播信息是否与牧民的实际需求相对应。研究结果表明，很少受访牧民收到了季节性降雨的预测信息，而收到预测信息的牧民利用这些信息调整了其种植业战略，而不是支持畜牧业管理决策。要做到后者，牧民需要各个领域有关放牧资源可用性的信息、降雨及洪水事件的发生日期，以及在雨季第一周降雨量规模的信息，这些信息可以用来调整补充饲料的购买、对游牧目的地做出合格的选择，并对畜群结构作出改变。研究发现，由于牧民主要通过致电附近地区的朋友和家人获取此类信息，导致牧民所需信息的参数和规模与目前所提供的信息之间存在很强的脱节。

因此，农业决策中对气候预测的采用是不断增多的，并取决于将预测的气象内容纳入农业方面的可能性（P. Calanca et al., 2014）。在世界的许多地区，对季节性气候预测的获得仍然是有限的，但各层次都在努力改善这种情况，并且学者对复杂的生产决策中气候信息作用的检验结果（Ashley R. Coles et al., 2009）表明，信息的获取并不是提高决策的主要限制因素。

二 气候预测诱发或观测到的农业管理响应

对于农业决策中季节性气候预测价值的大量研究，其主体利用了定量经济评估和一系列定性社会科学方法来了解信息使用和价值的决定因素，其中定量研究普遍采用事前生物经济建模方法来估计预测信息在特定环境下对特定决策的价值。

Jochec 等（2001）以得克萨斯州西部牧场主的重点群体为研究对象来引发影响放养率决策的因素，他们模拟了放养率决策季节性预测的收益，并在评估结果中涵盖了农场主，但未能利用这一过程探索出更广范围的管理响应。Bert 等（2006）将玉米管理响应纳入以 ENSO 为基础的预测，从阿根廷潘帕斯草原地区的农民顾问中，引发出对预测值的模型分析，并比较了利润最大化策略的结果。Rubas 等（2006）提出，应超越现有的建模方法，整合诸如博弈论和机制设计理论等方法，以在更广泛的决策集范围内评估季节性气候预测的价值。James W. Hansen 等

(2009）以肯尼亚南部两个半干旱地区（Katumani and Makindu）的玉米种植和施肥管理决策为例，估计了以广义环流模型（GCM）为基础的季节性降水预测的潜在价值。该分析将缩小的降雨量预测、作物产量模拟、随机企业预算和识别利润最大化的氮肥率与林分密度结合起来，其对降雨、氮供应和林分密度的产量与利润模拟的互动效果与已有文献报道一致，其随机占优分析表明，处于任何风险规避级别的用户对于研究所假设的气候管理最优化都倾向于基于预测的管理策略，尽管在个别年份低回报的概率很高（Katumani 为 25%，Makindu 为 34%）。Todd 等（2010）对格鲁吉亚南部 38 家用户进行了人种学调查，调查了用户的生活目标与社会价值、管理策略及与天气和气候信息的交互，尤其是用户对季节性气候预测的响应。研究结果强调了信息处理和风险管理的社会性，认为物质条件和以价值为基础的态度是用户可能将气候预测融入其农业管理实践的路径。

Shahbaz Mushtaq 等（2012）使用非线性规划模型估计了澳大利亚东南部 Coleambally 灌溉区（CIA）改善的灌溉分配预测到的经济价值。该模型采用生产和利润函数估计了各种水资源分配水平的产量和毛利率，还捕获了基于整个灌溉季节水量分配方案灌溉者所做出的改进的种植决策。研究发现，在澳大利亚，气候变异和气候变化使季节性降雨更难预测、季节性灌溉水供应更加不明朗，削弱了农业生产的发展前景与盈利，而水资源分配的预测对于灌溉者作出知情的种植决策具有较大的经济价值，因而在水资源分配预测与相关农业气象信息方面的投资，可能是政策制定者、用户和农业非常有用的工具。

Daniel 等（2013）采用一个多输入/输出随机距离前沿模型来分析年际气候变化对农业生产的影响，并评估了气候预测对美国东南部农业部门经济性能的影响。结果表明，在估计区域农业生产模式时气候条件的遗漏可能导致偏技术效率（TE）的估计，这种气候偏差可能会显著影响基于区域经济绩效比较的农村发展政策的有效性。研究还发现，季节性降雨和温度的预测对低碳经济绩效会产生积极的影响。Eugene S. Takle 等（2014）描绘了玉米种植与气候预测相关的决策周期，认为使气候信息的开发者、用户，以及气候研究人员熟悉全年天气条件（能够影响玉米产量、种植者所需的预测内容与时机）的总体情况，可以改进气候预测,以此为基础改进与气候相关的决策工具,可以大大地减少玉米种植者的不确定性,并提高其盈利能力。

气候预测已经显示出改善农业对气候冲击适应性的潜力,但对于用户在作物管理决策中怎样使用这些信息仍然存在不确定性。Roudier 等(2014)展示了来自塞内加尔和西非两个农业生态区的用户参与研究的结果。基于模拟演练,季节性预测的介入诱导了案例中用户做法近75%的改变。用户反应被归类为:意味着耕作制度的纯集约化策略(占案例的21%)、非集约化策略(占案例的31%)及两者的混合策略(占案例的24%)。在非集约化策略中,最常见的预测用途是改变播种日期与作物品种(后者在存在更广泛品种的情形下更为普遍);混合策略通常使用更多的投入(例如,肥料或化肥),伴随另一种策略的使用(例如,更改播种期)。产量的估算表明,预测的使用在相对较少的损失情形下带来了案例中约1/3的产量收益。根据实际雨季的特征、预测精度与响应类型,实际影响也不同,在湿润年度伴随集约化策略与精确的预测,其积极影响会更高。这些结果证实了先前的研究证据,即气候预测也许能够帮助塞内加尔的农民适应气候变化,特别是帮助他们把握预期的有利条件。

三 基于气候预测的作物模拟模型应用

受系统分析与模拟成功的启发,近年来生物学家与农学家应用类似技术来评估农业系统对不同外力的反应,其中一个方法是作物生长发育的模拟模型,其目的是作为天气与土壤条件的函数估计作物生产力与作物管理。Hoogenboom(2000)将作物模拟模型的用途划分为战略应用、战术应用与预测应用几种类型。伴随代表季节性预测的生长季节天气的实现,作物模拟模型允许农业科学家基于产量成果分配基础评估最合适的管理方案。

统计或动态模型提前数月预测气候波动能力的最新改进,可能是改进雨水灌溉气候农业管理的机遇(Benjamin et al.,2012)。Benjamin 等开发了塞内加尔半干旱地区—尼奥罗小农农场的典型生物经济模型,通过模拟获取了下个雨季质量先验信息的用户决策,进而评估了季节性气候预测带给西非农民的潜在收益。结果表明,如果预测具有高确定性,预测干季比一般的雨季对尼奥罗用户更为有用。事实上，由于预测是不完善的，预测湿季比一般的雨季使用户面临更高的失败风险，因为他们往往选择玉米、花生等极易受旱灾影响的经济作物。另外，用户对干季而非一般雨季预测的响应减少了气候风险，因为他们往往选择小米、高粱等稳健作物，万一预测有误，这些作物也能经受更高的降雨。Roudier 等（2012）采用 SARRA—H 作物模型计算了响应产量，并通过考虑风险规避将之转换成效用。该研究对 1990—2007 年的模拟表明，不完善的百分位预测收益最低（+6.9%），完善的百分位预测收益较高（+11%），当强化适应策略及额外的气候指标可用时收益达到最高（+31%）。这些结果表明，通过包含起始和停止降雨的预测可以提高现有的预测系统，对尼日尔小米种植者具有极大的价值。Senthold 等（2012）认为，季节性降雨预测已被证明在世界许多地方具有显著成效。研究采用季节性预测与作物模拟模型和一个简单的牧草生长曲线，来告知年度农场管理的几项决策，其中包括对混合麦羊养殖系统土地的分配。研究发现，在"超过中值"的雨量被预测的季节里，种植中氮肥施用被提高以支持更高的产量潜力，绵羊放牧率也被提高以利用更高的牧草生长，未利用的草场土地被用于种植；在"低于平均"雨量被预测的季节里，种植中的氮肥应用减少到最低成本，传统保守的绵羊放牧率被使用；在混合麦羊养殖中应用预测最大的收益来自于"高于平均"降雨季节中营利性更高种植的增加，这一利润远高于以前单一商品预测应用的收益，因此具有广泛的潜力，以改善混合作物—家畜养殖的决策。研究指出，随着降雨在世界各地雨水灌溉农牧区的预期下降，成熟的季节预测系统将变得越来越有价值，因为它们将协助农场管理者在数量下降的潜在高生产季节捕捉收益，并尽量减少在越来越多的低生产季节的投入成本。在此基础上，Majid 等（2014）提出了一个终端到终端的预测框架，纳入运行的季节性气候预测以帮助用户在作物生长季节前改善其决策。该框架耦合了旱作农业的作物生长模型与决策模型，并将概率性季节预测转化为与用户更相关的信息，可用于支持用户对作物类型和一些市场选择的决策。

　　文献显示，伴随代表季节性预测的生长季节的实现，作物模拟模型能够充分地捕捉系统对决策冲击的突出反应与特征，进一步提高了季节性预测在农业决策中的稳定性,从而允许农业科学家基于产量成果分配基础而评估出最合适的管理方案。上述科学见解与洞察转化为具体的建议,都将提高气候预测在农业决策中的显著性、可信性和合法性,并将在面临气候不确定性时推动这些信息纳入熟练的农业管理实践中。

四 气候风险的有效管理与农业体制转变

季节性预测估值文献侧重于年度基础上用户常规决策的增量变化,然而学术界对于风险如何影响小农农业的理解提高了这一前景,即气候风险的有效管理可能有助于耕作系统更根本的改变——"体制转变",这一转变可以帮助贫困农民转移到不同的生活轨迹。

如果提前预知气候信息可以帮助陷入贫困的用户过渡到更高效的技术、利润更高的企业以及质量不同的生活轨迹,所得收益将是相当可观的。学者提出了可能实现这种结果的几种方式:第一种,以投资生产性资产为代价持有非生产性流动性资产的预防性储备,是防止不利天气时作物歉收与食品短缺可能性的通常策略;第二种,通过更集约的技术支持高回报,以及通过降低损失任何初始现金支出的风险,对有利气候条件的预测可能会激励用户采取或者至少尝试新技术;第三种,风险的降低与需求(在气候有利年度可被预期的)的潜在增加可能会推动投入与信贷市场,这是可以规避风险的,并能在低风险季节扩展对高风险用户的服务。在这三种情况下,几个有利季节的累积效应可能会激励用户从持续贫穷向资产积累与生产力和盈利能力提高转变。

Bharwani 等(2005)运用一种动态的、多主体仿真模型,展示了对于南非林波波省相对较贫与较富用户的交互组而言,季节性气候预测可能怎样影响其财富积累与长期经济活力。Elbers 等(2007)运用以津巴布韦农村家庭数据为参数的财富积累多期模型,模拟了 50 年财富积累中 46% 的减少额,将大约 1/3 的减少归因于与气候和其他波动相关的事后损失,其余 2/3 归因于对相关不确定性的事前反应,该不确定性如能被预期,原则上其损失是可以减轻的。对这一问题的任何定量研究都需要超越典型预测估值研究中简单的单期决策模型,并考虑对生产性资产和技术采用的长期动态效应。Hyung 等(2014)采用耦合的气候—作物—经济建模系统,分析了西班牙国内农业部门及国际农产品市场的气候信息价值（VOI）。模拟结果显示，西班牙气候预测的全球性收益分布在每年 0.61 亿美元和 1.89 亿美元，西班牙农产品消费者获得 0.8%—2.9% 的收益，而西班牙农场收入增加了 1.9%—7.0%。如果西班牙用户在历史范围之外（积极反应）考虑种植结构选择，他们的收入要明显高于其他方式（保守反应）；同时，有利气候条件下的 VOI 要高于不利气候条件下的 VOI。当预测到不利气候条件时，由于来自西班牙的生产与福利转移到其他国家，消极的 VOI 也能够为西班牙用户带来物质化。气候预测还促进了对农业资源的更有效利用，气候预测带来的农业增效，转化为西班牙福利中性土地节约的 2%。研究还发现，西班牙气候预测与世界其他地区的信息共享不仅增加了全球福利，也增加了西班牙生产商的收益。

季节性气候预测可能有助于农业体制转变的前景尚未得到很多研究关注，并处于推测状态，但已有相关研究已经证实了季节性气候预测帮助用户减轻气候风险所带来的损失、增加用户潜在收益，进而避免陷入贫困陷阱情形的存在。

第五节　气候预测对决策价值研究的局限性

由于评估季节性气候预测值的努力从基础研究转向了诸如资源调集证据与目标干预洞察之类的应用目标，实现与可信度变得越来越重要。关于季节性气候预测对农业价值的研究已经提供了许多有益的启示，但还没有成熟到满足不断增长的需求，可以全面、可靠、可实现、可量化地对能够激励和指导干预的收益进行评估。笔者认为，相关文献研究的几个差距主要表现在季节性气候预测对农业价值的不完全性与偏颇性。

一　农业管理响应选择集的有限

气候信息与用户的交互已经衍生出针对季节性气候预测潜在有利的生产与生活决策响应，特别是在发展中国家的小农耕作系统中（Tarhule and Lamb，2003；Ziervogel，2004）。然而，定量评价研究通常针对潜在农业管理响应相当有限的子集。

大多数研究重点关注农艺管理实践，部分研究模拟了作物的土地分配（Ritchie et al., 2004；Cabrera et al., 2007），只有少数研究（Hill et al., 2004；Letson et al., 2005）涉及了作物的农艺管理与土地分配，这些建模途径与所考虑的决策协调得很好。然而，目前尚不清楚，是突出的决策方案决定了使用的建模工具，还是易用性使可用工具代表了特定的气候敏感决策（例如，农艺决策的作物模型、土地分配的线性或非线性规划），进而可能影响所考虑的决策响应。也有极少数情形中将诱发或观测到的决策响应作为决策的基础。

二 耕作制度范围与位置的局限

由于耕作制度与位置的有限样本仅代表了预测估值文献的主体，我们对于最大预期收益地点气候预测服务发展的定位能力受到限制。此外，定量估值文献很可能会对季节性预测的潜在价值给出悲观的判断，因为它不能代表那些可预测性、气候变量高灵敏度，或高生产值有利于高预测值的耕作制度与地点。已发表的对季节性预测值的定量评估已经有针对性地选定了少数几个国家（美国、加拿大、墨西哥、阿根廷、哥斯达黎加、智利、澳大利亚和菲律宾）中一组有限的耕作系统与商品，这些国家都具有发达的、以市场为导向的农业，迄今为止大多数已发表的定量研究都集中于有限的一些高潜力农业区域的旱作农作物中。笔者认为，由于耕作制度与地点代表性的限制，定量预测估值文献的主体并没有对季节性预测价值作出真实的解释。

有利于预测值的因素包括生产价值、耕作制度对气候变量的敏感性、可预测性，以及应对信息调整管理的灵活性。已发表的量化研究对诸如巴西东北部、印度尼西亚大部与菲律宾南部、太平洋岛屿中部、东非部分地区等是不适用的，这些地区显示了季节提前期降水量的当前最高可预测性。气候变量通常是风险的主要来源，并且是热带干燥（半湿润干旱）地区小农旱作制度发展的主要障碍。Barrett（1998）认为，如果障碍可以被克服，这些地区相对较贫穷的小用户由于其保险价值，应当从季节性预测中获得最大的收益。学者们已做了大量的努力去探索发展中国家旱作小用户从季节性预测中获益的潜力，但对这方面预测值的量化评估几乎没有。

三 气候预测先进技术应用的局限

取决于预测目标，预测估值能够合理地关注当前运行的预测或以目前技术而言可行的最佳预测系统，然而表征了预测估值文献的 ENSO 分类指标或百分位类别的假设概率变化，通常并不能代表气候科学所提供的最好预测。例如，未能考虑与强度、时间，或其他 ENSO 事件特征相关联的任何可预测性，也没有考虑与其他热带海洋盆地或陆地表面相关的任何预测。基于动态性、物理性全球气候系统模拟的预测系统，其准确度有时超过了最佳的统计模型，并且预计将随模型、数据同化、微机容量及后处理种植方法的改进而提高（Cane，2001）。在动态气候预测模型优于分类 ENSO 指标的那些地区与季节，未能纳入气候科学将会导致低估预测数值。虽然学者正在进行一些相关的研究，但迄今为止，还没有基于动态气候模型对农业预测价值的评估成果。

另外，不加鉴别地使用历史类似物的预测或多元统计方法提高了高估预测值的风险（Robinson and Butler，2002）及人工技能的风险（Hansen et al.，2006）。高估预测值的危险随着预测类别数目增加和每一类别年数的减少而增长，但可通过适当采用保守的统计方法（例如，交叉验证）将其控制在某种程度上。虽然在应对预计的气候波动时未能纳入最好的可行方法模拟作物、饲料，或水文，从而存在一些低估季节预测的风险，但是更大的危险在于，不调整模型误差就使用模拟结果作为实际影响的代理反而导致高估了季节预测。

第六节 气候预测与技术决策研究展望

气候预测对低碳经济价值研究的大量文献，预期并证明了季节预测对农业管理具有很大的价值。这一价值通常是积极而适度的，主要体现在：首先，气候预测连同其他气候信息，已越来越多地被农业管理人员所采用，以改善农业气候风险管理；其次，气候预测所显示出的改善农业对气候冲击适应性的潜力，诱发用户作出更多的适应性管理响应，帮助他们把握预期的有利条件；最后，气候风险的有效管理可能有助于耕作系统的体制转变，进而激励用户从持续贫穷转向资产积累与生产力和盈利能力的提高。

然而，气候预测对农业的价值仍然是争议较大的主题，这一点在那些最易受气候风险影响的热带边缘旱作地区尤其如此。从已有研究看，季节性预测应用于农业的障碍主要存在于：首先，对热带地区小农耕作系统的研究倾向于采用定性方法了解其应用与价值的决定因素，而量化的经济模型研究往往瞄准较发达国家的高潜力地区，很少有研究利用定量与定性方法的综合优势来评估其价值；其次，定量预测估值研究对一系列耕作制度与地点的采样过于狭窄，无法支持稳健的归纳；最后，预测估值文献迄今为止还未能将气候学目前所提供的最好预测方法纳入进来，去考虑所有突出的管理响应、去解释利益的所有机制，尤其是那些与体制变化相关的机制。

解决关于季节性气候预测对农业价值的不确定性的问题，需要经过长期、足够的学习、适应及广泛采用，才能最终提高季节性预测估值应用于农业的整体可信度。基于此，这一领域今后的研究重点在于：综合运用定性的社会科学方法与量化的生物经济建模方法，以全面评估世界各种地区的应用价值；扩展耕作制度与地点研究的范围，尤其在有很高的季节可预测性的地区、小规模旱作农业的高风险区域，及高值农业地区；在气候和作物预测中纳入最先进的技术，并包含所有显著的管理应对方案，以拓宽对预测值的度量，更全面地解释相关利益机制。

第二编

山东省低碳经济现状及分析

第四章 山东省低碳经济现状分析

第一节 山东省能源消费总体状况

一 能源缺口不能适应经济发展

目前，山东省正处于经济快速发展时期，作为人口基数大、人口众多的能源大省，对能源的需求量非常大。如表4-1和图4-1所示，2005年之前山东省能源消费量增幅较高，徘徊在13.00%—23.00%，2005年增幅更是达到31.02%；2005年之后，山东省认识到高碳发展模式的弊端，开始调整能源结构与产业结构，能源消费量增幅持续稳步下降。2011年，伴随减排措施的实施，一次能源消费量首次出现大幅下降，降幅达到14.15%；随后几年能源消费量开始缓步上升，增幅保持在4.00%左右。

反观山东省一次能源生产量我们发现，尽管山东省能源资源条件比较丰富，能源生产能力近几年反而提升不大，能源生产量增幅基本上在逐年下降。2001—2003年，一次能源生产量增幅围绕在8.63%—19.71%；2004年开始生产量增幅大幅下降，2004年比上年度仅增长0.07%，2005年更是不增反降，降幅达2.77%，2008年、2009年能源生产量再次小幅下降。2010年，一次能源生产量出现激增，增幅达9.97%；之后能源生产能力基本呈现下降的态势，2013年、2015年、2016年的能源生产量均比上年度要低，降幅围绕在3.86%—10.66%。

综合考察山东省一次能源消费量与生产量发现，山东省对一次能源的消费量已经远远超过了生产量，消费需求基本在生产能力的 1 倍以上，2006 年开始已经占生产能力的 2 倍以上。截至 2017 年，山东省的能源消费总量达到 38683.70 万吨标准煤，是当年度生产总量的 2.68 倍。上述统计结果表明，山东省能源生产明显后劲不足，已经开始出现能源紧缺状况，远远不能满足经济大省对经济和社会发展的需求。目前，山东省的能源缺口越来越大，能源消费对外依赖过大，已经影响到了山东省的能源安全和经济发展。

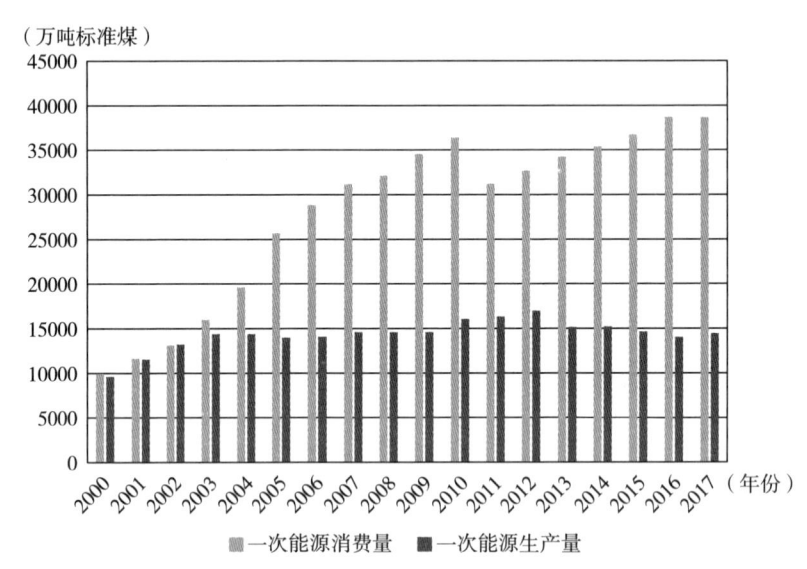

图 4-1　山东省一次能源消费量与生产量对比

表 4-1　　　　　　　　山东省一次能源消费量与生产量

年份	一次能源消费量（万吨标准煤）	能源消费增幅（%）	一次能源生产量（万吨标准煤）	能源生产增幅（%）	消费与生产比例
2000	9977.11	-9.17	9648.75	-6.53	1.03
2001	11649.88	16.77	11550.26	19.71	1.01
2002	13121.91	12.64	13241.75	14.64	0.99
2003	15974.50	21.74	14384.08	8.63	1.11
2004	19606.14	22.73	14394.61	0.07	1.36

续表

年份	一次能源消费量（万吨标准煤）	能源消费增幅（%）	一次能源生产量（万吨标准煤）	能源生产增幅（%）	消费与生产比例
2005	25687.50	31.02	13995.62	-2.77	1.84
2006	28839.49	12.27	14083.40	0.63	2.05
2007	31194.99	8.17	14616.67	3.79	2.13
2008	32116.22	2.95	14615.32	-0.01	2.20
2009	34535.66	7.53	14600.08	-0.10	2.37
2010	36357.25	5.27	16055.71	9.97	2.26
2011	31211.80	-14.15	16351.80	1.84	1.91
2012	32686.70	4.73	16973.80	3.80	1.93
2013	34234.90	4.74	15165.10	-10.66	2.26
2014	35362.60	3.29	15220.40	0.36	2.32
2015	36759.20	3.95	14632.80	-3.86	2.51
2016	38722.80	5.34	14020.80	-4.18	2.76
2017	38683.70	-0.10	14443.80	3.02	2.68

二 能源结构"高碳"特征显著

观察山东省一次能源消费结构可以看出（见表4-2、图4-2），煤品（包括煤炭、焦炭、焦炉煤气、高炉煤气、转炉煤气和其他焦化产品）消耗在能源消费结构中居于主导地位，2000—2017年，占消费总量的比重基本保持在80.00%左右；油品（主要是石油）是第二大消耗品类，占能源消费总量的比重基本在15.00%—20.00%；天然气及其他品类的消耗量自2011年以来持续加大，所占比重稳步加大，自2011年的3.11%增加至2017年的9.17%；电力消耗比重最小，基本徘徊在0.01%—0.57%，仅在2016年、2017年消费量加大，电力经调入增多，消费比重2017年增至3.32%。

表4-2　山东省2000年、2005年、2008—2017年一次能源消费结构

年份	一次能源消费量（万吨标准煤）	占能源消费总量的比重（%）			
		煤品	油品	电力	天然气及其他
2000	9977.11	78.76	20.68	0.01	0.55
2005	25687.50	80.76	18.35	0.01	0.88
2008	32116.22	77.98	20.58	0.01	1.43
2009	34535.66	77.13	21.27	0.05	1.55
2010	36357.25	76.21	21.98	0.09	1.72
2011	31211.80	79.60	17.12	0.17	3.11
2012	32686.70	80.22	15.94	0.24	3.60
2013	34234.90	79.74	16.29	0.34	3.63
2014	35362.60	80.75	14.89	0.38	3.98
2015	36759.20	79.48	15.87	0.57	4.08
2016	38722.80	76.87	16.27	1.87	4.99
2017	38683.70	70.47	17.04	3.32	9.17

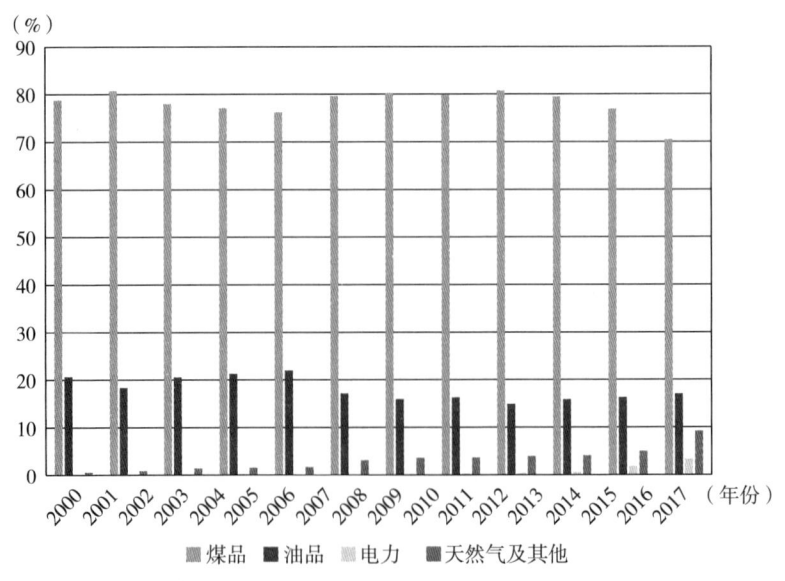

图4-2　山东省2000年、2005年、2008—2017年能源消费结构

重点观察山东省2011—2017年能源消费结构的变化（见表4-3），发现自2011年以来，煤品占能源消费总量的比重增幅呈现逐年下降的

态势，其中 2013 年、2015 年、2016 年、2017 年比重增幅都比上年度降低；油品占总量的比重增幅也基本呈现下降的趋势，多数年份比重增幅都比上年度要低。2011—2017 年煤品比重总体呈略微下降态势，降幅为 11.47%；油品比重总体下降了 0.47%，这表明煤品和油品在山东省能源消费结构中的比重已经开始下降，增长势头也减缓了很多。

反观电力品类的占比增幅则基本呈现较大的增长趋势，2011 年较上年度比重上升很大，增幅为 88.89%，之后从 2012 年的增幅 41.18% 增至 2015 年的 50.00%，再激增到 2016 年的 228.07%。天然气及其他品类的比重增幅在 2011—2015 年呈现下降的趋势，究其原因在于天然气从 2010 年 1.72% 的比重激增至 2011 年的 3.11%，比重基数过大，2017 年比重增幅有明显的上升，增幅达 83.17%。整体而言，2011—2017 年电力品类的比重增幅总体上涨迅猛，增幅比重高达 1852.94%；天然气及其他品类的比重增幅总体也有较大的上涨，增幅比重为 194.86%，增长势头也较为迅速。

表 4-3　　　　山东省 2011—2017 年能源消费结构变化

年份	煤品比重增幅（%）	油品比重增幅（%）	电力比重增幅（%）	天然气及其他比重增幅（%）
2011	4.45	-22.11	88.89	80.81
2012	0.78	-6.89	41.18	15.76
2013	-0.60	2.20	41.67	0.83
2014	1.27	-8.59	11.76	9.64
2015	-1.57	6.58	50.00	2.51
2016	-3.28	2.52	228.07	22.30
2017	-8.33	4.73	77.54	83.17
2011—2017	-11.47	-0.47	1852.94	194.86

但从山东省能源消费结构整体来看，能源结构还是较为单一的，2017 年仅煤品和油品消费量的比重就达到 87.51%，电力、天然气及其他合计比重仅为 12.49%（见表 4-2），山东省能源消费结构的"高碳"和"非均衡性"刚性特征显著。

三 能源效率有待提高

山东省经济增长对工业的依赖程度较大。2016年,山东省第一、第二、第三产业占地区生产总值的比重分别为7.10%、46.10%和46.80%,其中工业生产总值为27588.70亿元,占比40.62%;2017年第一、第二、第三产业占地区生产总值的比重分别为6.70%、45.30%和48.00%,其中工业生产总值为28705.69亿元,占比39.52%,第一、第二、第三产业对经济增长的贡献率分别为3.60∶40.30∶56.10,对经济增长拉动的百分点分别为0.30∶3.00∶4.10。如表4-4所示,自2009年以来,第三产业对经济增长的贡献率基本上是逐年递增的,2016年第三产业贡献率首次超过第二产业,2017年第三产业贡献率增长了26.10个百分点,增幅达87.00%;而第二产业的贡献率则逐年下降,到2017年降低了26.90个百分点,降幅达40.03%。由此可见,山东省经济增长的拉动力已由第二产业向第三产业转变。

表4-4　　　　山东省三次产业对经济增长的贡献率　　　　单位:%

年份	第一产业贡献率	第二产业贡献率	第三产业贡献率
2009	2.80	67.20	30.00
2010	2.30	62.20	35.50
2011	3.20	59.20	37.60
2012	4.00	59.50	36.50
2013	2.90	60.50	36.60
2014	3.10	59.10	37.80
2015	3.60	51.90	44.50
2016	3.90	41.40	54.70
2017	3.60	40.30	56.10

在山东省2017年各部门综合能源消费总量中(见图4-3),工业消费的能源最多,达28993.10万吨标准煤,占能源消费总量的74.95%;其次是生活消费(3771.8万吨标准煤),占能源消费总量的

9.75%；之后依次为交通运输、仓储和邮政业（占比6.26%），其他（占比3.51%），批发、零售业和住宿、餐饮业（占比2.49%），农林牧渔业（占比1.78%）以及建筑业（占比1.26%），其所占比例相差不大。

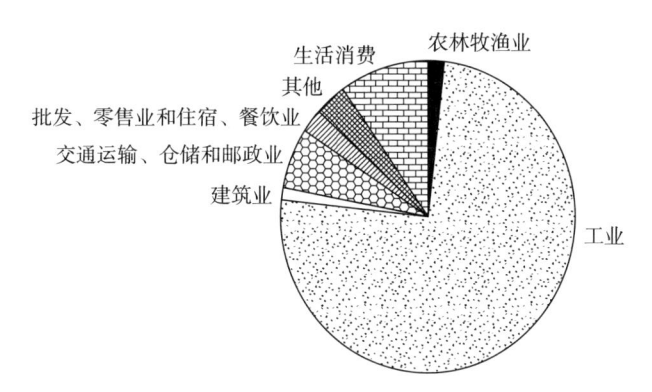

图4-3 山东省2017年各部门能源消费量占比

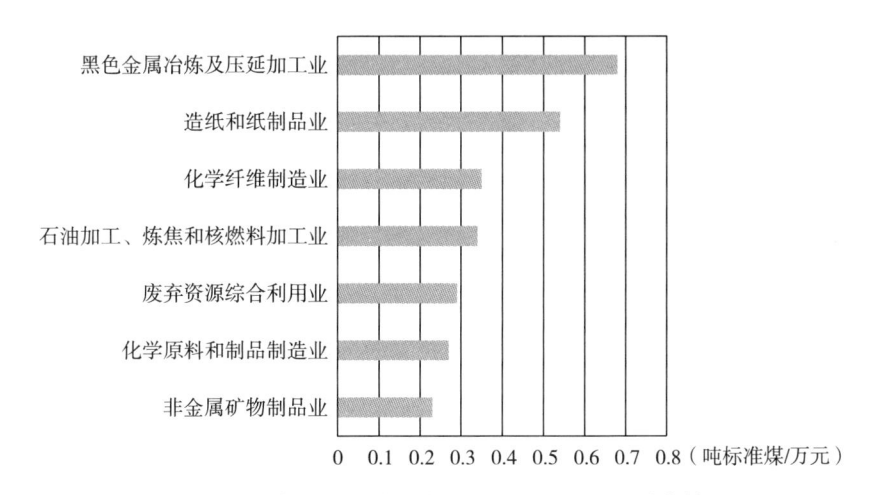

图4-4 山东省2017年规模以上工业行业能源消费情况

观察山东省规模以上工业行业的能源消费，可以发现各行业的消费总量差别也很大，主要集中在四个行业。从图4-4可以看出，能源消费主要集中在黑色金属冶炼及压延加工业（产值单耗0.68吨标准煤/万元），造纸和纸制品业（0.54吨标准煤/万元），化学纤维制造业

(0.35 吨标准煤/万元)，石油加工、炼焦和核燃料加工业（0.34 吨标准煤/万元）等行业。

第二节 山东省碳排放现状

一 碳排放总量持续上升

目前，我国常用的碳排放估算方法是排放系数法，具体估算公式及指标含义如表 4-5 所示：

$$C = \sum C_i = \sum E_i \times (C_i/E_i)$$

表 4-5　　　　　　　　碳排放系数法指标含义

指标	含义	备注（国家发改委公布标准）
C	一个地区的碳排放总量	万吨标准煤
C_i	第 i 类能源的碳排放量	万吨标准煤
E_i	第 i 类能源的消费量	折算成万吨标准煤
C_i/E_i	C_i/E_i：第 i 类能源碳排放系数	单位能耗产生二氧化碳系数
	C_1/E_1：煤炭消耗的碳排放系数	0.7476
	C_2/E_2：石油消耗的碳排放系数	0.5854
	C_3/E_3：天然气消耗的碳排放系数	0.4435

鉴于本书的研究需要以及山东省现有能源数据的获得，因个别年份能源消费量构成中天然气消耗量未单独标明，为保持数据统计的一致性，本书将天然气消耗量和其他消耗量统一计作天然气和其他。

如表 4-6、图 4-5 所示，整体而言，山东省碳排放总量自 2005—2010 年始终保持增长的态势，2005 年增长幅度最高，比上年度增长 13.38%，之后增速基本保持减缓的趋势；2011 年是山东省碳排放发展的一个转折点，碳排放总量大幅下降，降幅达 13.78%；之后碳排放总量缓慢增长，年均增幅保持在 4.00% 左右，并呈现出增幅逐年下降的趋势，2017 年碳排放量降幅达 5.48%。总体而言，自 2005 年尤其是 2011 年以来，山东省政府大力实施节能减排措施，减排效果显著，目前经济发展与能源消耗保持着一定的均衡增长态势。

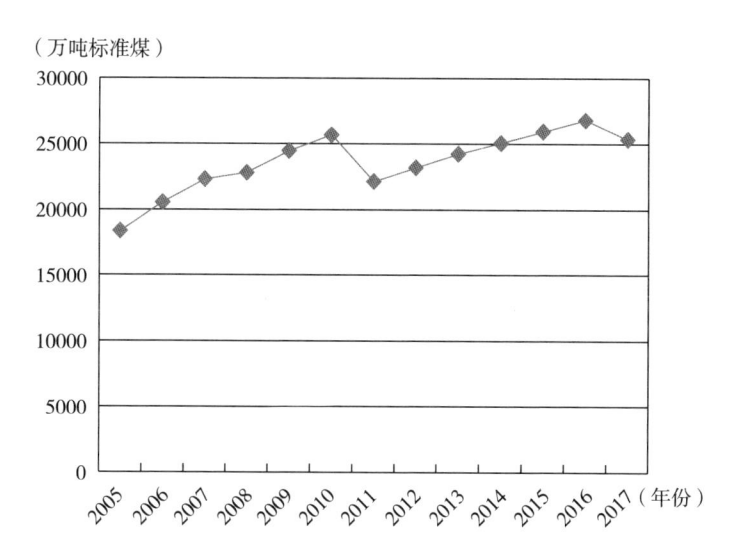

图 4-5　山东省 2005—2017 年碳排放量

表 4-6　　　　　　　　山东省 2005—2017 年碳排放量

年份	碳排放量（万吨标准煤）	与上年度相比增长（%）
2005	18369.90	13.38
2006	20538.52	11.81
2007	22294.68	8.55
2008	22795.96	2.25
2009	24451.69	7.26
2010	25669.86	4.98
2011	22132.38	-13.78
2012	23174.98	4.71
2013	24224.51	4.53
2014	25054.56	3.43
2015	25922.23	3.46
2016	26798.32	3.38
2017	25329.79	-5.48

二 人均碳排放量稳步上涨

如表 4-7 和图 4-6 所示，2005—2016 年山东省人均碳排放量并没有随着人口的增长而下降，基本保持持续增长的态势。2005 年，人均碳排放量增加幅度稍微大一些，比上年度增加 12.75%；自 2007—2010 年人均碳排放量增加幅度较小，保持在 1.68%—7.69%。2011 年，随着山东省减排行动的开展，人均二氧化碳排放量比上年度同期降低了 14.18%；之后一直保持增速逐年减缓的态势，人均碳排放量增幅基本维持在 3.00% 左右，2017 年人均碳排放明显下降，与上年度相比下降 5.95%。

表 4-7　　　　　　山东省 2005—2017 年人均碳排放量

年份	人均碳排放量（万吨标准煤）	比上年度增加（%）
2005	1.99	12.75
2006	2.21	11.06
2007	2.38	7.69
2008	2.42	1.68
2009	2.58	6.61
2010	2.68	3.88
2011	2.30	-14.18
2012	2.39	3.91
2013	2.49	4.18
2014	2.56	2.81
2015	2.63	2.73
2016	2.69	2.28
2017	2.53	-5.95

上述统计结果表明，目前，山东省低碳经济政策的实施已经取得了一定的成效，但是如果全省能源结构和产业结构不能实现大幅度的调整优化，伴随着全省城市化进程加快和人民生活水平不断提高，山东省的

人均碳排放量将继续不断地增长。

（万吨标准煤）

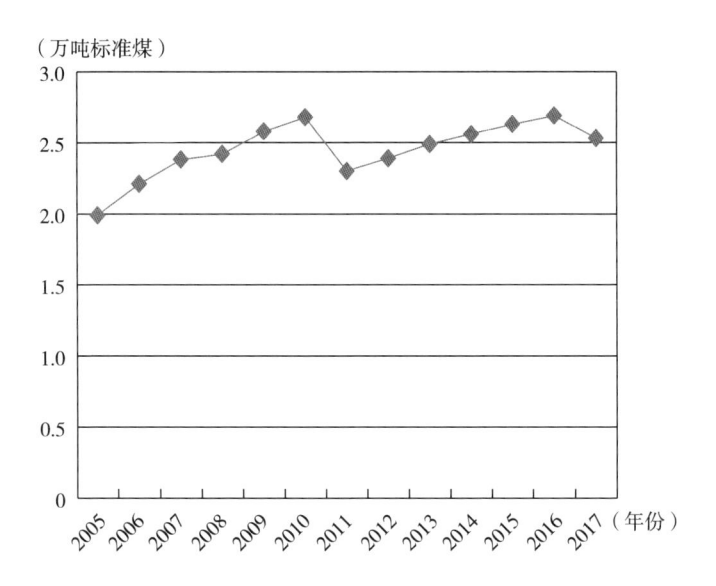

图 4-6　山东省 2005—2017 年人均碳排放量

三　碳排放强度稳步下降

如表 4-8 和图 4-7 所示，山东省 2005—2017 年的碳排放强度伴随着该地区的技术进步和经济增长而呈现不断下降的态势。其中 2008 年、2011 年和 2017 年碳强度指标降幅较大，2008 年比上年度降低 14.88%，2011 年降幅更是达到了 25.63%，之后几年碳排放强度稳步下降，2017 年比上年度降低 11.62%。总体而言，山东省近 13 年的碳排放强度指标表明，山东省的节能减排工作成效显著。

表 4-8　　　　　　　山东省 2005—2017 年碳排放强度

年份	碳排放强度（万吨标准煤/亿元）	与上年相比降幅（%）
2005	0.99	7.35
2006	0.93	6.25
2007	0.86	7.84

续表

年份	碳排放强度（万吨标准煤/亿元）	与上年相比降幅（%）
2008	0.73	14.88
2009	0.71	2.16
2010	0.65	9.22
2011	0.48	25.63
2012	0.46	5.12
2013	0.43	5.35
2014	0.42	3.88
2015	0.41	2.52
2016	0.39	2.81
2017	0.35	11.62

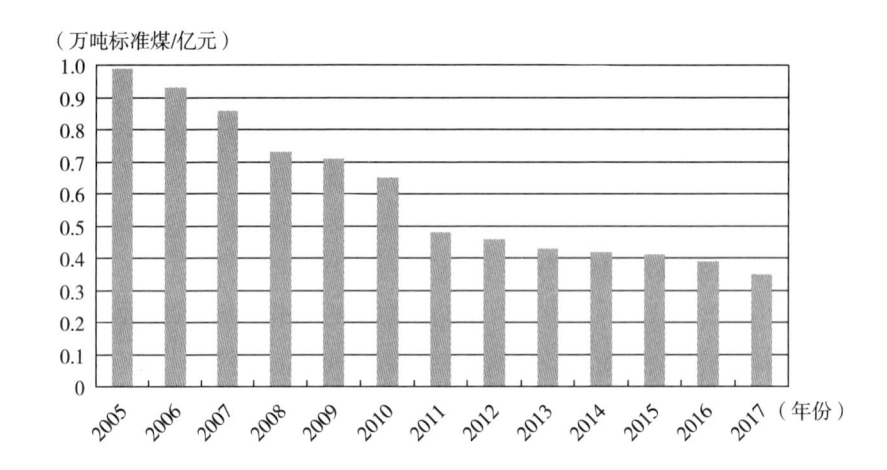

图4-7 山东省2005—2017年碳排放强度

第三节 山东省低碳经济发展区域差异

一 山东省能源消费区域差异

山东省各地区的能源消费差别很大，从各地区单位产值能耗数据

（见图 4-8）可以明显地看出，单位产值能耗较高的地区主要集中在莱芜市（能耗为 2.38 吨标准煤/万元）、日照市（1.68 吨标准煤/万元）、滨州市（1.57 吨标准煤/万元）、枣庄市（1.04 吨标准煤/万元）和淄博市（1.02 吨标准煤/万元）五个地区。

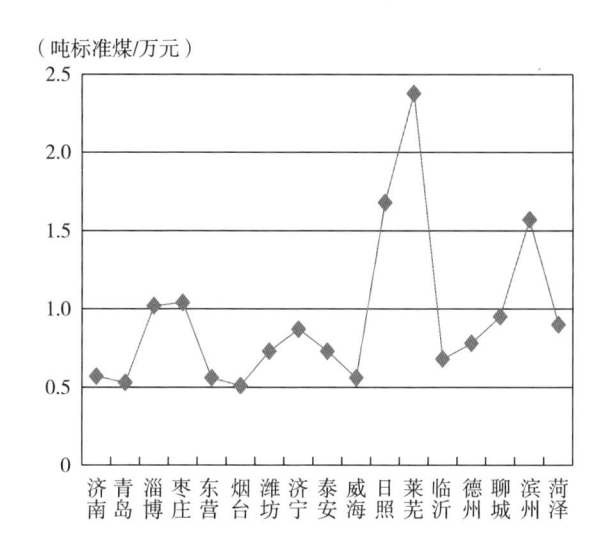

图 4-8　山东省各地区 2017 年单位产值能耗

从山东省各地区 2011—2017 年单位产值能耗（见表 4-9）中可以发现，除滨州市以外，其他地市自 2011 年以来单位产值能耗均是逐年下降的。与 2011 年相比，2017 年单位产值能耗降幅最高的是莱芜市，能耗减少 1.00 吨标准煤/万元，这与莱芜原先的能耗基数较高有关。反观滨州市，2014 年、2015 年单位产值能耗持续增加，2016 年、2017 年单位产值能耗持续降低，但与 2011 年相比，能耗增加了 0.41 吨标准煤/万元，增幅达 35.34%。从山东省全省数据来看，单位产值能耗整体逐年下降，与 2011 年相比，能耗降幅为 26.26%，经济低碳化发展的势头良好。

二　山东省碳排放区域差异

将各地区能源消耗强度和经济贡献程度进行对比分析，可以发现

表 4-9　　山东省各地区 2011—2017 年单位产值能耗

单位：吨标准煤/万元

年份 地区	2011	2012	2013	2014	2015	2016	2017
济南	0.96	0.92	0.86	0.81	0.73	0.70	0.57
青岛	0.74	0.71	0.68	0.64	0.59	0.55	0.53
淄博	1.55	1.47	1.38	1.30	1.23	1.11	1.02
枣庄	1.55	1.47	1.39	1.32	1.17	1.13	1.04
东营	0.71	0.68	0.66	0.63	0.58	0.58	0.56
烟台	0.71	0.68	0.66	0.63	0.56	0.54	0.51
潍坊	1.04	0.99	0.94	0.89	0.82	0.76	0.73
济宁	1.26	1.20	1.14	1.08	0.97	0.90	0.87
泰安	1.11	1.06	1.01	0.95	0.85	0.79	0.73
威海	0.78	0.75	0.72	0.68	0.63	0.59	0.56
日照	2.23	2.14	2.05	1.91	1.84	1.75	1.68
莱芜	3.38	3.22	3.09	2.99	2.70	2.58	2.38
临沂	1.02	0.98	0.94	0.89	0.75	0.73	0.68
德州	1.15	1.10	1.05	1.00	0.91	0.85	0.78
聊城	1.33	1.27	1.22	1.16	1.06	0.99	0.95
滨州	1.16	1.11	1.06	1.27	1.87	1.80	1.57
菏泽	1.22	1.16	1.11	1.06	1.01	0.95	0.90
全省	0.99	0.94	0.90	0.85	0.82	0.78	0.73

（如表 4-10 和图 4-9 所示），青岛市和烟台市的能源消耗强度较低，但其经济贡献份额很高；济南市、潍坊市、东营市、临沂市、威海市的能耗强度和经济贡献率处于中等水平；淄博市、枣庄市、聊城市、菏泽市、济宁市、德州市、泰安市的能源消耗强度较高，其经济贡献份额也位于中等之列；莱芜市、日照市和滨州市的能源消耗与经济贡献存在较大反差，三市产值能耗（介于 1.57 吨标准煤/万元和 2.38 吨标准煤/万元之间）对全省经济的贡献度仅有 1.23%—3.58%。由此可以看出，山东省的经济发展很不均衡，经济增长模式差异很大。

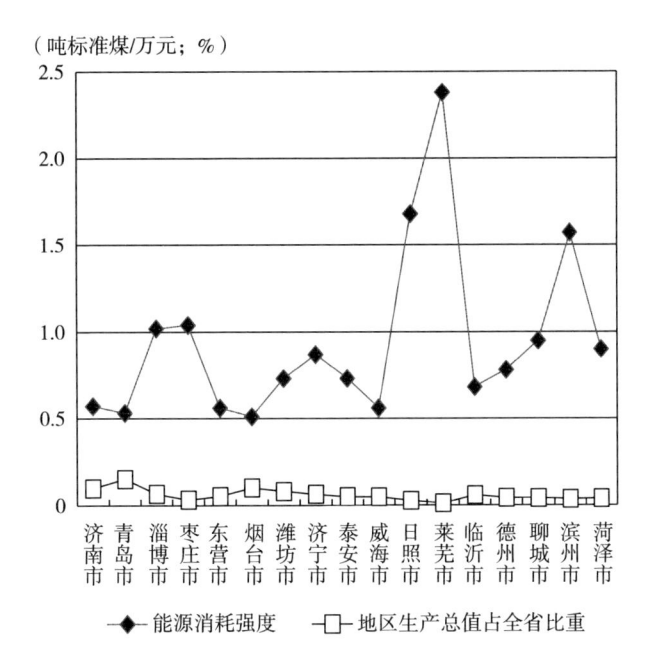

图 4-9　2017 年各地区能源消耗强度和地区生产总值比重

表 4-10　　2017 年各地区能源消耗强度和地区生产总值比重

地区	能源消耗强度 （吨标准煤/万元）	地区生产总值 （亿元）	地区生产总值 占全省比重（%）
济南市	0.57	7151.63	9.85
青岛市	0.53	11024.11	15.18
淄博市	1.02	4771.36	6.57
枣庄市	1.04	2303.67	3.17
东营市	0.56	3814.35	5.25
烟台市	0.51	7343.53	10.11
潍坊市	0.73	5854.93	8.06
济宁市	0.87	4636.77	6.38
泰安市	0.73	3578.39	4.93
威海市	0.56	3512.91	4.84
日照市	1.68	2008.88	2.77

续表

地区	能源消耗强度（吨标准煤/万元）	地区生产总值（亿元）	地区生产总值占全省比重（%）
莱芜市	2.38	894.97	1.23
临沂市	0.68	4330.11	5.96
德州市	0.78	3141.66	4.33
聊城市	0.95	3013.55	4.15
滨州市	1.57	2601.14	3.58
菏泽市	0.90	2825.81	3.89

三 山东省各地区低碳经济发展水平

依据标准偏差分级原则，我们对2017年山东省各地区的低碳经济发展水平进行分类，分类结果如下（见表4-11）。

相对低碳经济地区包括青岛市、烟台市；相对中碳经济地区包括经济贡献度较高的济南、东营、威海、潍坊、临沂等市，以及经济贡献度一般的几个城市；相对高碳经济地区包括莱芜市、滨州市、日照市、枣庄市和淄博市。可见，加快经济增长模式向低碳型、集约型模式转变，已成为山东省各地区经济发展的重要任务。

表4-11　　山东省各地区低碳经济发展水平分类

发展水平分类	包含地区
相对低碳经济地区	青岛市、烟台市
相对中碳经济地区	济南市、东营市、威海市、潍坊市、临沂市、聊城市、菏泽市、济宁市、德州市、泰安市
相对高碳经济地区	莱芜市、滨州市、日照市、枣庄市、淄博市

第五章　山东省低碳经济发展动因分析

第一节　山东省低碳经济驱动因素分析

基于 Kaya 公式的四个因素（人口、经济增长、能源强度和能源效率），同时根据山东省经济发展实际，本书补充两个因素（产业结构和城镇化率），来具体分解低碳经济的影响因素，具体分解指标含义如下（见表 5-1）。

$$CT = PO \times EI \times EC \times EE \times IC \times IP$$

表 5-1　　　　　　　　　低碳经济影响因素指标含义

指标	含义
CT	一个地区的碳排放总量
PO	人口
EI	经济增长
EC	能源强度
EE	能源效率
IC	产业结构
IP	城镇化率

一　经济发展因素分析

近年来，山东省经济迅速增长。2017 年全省实现生产总值 72643.15 亿元，按可比价格计算，比上年增长 7.40%。如图 5-1 所示，伴随着经济的快速发展，山东省能源消耗总量也迅速上升，2017 年的能源消耗总量达到 38683.70 万吨。2011 年以前，山东省能源消耗和经济发展基本上同步增长,2011年山东省政府提出节能减排要求之后,一次性能源消耗量大幅下降,之后呈缓慢增长态势、增幅不大,经济增长速度明显地超过了能源消耗速度。

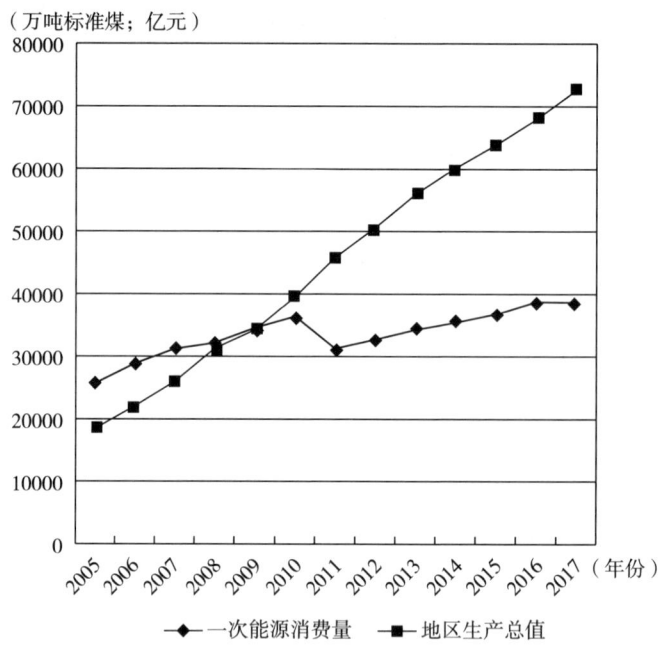

图 5-1　山东省 2005—2017 年能源消耗与地区生产总值关系

不过整体而言,山东省的能源消耗一直是伴随着经济的增长而持续增加,并且能源消耗的增长比例始终低于经济发展的增长比例(见表 5-2)。

表 5-2　山东省 2005—2017 年能源消耗与生产总值增长比例

年份	一次能源消费量 (万吨标准煤)	地区生产总值 (亿元)	能源消耗增长比例 (%)	生产总值增长比例 (%)
2005	25687.50	18496.99	31.02	22.37
2006	28839.49	22059.66	12.27	19.26
2007	31194.99	25982.63	8.17	17.78
2008	32116.22	31212.34	2.95	20.13
2009	34535.66	34219.28	7.53	9.63

续表

年份	一次能源消费量 (万吨标准煤)	地区生产总值 (亿元)	能源消耗增长比例 (%)	生产总值增长比例 (%)
2010	36357.25	39571.20	5.27	15.64
2011	31211.80	45874.95	-14.15	15.93
2012	32686.70	50626.96	4.73	10.36
2013	34234.90	55911.86	4.74	10.44
2014	35362.60	60164.80	3.29	7.61
2015	36759.20	63858.62	3.95	6.14
2016	38722.80	67925.62	5.34	6.37
2017	38683.70	72643.15	-0.10	6.95

二 能源消费因素分析

山东省经济发展主要依靠以消耗煤炭和石油等化石燃料为主的重工业，2000—2017年，以煤炭为主的煤品消耗占一次能源消费总量的比重基本保持在80.00%左右，导致山东省的碳排放量在2011年以前一直居高不下，2011年之后碳排放虽然开始减少，近两年排放总量又开始缓步增加。如图5-2所示，2005—2017年，山东省的碳排放量与一次能源消耗量一直呈现同步发展态势，可见碳排放和能源消耗之间具有很强的相关性。

三 能源强度因素分析

能源强度（能源消费量/地区生产总值）是反映能源效率的一个重要指标，同时也在一定程度上反映了一个地区的技术进步程度。

观察山东省2005—2017年碳排放与能源强度的关系（见图5-3），整体而言，能源消费强度下降，碳排放增速也随之下降。考察期间山东省能源强度呈现明显的线性下降趋势，转折点是在2011年，其间碳排放不增反减，比上年度排放量降低了13.78%；2012年开始碳排放开始上升，但随后的5年间碳排放增速是逐年稳步降低的。究其原因在于2011年以后，山东省大力实施节能减排相关措施，生产总值能耗逐步降低，碳排放的增长速度也得到遏制。

(万吨标准煤)

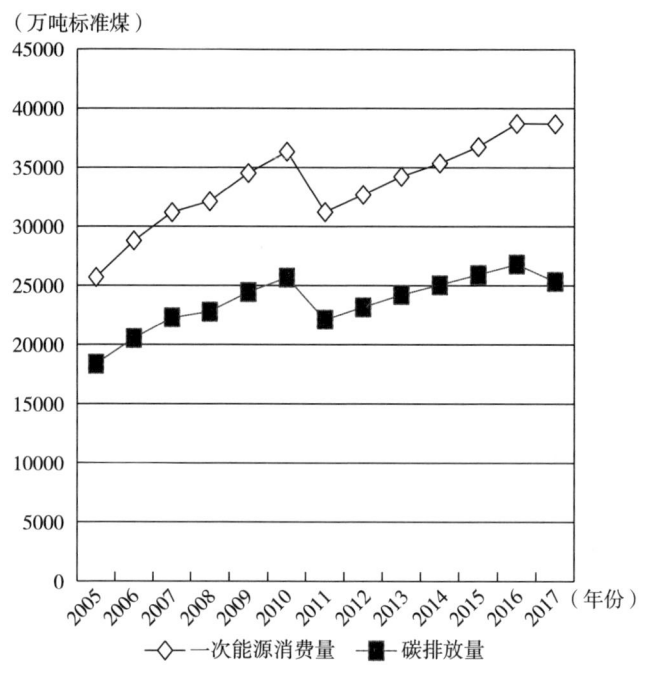

图5-2 山东省2005—2017年碳排放量与能源消费量关系

(万吨标准煤/亿元；%)

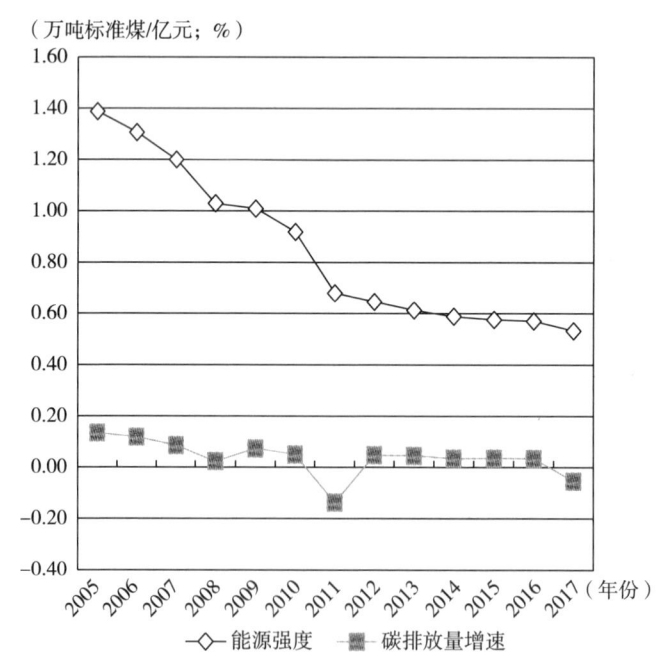

图5-3 山东省2005—2017年碳排放量增速与能源强度关系

四 产业结构因素分析

考察 2017 年山东省各行业能源消费量（见表 5-3）可以发现，第二产业（工业、建筑业）的能源消费是最高的（29479.7 万吨标准煤），占当年度能耗总量的 76.13%，而其产生的碳排放也是最多的，因而一个地区的产业结构中第二产业所占的比重将会直接影响到该地区碳排放的水平。

表 5-3　　　　山东省 2017 年按行业分能源消费量

产业	各行业	能源消费量（万吨标准煤）	占总能耗比重（%）
第一产业	农林牧渔业	690.4	1.78
第二产业	工业	28993.1	76.13
	建筑业	486.6	
第三产业	交通运输、仓储和邮政业	2421.1	21.99
	批发零售和住宿餐饮业	964.2	
	其他	1356.5	
	生活消费	3771.8	

我们进一步考察山东省 2005—2017 年碳排放增速和产业结构的关系（见图 5-4），可以发现第二产业比重的变化趋势与碳排放增速的变化趋势基本是一致的。2005—2017 年，山东省第二产业在产业结构中的比重逐年缓步下降，与之对应的碳排放增速也基本保持下降的态势（2011 年碳排放大量减少的转折点除外）。

整体而言，目前，山东省第二产业的比重正在逐年下降，第三产业的比重正在快速上升，产业结构调整优化已经取得了一定的成绩，但山东省的碳排放量仍在持续增长，"高碳"生产模式的根本性变革势在必行。

五 人口状况因素分析

山东省是一个人口大省，2017 年，山东省常住人口为 10006.00 万人，排名广东之后，位居全国第二。如表 5-4 所示，2005—2017 年，山东省人口基本保持缓步增长的态势，与上年度同期相比，人口增速大体保持在 0.50%—1.15%，增长态势已经减缓。

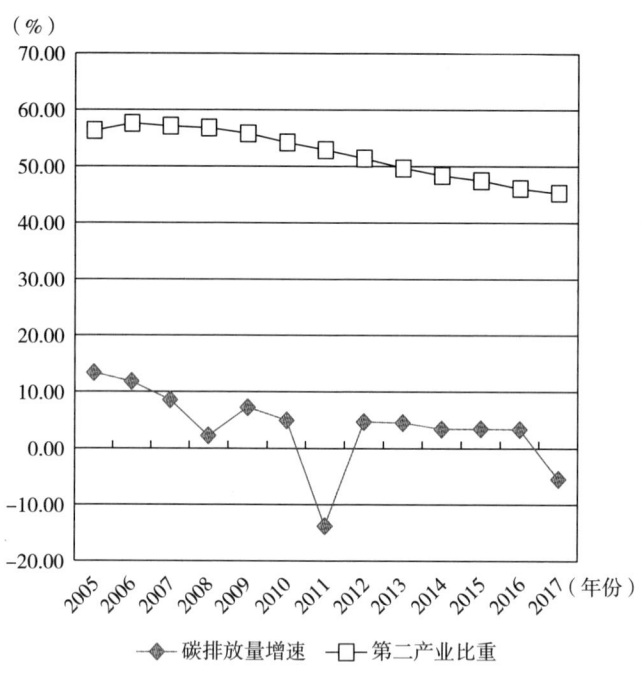

图 5-4　山东省 2005—2017 年碳排放量增速与产业结构关系

表 5-4　　　　山东省 2005—2017 年碳排放增速与人口增速

年份	碳排放量 （万吨标准煤）	人口 （万人）	碳排放增速 （%）	人口增速 （%）
2005	18369.90	9248.00	13.38	0.74
2006	20538.52	9309.00	11.81	0.66
2007	22294.68	9367.00	8.55	0.62
2008	22795.96	9417.00	2.25	0.53
2009	24451.69	9470.00	7.26	0.56
2010	25669.86	9579.00	4.98	1.15
2011	22132.38	9637.00	-13.78	0.61
2012	23174.98	9685.00	4.71	0.50

续表

年份	碳排放量（万吨标准煤）	人口（万人）	碳排放增速（%）	人口增速（%）
2013	24224.51	9733.00	4.53	0.50
2014	25054.56	9789.00	3.43	0.58
2015	25922.23	9847.00	3.46	0.59
2016	26798.32	9947.00	3.38	1.02
2017	25329.79	10006.00	-5.48	0.59

观察2005—2017年山东省碳排放与人口增长的关系（见表5-4、图5-5），可以发现，随着人口数量的缓步增长，山东省碳排放数量也在持续上升，同时碳排放增速要远远超过人口增速。

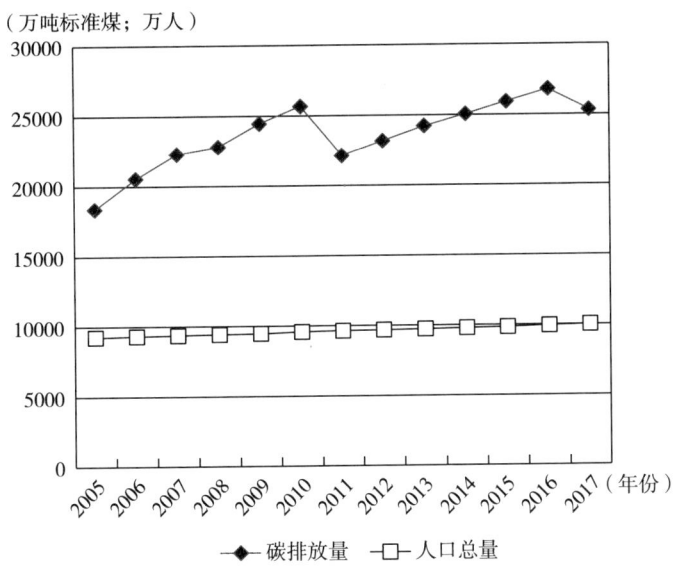

图5-5 山东省2005—2017年碳排放量与人口总量关系

进一步考察山东省居民生活状况，可以看出，2017年，山东省城镇居民人均住房建筑面积达37.60平方米，城镇居民每百户拥有耐用消费品为：家用汽车59.20辆、电冰箱（柜）101.50台、洗衣机98.00台、太阳能热水器65.20台、空调128.10台、彩色电视机106.80台、接入互联网的计算机 69.60 台、接入互联网的移动电话 139.40 部。上述数据表明,人民生活水平已经大大提高了,与之相对应的是对能源需求也加大了,因而在一定程度上间接影响了碳排放量的增加。

六 城镇化率因素分析

城镇化率是衡量一个城市发展程度的重要指标。2017 年年末,山东省常住人口突破 1 亿人,达到 10006.00 万人,比 2016 年增加 59.19 万人;常住人口城镇化率突破 60.00%,升至 60.58%,比上年末提高 1.56 个百分点,与 2013 年(城镇化率仅 53.75%)相比,五年提高了 6.83 个百分点。

观察山东省 2005—2017 年碳排放与城镇化率关系(见图 5 - 6、表 5 - 5),可以发现,山东省城镇化率的增长速度基本稳定,保持在 1.41%—3.62%(2005 年除外),与碳排放的增速基本保持一致的发展趋势。这表明城镇化率的加快明显地影响到碳排放的增加,究其原因,一方面在于城镇居民的能源消耗通常要高于农村居民,碳排放量相应增加;另一方面城镇化的加快还意味着城市基础设施的增加以及城镇务工人员的聚集,从而极大地增加了城镇的能源消耗和环境压力。

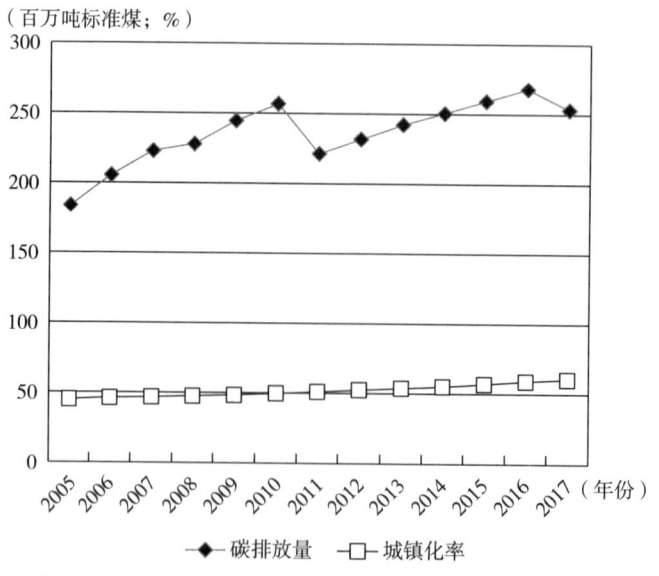

图 5 - 6 山东省 2005—2017 年碳排放量与城镇化率关系

表5-6　　山东省2005—2017年碳排放增速与城镇化率增速

年份	碳排放量 （百万吨标准煤）	城镇化率 （%）	碳排放增速 （%）	城镇化率增速 （%）
2005	183.70	45.00	13.38	39.97
2006	205.39	46.10	11.81	2.44
2007	222.95	46.75	8.55	1.41
2008	227.96	47.58	2.25	1.78
2009	244.52	48.32	7.26	1.56
2010	256.70	49.71	4.98	2.88
2011	221.32	50.95	-13.78	2.49
2012	231.75	52.43	4.71	2.90
2013	242.25	53.75	4.53	2.52
2014	250.55	55.02	3.43	2.36
2015	259.22	57.01	3.46	3.62
2016	267.98	59.02	3.38	3.53
2017	253.30	60.58	-5.48	2.64

第二节　山东省低碳经济发展系统构建

一　低碳经济发展要素

低碳经济的理论基础是可持续发展思想，其核心是发展，目标在于社会发展，基础在于经济发展，必要条件则是环境保护。而（3E）系统理论则更加详尽地阐释了低碳经济的基本要素，即能源—经济—环境的协调发展。

经济、能源与碳排放等核心要素相互影响，共同构成了低碳经济的核心内涵。其中，能源是经济增长的动力源泉，但同时也会产生大量的碳排放；经济发展则是提高人民物质生活水平、减少碳排放的经济基础，但是经济的发展往往以消耗能源、破坏环境为代价。

二 山东省低碳经济发展系统

通过考察山东省能源消耗与生产总值、碳排放与能源消费量、碳排放增速与能源强度、碳排放增速与产业结构、碳排放量与人口总量变化、碳排放与城镇化率等相关要素的相互关系，本书得出结论：山东省低碳经济的发展主要受到经济发展、能源消耗、能源强度、产业结构、人口状况及城镇化率等因素的影响，据此构建了山东省低碳经济发展系统。

如图5-7所示，山东省低碳经济发展系统主要由经济、能源、碳排放三个子系统组成，其外生影响因素主要包括科技、人口、政策三个子系统。其中，经济子系统是山东省低碳经济系统的核心目标之一，主要包括经济规模、经济结构、经济效益等要素；能源子系统是山东省低

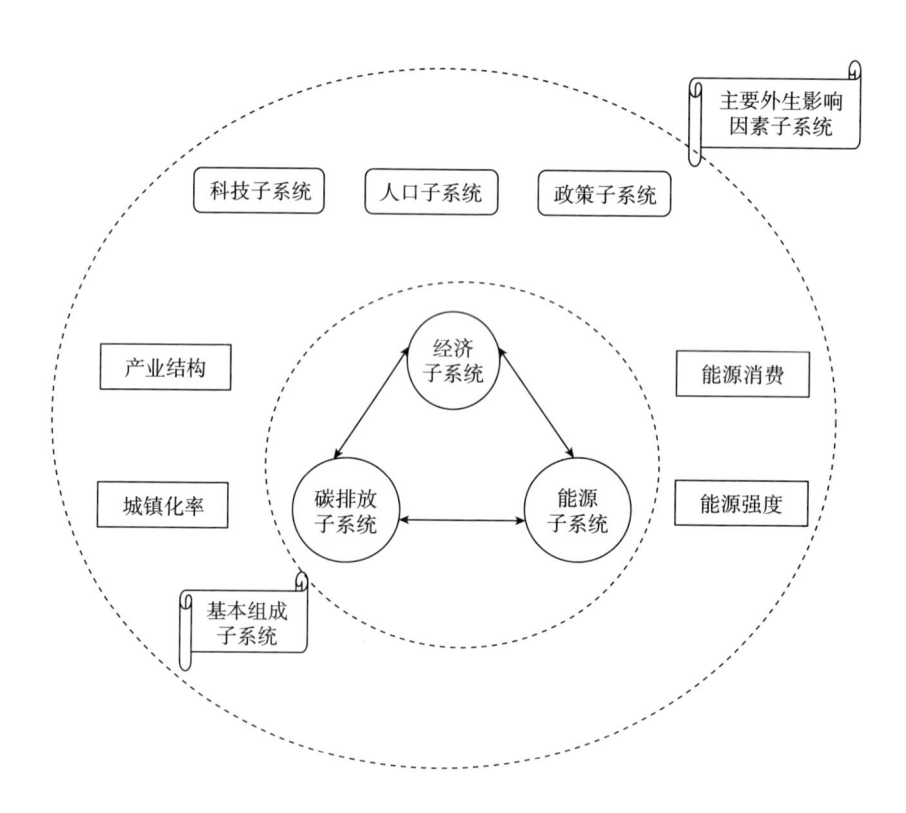

图5-7 山东省低碳经济发展系统

碳经济系统的重要主体，具体包括能源消耗、能源生产、能源强度、能源价格等要素；碳排放子系统是山东省低碳经济系统的重要目标，具体包括碳排放量、碳排放强度、碳汇等要素；人口子系统是山东省低碳经济系统的重要外生影响因素，具体包括人口规模、人口质量、人口结构等要素；政策子系统是山东省低碳经济系统的外生影响因素，具体包括经济政策、能源政策、低碳减排政策等因素；科技子系统是山东省低碳经济系统的外生支持因素，主要包括低碳科技投入、低碳技术革新、科技创新成果等影响因素。

基本组成子系统及主要外生影响因素子系统的协同运作形成了耦合驱动力，在低碳系统耦合驱动发展过程中，耦合驱动力推动信息、技术、资金在产业生产与消费领域循环流动，从而促进能源、产业、经济向低碳化转型发展。

第六章 山东省低碳经济要素关联性分析

第一节 原始数据选取与 H—P 滤波平稳性处理

一 指标与数据选取

为了进一步研究山东省低碳经济发展系统核心要素的双向关系，本书选取山东省2005—2017年的有关数据来分析区域经济增长与碳排放水平、能耗水平的关系。经计算整理，得到山东省经济增长要素与碳排放、能耗水平的指标（见表6-1），其中 RGDP（人均GDP）代表区域经济增长状况，CT（碳排放量）反映碳排放程度，ET（一次能源消费量）表示区域能耗水平，也用来衡量区域经济结构。

表6-1　2005—2017年山东省经济增长与碳排放、能耗指标

年份	RGDP（亿元/人）	CT（万吨标准煤）	ET（万吨标准煤）
2005	19934.00	18369.90	25687.50
2006	23775.00	20538.52	28786.10
2007	27825.00	22294.68	31194.99
2008	33233.00	22795.96	32116.22
2009	36236.00	24451.69	34535.66
2010	41527.00	25669.86	36357.25

续表

年份	RGDP（亿元/人）	CT（万吨标准煤）	ET（万吨标准煤）
2011	47724.00	22132.38	31211.80
2012	52403.00	23174.98	32686.70
2013	57587.00	24224.51	34234.90
2014	61635.00	25054.56	35362.60
2015	65040.00	25922.23	36759.20
2016	68633.00	26798.32	38722.80
2017	72807.00	25329.79	38683.70

二 H—P 滤波原理

H—P 滤波是用来平滑原始数据长期趋势的一种方法，用来得到数据的平稳序列。H—P 滤波的主要原理如下：

设经济时间序列为 $Y = \{y_1, y_2, \cdots, y_n\}$，其中的趋势要素为 $T = \{t_1, t_2, \cdots, t_n\}$，$n$ 为样本长度（Hodrick and Prescott，1980），则有：

$$\min = \sum_{i=1}^{n} \{(y_i - t_i)^2 + \lambda [c(L)t_i]^2\} \qquad (6-1)$$

$c(L)$ 是如下多项式：

$$c(L) = (L^{-1} - 1) - (1 - L) \qquad (6-2)$$

将式(6-2)代入式(6-1)得：

$$\min = \{(y_i - t_i)^2 + \lambda \sum_{i=1}^{n} [(t_{i+1} - t_i) - (t_i - t_{i-1})]^2\}$$

则上式为 H—P 滤波问题，即最小化问题。

三 H—P 滤波处理结果

本书运用 Eviews 6.0 统计软件对上述原始数据进行 H—P 滤波处理，处理后的数据表示为：HPRGDP、HPCT、HPET，数据平稳性处理结果见表6-2、图6-1。

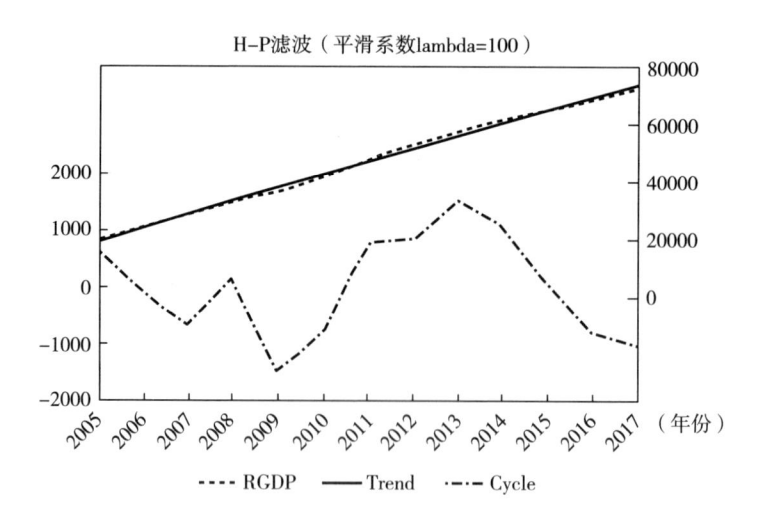

表6-2 山东省经济增长与碳排放、能耗指标的H—P滤波

年份	HPRGDP（亿元/人）	HPCT（万吨标准煤）	HPET（万吨标准煤）
2005	19315.05	20189.84	28086.09
2006	23904.24	20893.20	29147.62
2007	28499.62	21578.37	30185.16
2008	33106.08	22223.59	31171.12
2009	37721.78	22814.27	32087.98
2010	42346.14	23341.58	32927.71
2011	46963.72	23813.00	33706.72
2012	51550.90	24259.35	34475.73
2013	56091.63	24694.62	35260.52
2014	60578.43	25121.95	36068.97
2015	65018.73	25539.79	36898.70
2016	69430.55	25945.91	37740.27
2017	73832.13	26341.91	38582.84

H-P滤波（平滑系数lambda=100）

---- RGDP —— Trend -·- Cycle

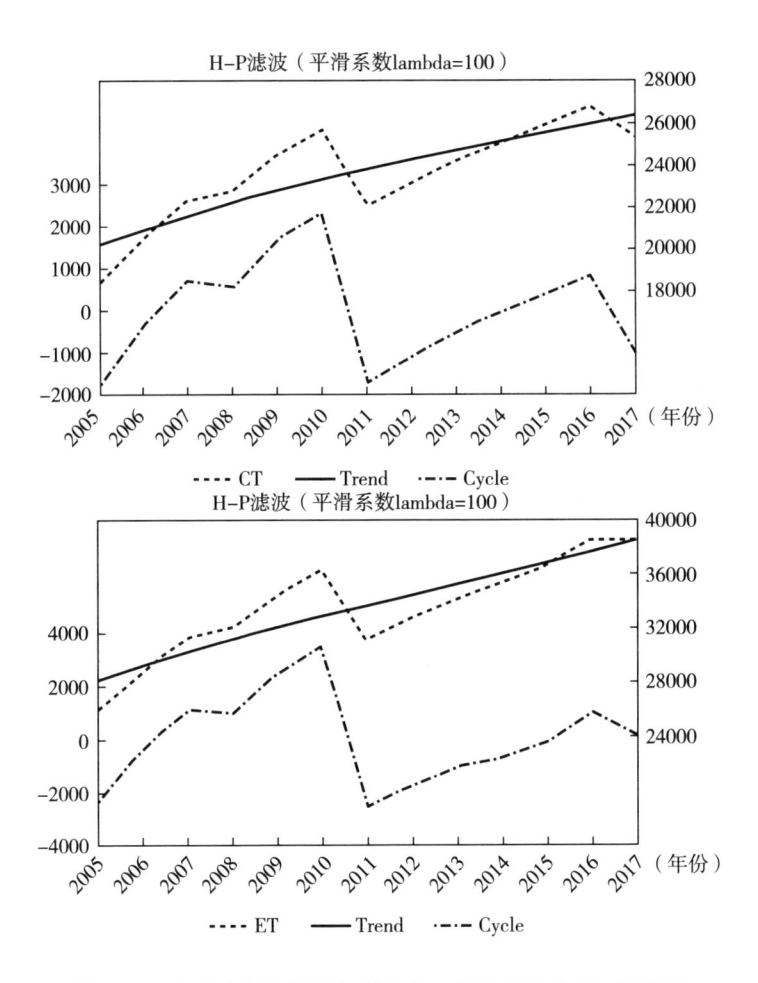

图 6-1　山东省经济增长与碳排放、能耗指标的 H—P 滤波

如图 6-1 所示，可以很明显地看出，2005—2017 年，山东省经济水平（HPRGDP）在迅速增长，山东省能源消耗水平（HPET）也在逐年上升，与此相对应的是，山东省碳排放的程度（HPCT）也在逐年增强。同时，在低碳经济发展系统的三项基本要素之中，HPRGDP 的增长速度要明显高于 HPET 与 HPCT。

通过上述分析结果可以看出，经过 H—P 滤波处理后的数据较之原始数据更为平稳，更能反映碳排放状况与区域经济水平、能耗水平之间的本质联系。

第二节 ADF 单位根检验

一 ADF 检验原理

ADF 检验法来源于 Dickey 和 Fuller（1976）建立的 DF 检验法，即将检验单位根的 DF 方法推广到一般的单位根过程，其中的随机扰动项 $\{\varepsilon_t\}$ 服从平稳过程。

此方法的基本思想如下：

对于 $y_t = \beta y_{t-1} + \mu_t$

作 OLS 估计并计算 ADF 统计量的值：

$$DF = \frac{\hat{\beta} - 1}{s(\hat{\beta})} = \frac{\hat{\beta} - 1}{s_{\bar{u}}(\sum_{t=2}^{T} y_{t-i}^2)^{-1/2}}$$

其中，

$$s_{\bar{u}} = \sqrt{T^{-1} \sum_{t=2}^{T} \hat{u}_t^2} = \sqrt{T^{-1} \sum_{i=2}^{T} (y_t - \hat{\beta} y_{t-1})^2}$$

给定零假设和备择假设为：

H_0：$\beta = 1$（y_t 为非平稳序列）

H_0：$\beta < 1$（y_t 为平稳序列）

如果 ADF > 临界值，则 H_0 不能被拒绝，结论为 y_t 非平稳；若 ADF < 临界值，则拒绝 H_0，结论是 y_t 平稳。

二 ADF 检验结果

对山东省碳排放与经济、能耗指标的 H—P 滤波值进行单位根检验，其 ADF 检验结果如表 6-3 所示。

表 6-3　山东省经济增长与碳排放、能耗指标 ADF 检验结果

变量	检验类型 (C, T, K)	ADF 检验值	5% 临界值	10% 临界值	P 值	结论
HPRGDP	(C, T, 1)	-8.90	-4.01	-3.46	0.00	平稳

续表

变量	检验类型 (C, T, K)	ADF 检验值	5%临界值	10%临界值	P 值	结论
HPCT	(0, T, 1)	-8.42	-4.01	-3.46	0.00	平稳
HPET	(0, T, 1)	-6.00	-3.21	-2.75	0.00	平稳

考察 H—P 滤波值的单位根检验结果可以发现，HPRGDP、HPCT 和 HPET 的 ADF 检验值均小于临界值（5% 及 10% 显著性水平下），由此我们可以得出结论，在 95% 的置信度下，经平稳性处理后的原始数据均为平稳序列（不存在单位根）。

第三节　格兰杰因果关系检验

一　格兰杰因果关系检验原理

格兰杰（1969）和 Sims（1972）提出了因果关系检验法，之后，Geweke、Meese 和 Dent（1984）将之发展为分析经济变量之间因果关系的常用方法。

检验要求估计以下的回归：

$$y_t = \sum_{i=1}^{q} \alpha_2 x_{t-i} + \sum_{j=1}^{q} \beta_j y_{t-j} + u_{1t} \qquad (6-3)$$

$$x_t = \sum_{i=1}^{s} \lambda_i x_{t-i} + \sum_{j=1}^{s} \delta_j y_{t-j} + u_{2t} \qquad (6-4)$$

其中，白噪声 u_{1t} 和 u_{2t} 假定为不相关的。

式（6-3）假定当前 y 与 y 自身及 x 的过去值有关，而式（6-4）对 x 也假定了类似行为。

对式（6-3）而言，其零假设 $H_0: \alpha_1 = \alpha_2 = \cdots = \alpha_q = 0$。

对式（6-4）而言，其零假设 $H_0: \delta_1 = \delta_2 = \cdots = \delta_s = 0$。

格兰杰因果关系检验的基本原理可概括为：若 X 是 Y 的格兰杰原因，则必须满足两个条件：第一，X 应该有助于预测 Y；第二，Y 不应当有助于预测 X。

二 格兰杰因果关系检验结果

运用 Eviews 6.0 对 HPRGDP、HPCT、HPET 进行格兰杰因果关系检验，检验结果如表 6-4 所示。

表 6-4 HPCT、HPET 与 HPRGDP 的格兰杰因果关系检验结果

因果关系假定	滞后期数	F 值	P 值	结论
HPCT 不是 HPRGDP 的格兰杰原因	2	5.10	0.05	拒绝
HPRGDP 不是 HPCT 的格兰杰原因	2	22.60	0.00	拒绝
HPCT 不是 HPRGDP 的格兰杰原因	2	14.98	0.00	拒绝
HPRGDP 不是 HPCT 的格兰杰原因	2	87.84	0.00	拒绝

格兰杰因果关系检验的结果表明：在滞后 2 期的情况下，HPRGDP 与 HPCT、HPRGDP 与 HPET 均互为因果关系。检验结果表明，山东省经济增长水平与碳排放程度、能源消耗水平存在双向互动关系，即经济增长水平的提高会导致山东省能源消费量增加，也会在一定阶段导致碳排放增多，而碳排放和能源消费规模的扩大反过来又在一定程度上刺激了经济发展。总体而言，山东省经济增长、碳排放与能源消耗三项要素之间存在双向互动因果关系。

第四节 冲击响应分析

一 冲击响应分析原理

广义的脉冲响应函数方法首先由 Koop 等学者（1996）提出，之后，学者 Pesaran 和 Shin（1996，1998）进一步拓展了这一研究方法。

脉冲响应函数（Impulsive Response Function，IRF）表达式为：

$$Y_t = \sum_{i=1}^{k} \alpha_{11} Y_{t-i} + \sum_{i=1}^{k} \alpha_{12} S_{t-i} + \varepsilon_{1t}$$

$$S_t = \sum_{i=1}^{k} \alpha_{21} Y_{t-i} + \sum_{i=1}^{k} \alpha_{22} S_{t-i} + \varepsilon_{2t}$$

冲击响应函数刻画了在扰动项 ε_t 上施加一个标准差冲击之后，对于内生变量当前值和未来值的冲击影响,以及特定扰动项对某一关键变量(及其他变量)的冲击影响。

二 冲击响应分析结果

观察相关指标脉冲响应函数的冲击响应(见图6-2),可以发现,对于HPCT及HPET的一个标准差新息冲击,HPRGDP立即产生了反应,脉冲响应函数总体而言呈现正"U"形趋势,并且在HPCT与HPET的取值分别达到最高峰后,HPRGDP也随之到达了最高峰。上述冲击响应结果表明,山东省碳排放及能耗水平的提高对于经济水平有一定的正面冲击效应,且该冲击的影响具有一定的时滞性;同时,脉冲响应函数的走势表明,碳排放及能源消费对经济增长的正向影响将是长期的,但会逐渐趋向平稳。

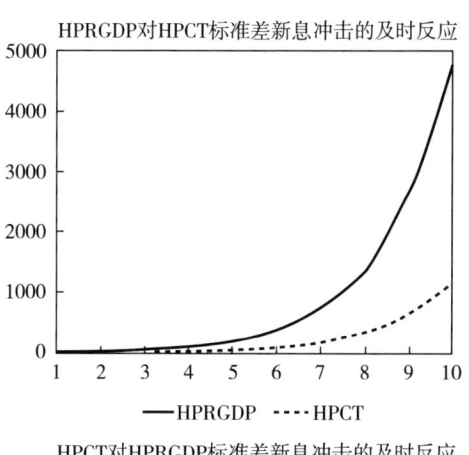

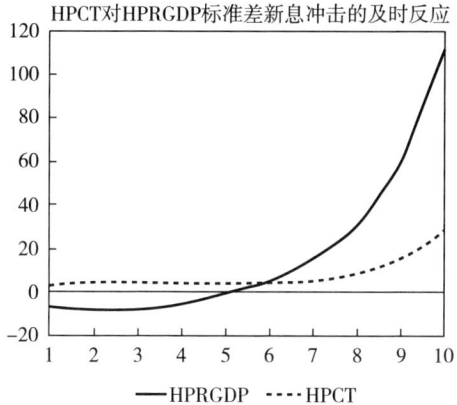

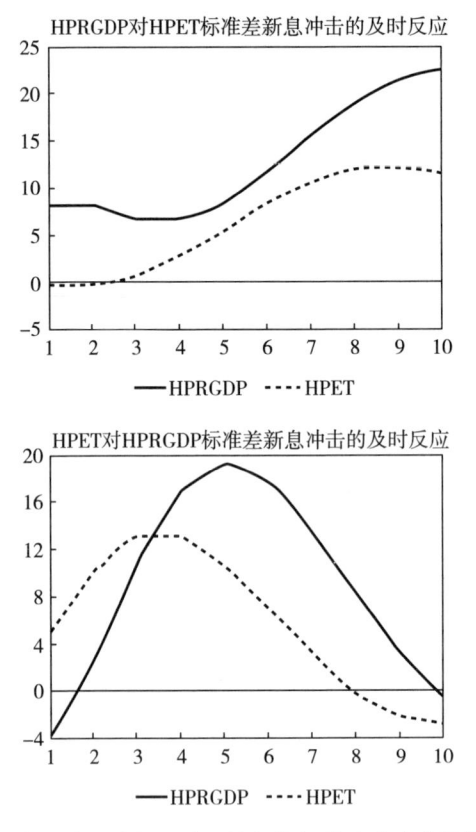

图6-2 山东省碳排放与经济、能耗指标的脉冲响应函数冲击响应

进一步考察来自HPRGDP的标准差新息冲击，可以发现，HPCT及HPET对其立即产生了较强的反应，其脉冲响应函数曲线与HPRGDP的走势是基本相同的，HPCT及HPET先是稳步上升，在HPRGDP大幅下降之后随之回落。这说明山东省经济增长对碳排放及能源消耗水平的提高存在持续且长期的正面冲击效应。

第五节 预测方差分解

一 预测方差分解原理

预测方差分解法（Variance Decomposition）是向量自回归模型用于

判断经济序列变量间动态相关性的重要方法，实质上是一个新生计算过程（Innovation Accounting）。其预测均方误差分解原理如下：

$$Y_t = A_0 + A_1 Y_{t-1} + \Lambda + A_p Y_{t-p} + \varepsilon_t \tag{6-5}$$

$$VAR[Y_{t+k} - E(Y_{t+k} | Y_t, Y_{t+1}, Y_{t+2}\Lambda)] = C_0 C'_0 + C_1 C'_1 + \Lambda + C_{k-1} C'_{k-1} \tag{6-6}$$

$$C_{0j} C'_{0j} + C_{1j} C'_{1j} + \Lambda + C_{k-1j} C'_{k-1j} \tag{6-7}$$

其中，C_{ij} 为非奇异矩阵 C_i 的第 j 列（$i=0, 1, 2, \cdots, h-1$）向量，第 j 个变量对第 i 个变量的 MSE 的贡献为：

$$\frac{\sum_{s=0}^{k-1} C_{sij}^2}{\sum_{j=1}^{k} \sum_{s=0}^{k-k} C_{sij}^2}$$

预测方差分解法可以用来验证 Granger 因果关系检验结果，其最主要的目的是研究某一变量的改变对其他变量产生的影响，以及该变量对整个系统的作用效力。

二 预测方差分解结果

本书运用 Eviews 6.0 统计软件，基于 VAR（2）和渐进解析法（Anahic）对山东省经济增长与碳排放、能耗指标进行预测方差分析，以验证冲击在上述指标动态变化过程中的作用效力。

如表 6-5 所示，HPRGDP 与 HPCT 的预测方差分解结果表明：山东省人均 GDP 水平的提高由其自己新生解释的部分最高是在第 1 期，占 100.00%，但随着滞后时期的增多，来自自身的影响逐渐降低，在 5 期以后基本维持在 70.00% 左右的贡献率上；而来自 HPCT 的贡献率呈现快速增加的态势，第 2 期提高到 9.66%，其后的观测期内碳排放波动的影响逐期增加，最后 1 期贡献率上升到 32.27%。山东省碳排放的波动在观测期前期由其自己新生解释的部分稍微高于 HPRGDP，最高为 64.61%，但随着滞后期的推进，自身波动产生的影响呈现逐期下降的态势；与此同时，来自人均 GDP 的影响也在缓步增加，在观测期后期 HPRGDP 的贡献率保持在 57.00% 左右。

表6-5　　　　HPRGDP 与 HPCT 的预测方差分解结果

时期	HPRGDP 与 HPCT			
	HPRGDP		HPCT	
	HPRGDP	HPCT	HPRGDP	HPCT
1	100.00	0.00	47.45	52.55
2	90.34	9.66	35.39	64.61
3	84.00	16.00	44.34	55.66
4	83.73	16.27	50.79	49.21
5	81.16	18.84	54.82	45.18
6	72.96	27.04	56.98	43.02
7	67.72	32.28	57.54	42.46
8	66.36	33.64	57.13	42.87
9	66.75	33.25	56.61	43.39
10	67.73	32.27	56.47	43.53

由此可以看出，山东省经济增长的波动主要受自身发展水平的影响，近几年快速的经济增长导致了碳排放程度的持续上升。而碳排放大量增加的同时，其对经济增长的刺激作用也在缓步增加，但增势趋缓，这表明高碳发展模式已经不能适应山东省经济增长的需求，产业转型、经济调整的需求迫在眉睫。

我们继续观察表6-6可以发现，能耗水平提高对经济增长的贡献率是逐期增加的，但随着滞后期的推进，其贡献率已经开始逐步下降。山东省能耗水平的预测误差由自身产生的影响较为稳定，始终保持在56.94%以上，来自经济增长的影响也趋于稳定，基本保持在41.00%左右。

由此可见，无论从短期还是长期来看，能耗水平提高的冲击对经济增长的影响都较为明显，但其贡献率已经开始下降，而经济水平增长对能源消费量的影响则基本维持在一定范围内，这表明山东省近几年实施的能源政策、产业政策已经初步显示出成效。

表6-6　　　　　　　HPET 与 HPCT 的预测方差分解结果

时期	HPRGDP 与 HPET			
	HPRGDP		HPET	
	HPRGDP	HPET	HPRGDP	HPET
1	100.00	0.00	34.85	65.15
2	82.03	17.97	25.65	74.35
3	72.99	27.01	31.95	68.05
4	72.61	27.39	37.63	62.37
5	69.20	30.80	41.32	58.68
6	59.64	40.36	43.06	56.94
7	54.38	45.62	43.05	56.95
8	53.42	46.58	42.26	57.74
9	54.27	45.73	41.81	58.19
10	55.67	44.33	41.92	58.08

三　预测方差分解平均值分析

综合考察山东省经济增长与碳排放、能耗指标的方差分解平均值（见表6-7），山东省的 HPRGDP、HPCT 和 HPET 的惯性比较大，并且从长期来看 HPCT 和 HPET 对 HPRGDP 的影响力度较大，且在一定阶段内是保持稳定的，因此应注重引导能源消费与产业结构的良性调整，从而实现山东省经济的有序增长。

表6-7　　　经济增长与碳排放、能耗指标的方差分解平均值　　　单位:%

指标	HPCT	HPET
经济增长对碳排放、能耗指标的方差分解平均贡献度	51.75	38.35
碳排放、能耗水平对经济增长的方差分解平均贡献度	21.92	32.58

综合以上分析可知，山东省经济的增长对于碳排放及能耗水平产生的影响较大（HPRGDP 对 HPCT、HPET 指标方差分解的平均贡献度分别为51.75%和38.35%），而碳排放及能源消耗对山东省经济增长的贡

献度相对较小（HPCT 及 HPET 指标对 HPRGDP 的方差分解平均贡献度分别为 21.92% 和 32.58%），这表明经济增长与碳排放及能源消耗已经形成了长期稳定的数量关系。因而山东省在保持经济高速增长的同时，一定要注意调整经济结构，减少不可再生能源的消耗，以实现经济、能源与环境的和谐发展。

第三编

山东省低碳经济模式应用研究

第七章 山东省低碳技术需求研究

第一节 低碳技术需求行为分析

一 需求行为理论分析

自20世纪40年代以来,国内外著名的心理学家、行为学家、经济学家都对个人需求行为理论进行了深入研究。心理学家Maslow(1943)提出了著名的需求层次理论,将个人需求按诉求的优先次序划分为阶梯式的五个层次。如图7-1所示,最低层次的需求为生理需求,是满足个人衣食住行的诉求;第二层次为安全需求,是个体避免经济问题、社会犯罪、意外伤害等对健康、安全的利益诉求;第三层次为社交需求,是个体对亲情、友情的诉求;第四层次为尊重需求,是个人对其社会知名度、社会地位、上进心等的荣誉需求;第五层次是自我实现需求,是个体对学习、工作方面自我价值实现的诉求。其中,高层次需求的激发是以低层次需求满足为条件的,由低层向高层依次递进。

Edwards(1954)研究发现,需求是个体对客观事物的反应,是心理状态与行为反射,人的需求包含生物层面及精神层面的要求。Fiske(1958)指出,人的需求包括物质与精神需求,物质需求是个体对物质条件的诉求,精神需求是个体对审美、道德、文化、能力、发展等方面的追寻,人的需求不仅具有其特定性,而且是不断改变和发展的。Levine(1958)认为,人的需要包括自然性需求与社会性需求,自然性需求是对生命个体自然性、客观性的诉求,社会性需求是生命个体对改造客观条件、适应社会规则、满足社交价值的社会性追求。

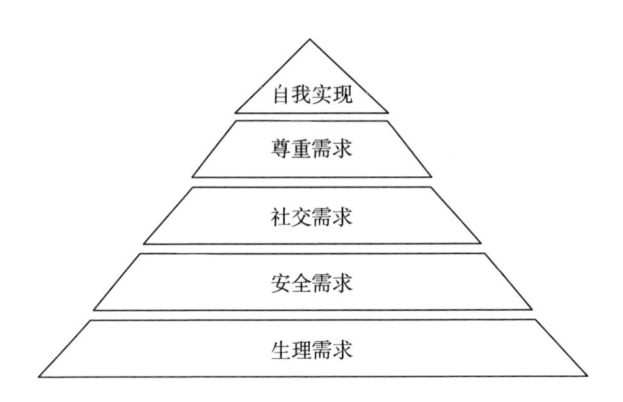

```
        自我实现
       尊重需求
      社交需求
     安全需求
    生理需求
```

图 7-1　马斯洛需求层次理论

新古典经济学理论从经济学角度研究了消费者在特定时期、特定条件下对特定商品的有效需求问题，并探究了商品需求量与价格之间呈现的反向关系。Leagans（1964）研究发现，需求反映了个体利益诉求的不平衡状态，顾客的需求是其对产品的期望状态与客观现实的反差，通常包含顾客主观层面对商品设计及相关功能的期待。

二　用户低碳技术需求动机分析

需求动机是由特定需要引发的，具有特定性及持续性的特征。行为学家与心理学家 Woodworth（1913）研究认为，需求动机包括外部动机与内在动机，外部动机通常由外部性激励引发，内在动机则是行为本身所产生的内在性激励。Weiner（1970）分析了内在动机对个人主动性、自我控制、能力发展的激励作用，认为内在动机的激励持续性更强。Taylor（1975）深入研究了动机的特征，即动机具有不同的强度、目标指向及清晰度，进而阐释了优势动机对个体行为的强势主导、远大目标对个体行为的持久推动，以及动机清晰程度差异对个体行动效果的差异化影响。

本书将需求动机理论引入用户低碳技术需求行为分析中，根据环保型低碳技术的性质划分为以下七个维度，并按内部需求动机与外部需求动机进行分类（见表 7-1）。

表7-1　　　　　　　　技术需求动机含义与分类

动机分类	动机维度	动机含义
内部需求动机	节约成本	用户可获得节约劳动力、资金的幸福
	社交需求	用户可获得社会交往的幸福
	改善环境	用户可获得改善生产生活环境的幸福
外部需求动机	增加收入	用户可获得增加收益的幸福
	感知易用性	用户可获得感知新技术易用性的幸福
	感知技术风险	用户可获得感知新技术风险度的幸福
	政府支持	用户可获得政府支持的幸福

由此，通过随机抽取山东省鲁西北、鲁中、黄河三角洲地区各60名用户，进行抽样调查，并对用户的技术需求动机进行排序，用户需求动机的占比及排序如表7-2所示。

表7-2　　　　　用户对低碳技术需求动机　　　　　单位:%

用户低碳技术需求动机	需求动机占比	需求动机排序
节约成本（劳动力/资金）	86.00	1
增加收入/收益	79.00	2
政府支持力度大	63.00	3
新技术容易使用	52.00	4
新技术风险小	48.00	5
提升社交形象及影响力	42.00	6
改善生产及生活环境	34.00	7

可以看出，用户对环保型低碳技术的需求动机主要受节约劳动力及资金成本所激励（需求动机占比86.00%），其次受增加个人收入所激励（需求动机占比为79.00%），政府的支持带动对用户技术采用的激励也很大（需求动机占比为63.00%）。此外，新型低碳技术的易用程度、技术风险较小、提升个人社交形象及影响力等动机也对用户的技术

决策有一定的激励作用，而用户对低碳技术采用后改善生产及生活环境的需求并不强烈（需求动机占比仅为 34.00%），反映了用户普遍环境保护意识缺乏。

三　用户低碳技术需求行为分析

作为环保型低碳技术的主要需求者，该类用户具有有限经济理性的行为特征，其对低碳技术的需求行为通常存在以下几种情形：

第一，如果原有旧技术能够继续促进其增产增收，而新型低碳技术的使用成本、技术风险及潜在收益均不能确定，此时用户在选择时就会普遍存在旧技术依赖特征与行为。

第二，如果新型低碳技术的使用成本（或价格）不高，同时具有降低产量及环保的特征，则会激发用户理性经济人的行为特性和对替代技术的需求动机。

第三，如果新型低碳技术具有不减产及环保特征，但其环境收益的公共性使不采用该技术的用户也可获得"搭便车"的获益，则用户对该替代技术的需求动机取决于附加成本的高低。如果低碳技术附加成本不高，通常政策引导及道德说服等措施可以较好地激发用户的需求动机与行为；如果替代技术的附加成本较高，用户则会在边际生产成本增加的情形下权衡生产者收益高低，以此确定技术需求行为。

如图 7-2 所示，如果低碳技术的投入导致产品边际生产成本下降，供给曲线 S_0 将右移到达 S_1 处，此时产品均衡价格下降（由曲线 P_0 调整到 P_1 处），生产者总收入则由面积 $P_0 \times Q_0$ 调整到面积 $P_1 \times Q_1$ 范围。而当低碳产品需求价格缺乏弹性（黏性较大）时，关系式 $P_0 \times Q_0 > P_1 \times Q_1$ 则会成立（图 A 情形中），于是生产者即用户的收益有所降低；与之相反的是，如果低碳产品的需求价格富于弹性（具有较大的弹性），则有关系式 $P_0 \times Q_0 < P_1 \times Q_1$ 成立（图 B 情形中），此时生产者的收益获得增加。用户收益的增加会明显强化用户对低碳技术的采用选择，而当低碳技术的附加成本（或低碳产品价格）较高时，用户会基于对原有技术的路径依赖而弱化低碳技术采用行为。

进一步考察低碳技术投入导致产品边际生产成本上升的情形，可以发现，此时供给曲线 S_0 会左移到达曲线 S_0^* 处，产品均衡价格出现上升

（由曲线 P_0 调整到 P_0^* 处），生产者总收入则由面积 $P_0 \times Q_0$ 调整到面积 $P_0^* \times Q_0^*$ 范围。而当低碳产品需求价格缺乏弹性时，关系式 $P_0 \times Q_0 < P_0^* \times Q_0^*$ 则会成立（图 A 情形中），于是生产者即用户的收益得到增加；与之相反的是，如果低碳产品的需求价格富于弹性，则有关系式 $P_0 \times Q_0 > P_0^* \times Q_0^*$ 成立（图 B 情形中），此时生产者的收益出现降低。用户收益的降低会明显弱化用户对低碳技术的采用选择，同样的逻辑，生产者收益的增多则会强化其采用动机与行为。

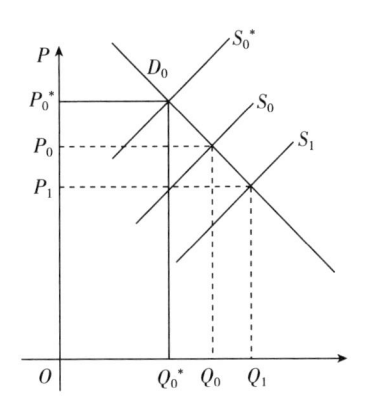

图 A 缺乏弹性

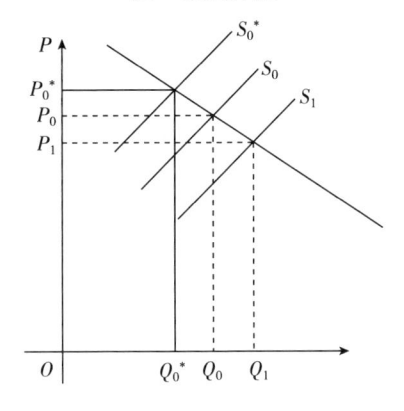

图 B 富于弹性

图 7-2 不同需求弹性低碳产品供给与生产者收益变动

第二节 低碳技术需求影响因素分析

一 变量选取与赋值

为深入探究用户低碳技术需求的原发性及诱发性影响因素，综合相关文献资料研究结果，本书对相关影响变量做如下定义与赋值（见表7-3）：

表7-3　　　　低碳技术需求影响因素的选择与赋值

变量	含义	定义与赋值	预期影响
X_1	用户年龄	>45=1；<45=0	+/-
X_2	用户文化程度	（小）1；（初）2；（高）3；（大）4	+
X_3	用户担任社会职务	（担任）1；（不担任）2	+
X_4	用户生产收入	1~2=1；2~3=2；3~4=3；>4=4	+
X_5	政府鼓励与支持	（有支持）1；（无支持）2	+
X_6	技术风险预期	（小）1；（大）2；（很大）3	-
X_7	技术成本	（低）1；（高）2；（很高）3	-
X_8	技术收益预期	（低）1；（高）2；（很高）3	+
X_9	技术服务信息	（可获得）1；（不可得）2	+
X_{10}	技术培训指导	（频繁）1；（不频繁）2	+

其中，变量X_1，X_2，X_3，X_4代表用户个人及生产特征，预期变量用户文化程度（X_2）、用户担任社会职务（X_3）、用户生产收入（X_4）对低碳技术需求具有正向影响，用户年龄（X_1）的影响尚不确定。变量X_5代表政府鼓励与支持（政策变量），预期该变量对低碳技术需求具有正向影响。变量X_6，X_7，X_8代表技术感知特征，预期变量技术风险（X_6）、技术成本（X_7）对低碳技术需求具有反向影响，变量技术收益预期（X_8）对低碳技术需求具有正向影响。变量X_9，X_{10}代表技术传播特征，预期变量技术服务信息（X_9）、技术培训指导（X_{10}）对低碳技术需求具有正向影响。

二 低碳技术需求影响因素实证分析

(一) 模型构建与方法选择

本书选择 Logistic (二元选择) 模型进行低碳技术需求影响因素的实证分析,设定用户采用低碳技术时取值为1,不采用低碳技术时取值为0。

设定以下变量:

变量 P: 用户对低碳技术的需求概率,其中 $P \in (0, 1)$;

变量 X_i: 用户低碳技术采用的第 i 项影响因素;

变量 n: 影响因素的数量;

变量 β_0: 方程的回归截距;

变量 β_i: 变量回归系数 (第 i 项影响因素);

变量 ε_i: 方程随机扰动项。

则构建 Logistic 线性模型为:

$$\ln P/(1-P) = \beta_0 + \sum_{i=1}^{n} \beta_i X_i + \varepsilon_i \tag{7-1}$$

将式(7-1)进一步转化为式(7-2):

$$P/(1-P) = \exp(\beta_0 + \sum_{i=1}^{n} \beta_i X_i) \tag{7-2}$$

则得到式(7-3):

$$P = 1[1 + \exp-(\beta_0 + \sum_{i=1}^{n} \beta_i X_i)] \tag{7-3}$$

(二) 实证分析与结果

运用 Eviews 6.0 软件,对样本用户(鲁西北、鲁中、黄河三角洲地区各 60 个样本)的传统技术需求(不采用新技术)与低碳技术需求(采用新技术)进行对比,分析结果如表 7-4 及表 7-5 所示。

表 7-4　　用户传统技术需求模型分析

变量 X_i	回归系数 β_i	标准误差 S.E.	卡方值 Wald	显著性水平 Sig.	发生比预测值 Exp (B)
X_1	0.14*	0.11	7.11	0.07	1.85
X_2	-0.21*	0.15	8.43	0.07	0.26
X_3	-0.13	0.06	5.27	0.13	1.24

续表

变量 X_i	回归系数 β_i	标准误差 S. E.	卡方值 Wald	显著性水平 Sig.	发生比预测值 Exp（B）
X_4	-0.20**	0.21	3.46	0.03	0.21
X_5	-0.16**	0.17	8.17	0.01	0.00
X_6	0.43	0.23	3.92	0.05	0.60
X_7	0.31**	0.16	3.23	0.02	0.62
X_8	-0.25*	0.20	3.41	0.00	1.32
X_9	-0.27	0.05	4.15	0.26	1.21
X_{10}	-0.31*	0.27	5.73	0.02	1.33
常数	-2.58	0.54	9.51	3.15	0.04

注：**表示相关，*表示可能相关。似然比值=345.6，Cox&Snell R，Square=0.12，综合检验值：Chi-square=53.52，df=4，Sig=0.00。

表 7-5　　　　用户低碳技术需求模型分析

变量 X_i	回归系数 β_i	标准误差 S. E.	卡方值 Wald	显著性水平 Sig	发生比预测值 Exp（B）
X_1	-0.10	0.12	7.85	0.42	0.89
X_2	0.01*	0.14	5.31	0.09	1.01
X_3	0.10*	0.07	5.20	0.06	1.13
X_4	0.14*	0.22	3.44	0.05	1.21
X_5	0.25**	0.16	7.10	0.02	1.30
X_6	-0.84*	0.52	6.73	0.09	1.52
X_7	-0.13**	0.40	4.42	0.03	0.63
X_8	0.00*	0.21	3.41	0.05	1.00
X_9	0.21*	0.06	4.11	0.03	1.24
X_{10}	0.05*	0.31	5.74	0.01	1.05
常数	-2.64	0.83	7.37	2.31	0.64

上述对用户传统技术需求模型的回归分析结果表明，影响变量用户年龄（X_1）、用户文化程度（X_2）、用户生产收入（X_4）、政府鼓励与支持（X_5）、技术成本（X_7）、技术收益预期（X_8）、技术培训指导（X_{10}）均通过了显著性检验，其中用户生产收入（X_4）、政府鼓励与支持（X_5）、技术成本（X_7）等因素尤为显著。

可以看出，用户对传统技术的需求与用户年龄、新技术风险以及技术成本呈现显著的正相关，反映出用户年龄越大、新技术成本越高则越偏好传统原有技术，不愿意承担任何风险，对潜在获益预期不高，具有一定的原有技术依赖，不愿意发生任何改变；而用户文化程度、用户生产收入、政府鼓励与支持、技术收益预期、技术培训指导等变量与用户技术需求呈现显著的负相关关系，反映出用户文化程度及收入水平越高、政府支持力度越大、技术收益预期越高、技术培训指导越多，用户对传统原有技术的需求就会越低，用户会更偏好环保型、潜在收益高的低碳技术。

观察用户低碳技术需求模型的回归分析结果，可以发现，影响变量用户文化程度（X_2）、用户担任社会职务（X_3）、用户生产收入（X_4）、政府鼓励与支持（X_5）、技术风险预期（X_6）、技术成本（X_7）、技术收益预期（X_8）、技术服务信息（X_9）以及技术培训指导（X_{10}）均通过了显著性检验，其中政府鼓励与支持（X_5）、技术成本（X_7）等因素尤为显著。

可以看出，用户对环保型低碳技术的需求与用户年龄、技术成本、风险预期呈现明显的负相关，而与其他因素呈现显著的正相关，反映出低碳技术成本过高、风险过大是阻碍用户采用环保型替代技术的主要因素；而用户文化程度、社交影响及收入水平越高，政府鼓励、支持力度越大，技术收益预期越高，技术服务信息及培训指导越多，用户对低碳技术的需求强度就会越高，用户会更偏好采用潜在收益高、节约资金与劳动力、减少环境污染的低碳技术。

三 低碳技术需求影响因素研究结论

基于对用户低碳技术需求影响因素的实证分析，可以得出以下结论：

第一，新型替代技术的特性是决定用户技术需求的主要影响因素。

技术特性通常包括新技术的成本性（或易用性）、效益性（潜在收益预期）以及风险性（风险预期），研究发现，对于成本与资金节约型的技术，用户往往具有更为强烈的需求，这种利益诉求反映了用户在一定程度上具有规避劳动密集型及比较利益低下型技术的意识与行为。因而，技术供给方应充分考虑技术供给与用户需求的有效耦合，以提高技术创新的针对性及适用性。

第二，政府及相关机构的支持与服务特性对用户的技术需求能够产生显著的影响。

支持特性通常包括政府对低碳技术采用所提供的鼓励与支持，以及相关机构所提供的技术信息与技术培训等服务，其中政府支持力度对于用户的低碳技术需求具有明显的诱发效应，各种低碳技术信息获取以及指导培训等技术服务对于用户需求同样具有正向激励效应。这就要求政府及相关机构做好低碳技术的服务、保障工作，完善信息、渠道建设，引导环保型低碳技术信息完整、顺畅、高效扩散。

第三，用户的个体及经济特性对其技术需求会产生一定的影响。

用户特性通常包括用户的文化程度、社交影响等个体特性以及用户生产收入等经济特性，文化教育水平高、有一定社交影响力以及生产收入水平高的用户往往具有较强的低碳技术需求，更倾向于尝试具有一定收益风险但有更大获利潜力的、能够解放更多生产力、缓解资源与环境压力的新型替代技术。

第三节　低碳技术创新需求及路径研究

一　低碳技术创新的核心需求

发展低碳经济，最主要的是转变经济发展模式，创新关键领域的低碳技术。当前，低碳技术的应用已成为国家核心竞争力的重要领域，其关键内涵：包括污染排放量的减少、废弃物与产品的有效回收、资源与能源的合理化利用，以及残余废弃物的环保处置方式。

山东省低碳技术的创新与应用目前仍处于相对薄弱状态，对低碳技术创新的核心需求主要体现在：

（1）对优质作物品种培育（高抗、高碳汇型）的技术创新需求，体现为对新型氮素作物（可高效利用）与优良植物（耐干旱型、耐中高温型及综合抗性突出）新品种培育的技术创新需求。

（2）对动物新品种培育（节粮型、高抗性）的技术创新需求，体现为对优良动物新品种（适应性广泛、综合抗性突出）培育及对管理方式与体制（牲畜放牧业）改进的创新需求。

（3）对技术与模式（农田生物多样性利用）创新的核心需求，体现为对少/免耕技术（诸如，有机肥增施与深施技术）、生态施肥技术（诸如，缓释长效施肥与测土配方施肥技术）、还田再利用技术（诸如，地面覆盖植物栽培、作物秸秆直接覆盖、秸秆翻埋还田或过腹还田、再利用后残渣还田等技术）的创新推广需求。

（4）对现代节约型技术的创新需求，体现为对大型灌区续建配套与灌排体系完善、高效节水低碳技术推广与灌溉技术开发、新品种（高效利用型、作物抗旱型）选育推广、产品（低碳型）保鲜、贮运与加工关键技术的创新需求。

（5）对低碳健康养殖（畜禽类动物）技术的创新需求，体现为对清洁化、标准化及规模化养殖技术的需求，以及对有机肥厂（固体粪便）建设、大中型沼气（液体粪污）工程建设等的创新需求。

（6）对农药、兽药、肥料、饲料（环境友好型）开发技术的创新需求，体现为对生物防治技术（诸如，抗病虫作物新品种、新型农药、农药增效剂及替代品等）及病虫害预测技术的创新推广需求。

（7）对工业废弃物无害化处理与资源化利用技术的创新需求，主要体现为对秸秆综合利用及深加工利用技术、自然型及生物型清洁再生能源技术（以风能、水力能、地热能、太阳能、沼气等为代表）的创新需求。

（8）对环境污染与碳汇监测技术创新的核心需求，体现为对污染点及面源污染监测与防控技术、碳汇计量与监测技术的创新需求。

二　低碳技术创新的路径

农、牧业活动中的物质投入（诸如，农业机械、耕作过程、秸秆副产品等）以及工业活动中的物质投入（诸如，工业机械、制造过程、工业排污等），是经济活动过程中产生温室气体的主要途径。因此，山东省低碳技术在创新发展过程中，可遵循经济投入的减量化生产、副产品的资源化利用、田地土壤的生态固碳、生产制度的创新等路径（见图 7-3），以期达到节能减排固碳的目的。

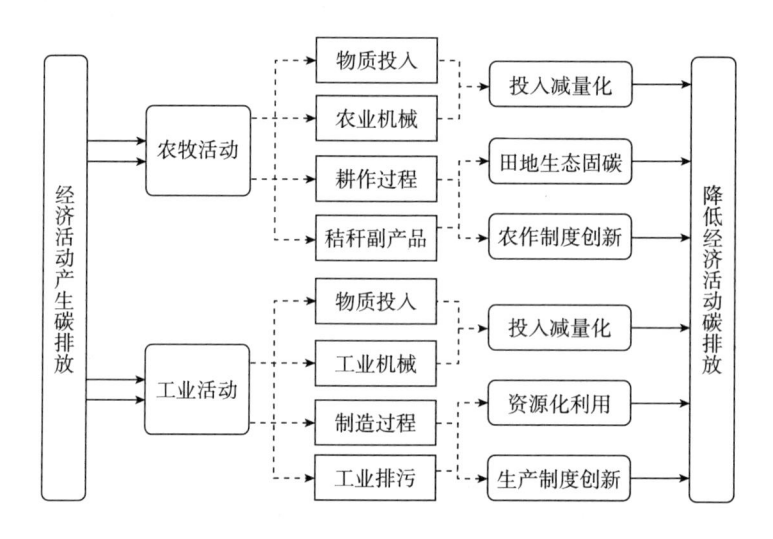

图 7-3　低碳技术创新路径

第一，投入减量化生产的技术路径。实行投入减量化生产将是山东省低碳模式技术创新的重要路径之一，而其核心路径就是降低污染排放量，重点应做好节能、减排和固碳工作，实现资源节约、达到碳治理目标。目前山东省工农业生产投入环节还有很大的减排空间，应进一步健全资源节约型生产体系。

第二，副产品资源化利用的技术路径。工农业副产品以及废弃物的资源化利用能够有效降低温室气体排放，将是山东省突破资源限制的重要途径之一，具体实施路径主要有农业副产品和废弃物的肥料化、饲料化以及能源化应用。

第三，田地土壤"生态固碳"的技术路径。田地土壤的"生态固碳"功能可以充分累积大气温室气体，有效降低环境污染，提高山东省农业减排实施效果；还能科学提高农田的有机质含量，进而促进农业的低碳化发展。

第四，生产制度创新的技术路径。土地利用变化是目前人类大气中二氧化碳含量增加的第二大来源，其碳排放量约占人类活动总排放量的1/5。农作、生产制度创新的技术路径包括农作制度的免耕、休耕、轮耕等技术以及生产制度的节能减排技术，能够有效地减少土地利用变化，建立低碳高效的生态系统。

第八章 山东省低碳技术扩散研究

第一节 环保型低碳技术扩散过程分析

邓正华等学者（2013）认为，环保型低碳技术的扩散通常包含技术示范及技术模仿过程（见图8-1），低碳技术的传播在扩散初期是以政府为主导的，首先由县乡技术推广部门（环境技术扩散源）进行技术推广宣传，之后由生产大户、村组干部或党员（环境技术扩散中介渠道）进行技术示范，最后广大用户（模仿者）才开始技术模仿。

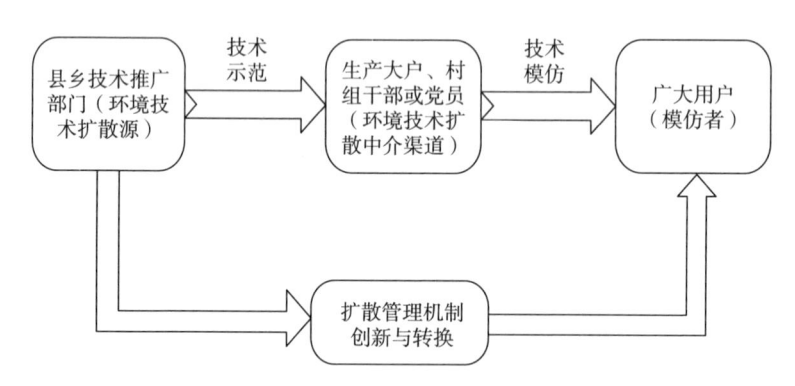

图8-1 政府主导下环保型技术扩散过程

这一扩散过程是低碳技术扩散管理机制创新与转换的过程，初始阶段即为低碳技术从推广机构到示范用户的扩散流程，中期阶段即为低碳技术从示范用户到模仿用户的传播流程，后期阶段则是低碳技术从模仿用户到下一模仿用户的扩散流程。

本书将环保型低碳技术扩散划分为两阶段,即技术示范阶段与技术模仿阶段(见图8-2),并具体分析伴随时间的演进,用户对低碳技术的使用数量与传播状况。

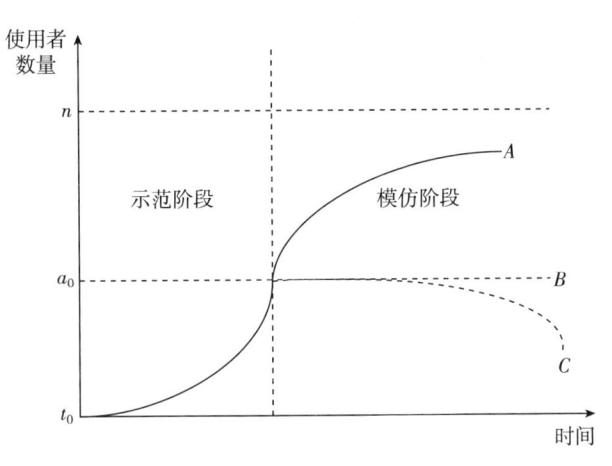

图8-2 环保型低碳技术扩散的两阶段

(一)扩散阶段一:技术示范阶段($t<t_0$期间)

在技术扩散的初始阶段,政府技术推广相关机构将环保型低碳技术引入生产基层,鉴于低碳技术在普及初期具有高投入、高成本、风险与收益不确定、信息与管理不完善等特征,普通用户的技术采用偏好更倾向于传统稳定型技术,因此相关机构通常选取一些技术示范者(如用户群 a_0),进行低碳技术的引领示范。在这一阶段($t<t_0$期间),早期的技术采纳者人群相对固定,使用者数量(n)与采用时间(t)呈现直线倾向。

随着环保型低碳技术的不断改进与成熟,技术优势不断显现,成本与效益逐渐明确,信息与管理不断完善,低碳技术的准入门槛不断降低,用户中的模仿群体开始接触技术示范人群并尝试采用新型替代技术。

在技术示范的后期,低碳技术扩散管理机制的创新与转换尤为关键,如果不能成功推动技术采用者更好地降低生产成本、节约要素与资源、提高获利与收益,可能会出现低碳技术扩散停滞的现象(见图8-2中平行延伸的扩散曲线 B），或者技术示范人群不再偏好低碳技术的现象（见图 8-2 中反向延伸的扩散曲线 C）；如果低碳技术扩散管理机制能够成功地推动技术采用者达到预期经济目标，则会使更多的用户进入技术模仿人群。

（二）扩散阶段二：快速扩散阶段（$t > t_0$ 期间）

经过一定时期的技术示范、改进与优化，环保型低碳技术就会发展到大量的技术模仿（快速扩散）阶段。当潜在用户群体确信其能够有效地使用环保型低碳技术，且能够利用该技术节约成本与资源、提高获利与收益时，将会迅速成为技术模仿者，使用者数量（n）与采用时间（t）呈现正向增长关系（见图 8-2 中上扬延伸的扩散曲线 A）。

设定环保型低碳技术在该阶段的扩散模型为：

$$\frac{di}{dt} = \lambda_0 i(t) \quad (8-1)$$

在低碳技术模仿扩散的初期阶段，有：$i_{t=t_0} = a_0$

则有：$i(t) = i_0 e^{\lambda t}$

设定 $i(t)$ 代表已采用低碳技术的用户群，$s(t)$ 代表未采用低碳技术的用户群，则低碳技术采用的潜在用户群总数为：$n = i(t) + s(t)$。

设定 λ 代表低碳技术传播者与采用者的数量比（单位时间之内），则有：$\lambda_0 = \lambda s(t)$，因此，我们可以得出：

$$\frac{di}{dt} = \lambda_{[n-i(t)]} i(t) \quad (8-2)$$

综合式（8-1）与式（8-2），显然有：

$$i(t) = \frac{n}{\left(\frac{1+n}{a_0} - 1\right)} e\lambda nt$$

由此，则可以进一步推断环保型低碳技术采用者的确切数量。

第二节　技术扩散与用户参与行为分析

一　用户参与行为的类型与特征

环保型技术的扩散过程通常会伴随用户从认知信息、认同信息、决定参与、参与行为、确认效益一直到广泛应用该技术的决策与实施历程，国内外学者对技术扩散中用户的参与行为深感兴趣，进行了大量的理论与实践研究，并根据用户参与环保型技术扩散的特征将用户参与行为划分为不同的形式。

如表 8-1 所示，学者主要的研究观点可概括如下：

Warner 认为，用户的参与有助于新的环保型技术的引进，是一种边干边学的行为。Rogers、Biggs 等学者将用户参与技术扩散的行为归为四类：①独立参与，即用户主动获取环保型技术信息并参与技术扩散；②社区参与，即用户以社区为单位主动发展项目，参与技术扩散，达到改变环境的效果；③合作参与，即社区与专家合作参与技术扩散，其中社区承担一定责任，并合作制订相关技术扩散计划；④契约参与，即专家独立作出决策，用户按契约参与技术扩散，并提供相关生产要素。

高启杰认为，用户的参与行为可归为两类：①情感参与，即用户通过确立自己参与者的身份（角色），形成对环保型技术的归属感、认同感，并最终上升为对该技术的忠诚度，成为环保型技术的忠实用户；②实践参与，即用户在获取（传播）技术信息的基础上，投入（劳动）资金等要素，最终发展为主动持续采纳（应用）该技术并主动进行传播的阶段。

黄季琨和胡瑞法认为，用户参与技术扩散是一种实践参与行为，用户通过亲身参与扩散活动，不仅有助于技术创新，而且产生了良好的示范引领效应。邢美华、徐卫涛等学者采用 PRA 法将用户参与行为简单地归为两类：①参与行为，即用户采纳并应用环保型技术；②未参与行为，即用户未采纳（应用）环保型技术。

邓正华则综合前人研究成果，将用户参与行为归为四类：①主动参与，即用户积极主动参与技术扩散，示范、应用并传播环保型技术；②合作参与，即用户认同并合作参与技术扩散，能够持续应用环保型技术；③被动参与，即用户受舆论（或他人）影响，暂时跟随应用环保型技术；④不参与，即用户不关注、不认同技术信息，不采用环保型技术。

表 8-1　环保型技术扩散中用户参与行为的形式与特征

用户参与形式	表现特征	研究者
边干边学行为	用户参与，技术引进	Warner（1974）
①独立参与	用户主动获取技术信息并参与	Rogers（1983） Ashiby（1987） Biggs（1989）
②社区参与	以社区为单位主动发展项目，参与技术扩散，改变环境	
③合作参与	社区与专家合作参与技术扩散，社区承担一定责任，制订相关计划	
④契约参与	专家独立决策，用户按契约参与技术扩散，提供相关生产要素	
①情感参与	确立身份（角色），形成归属感、认同感与忠诚度	高启杰（2004）
②实践参与	获取（传播）技术信息，投入（劳动）资金，主动持续采纳（应用）	
实践参与行为	用户实践参与，创新技术，示范引领效应	胡瑞法（2005） 黄季琨（2005）
①参与行为	采纳并应用环保型技术	邢美华（2007）
②未参与	未采纳（应用）环保型技术	徐卫涛（2008）
①主动参与	用户积极主动参与技术扩散，示范、应用并传播环保型技术	邓正华（2013）
②合作参与	用户认同并合作参与技术扩散，能够持续应用环保型技术	
③被动参与	用户受舆论（或他人）影响，暂时跟随应用环保型技术	邓正华（2013）
④不参与	用户不关注、不认同技术信息，不采用环保型技术	

二　用户参与技术扩散的动机与行为关系分析

根据心理学及行为学的相关分析，用户对环保型低碳技术的心理性需求动机引致了用户对技术扩散的参与性行为，由此，本书将深入分析用户需求动机与参与行为的相互关系。如图 8-3 所示，借鉴邓正华博士对环境友好型农业技术扩散中用户参与行为的研究分类，将用户对环保型低碳技术的需求动机归纳为内部性动机和外部性动机，分别分析用户需求动机与用户主动参与、合作参与以及被动参与的关系。

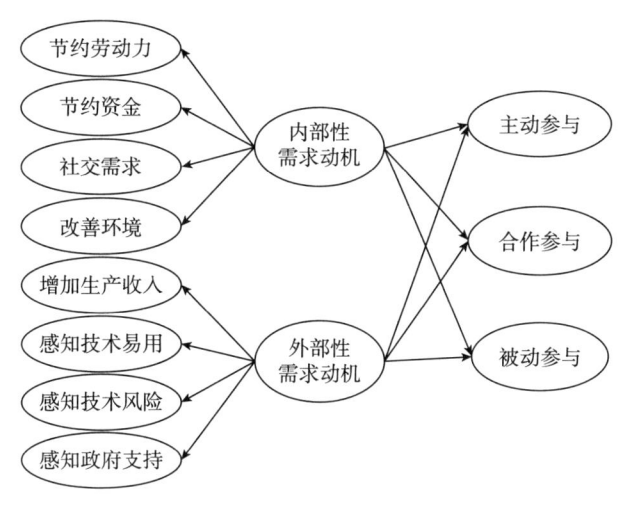

图 8-3　用户参与低碳技术扩散的动机与行为关系

在用户参与低碳技术扩散的活动中，假设用户的内部性及外部性需求动机对其主动参与行为、合作参与行为以及被动参与行为均存在正向影响。可以看出，用户对低碳技术的内部性需求动机包括节约劳动力需求、节约资金需求、社交需求以及改善环境需求，这些内在利益诉求引导用户主动参与、合作参与或者被动参与低碳技术扩散活动（参与方式根据用户参与决策而定）；同时，其外部性需求动机包括增加生产收入需求、感知技术易用性需求、感知技术风险需求、感知政府支持需求，这些外在利益诉求同样引导用户主动参与、合作参与或者被动参与低碳技术扩散活动。

第三节　用户参与低碳技术扩散实证分析

一　变量设定与指标构建

本书设定了 11 项测量维度，分别对应 2 项观测变量，以更加全面地考察用户参与环保型低碳技术扩散的动机与行为关系。测量指标如表 8-2 所示。

表 8-2　用户参与低碳技术扩散的动机与行为测量指标

测量维度	观测变量
X_1 节约劳动力	X_{1a} 您认为新技术应用与扩散可减少劳动环节
	X_{1b} 您认为新技术应用与扩散可减少劳动强度
X_2 节约资金	X_{2a} 您认为新技术应用与扩散可减少资金投入
	X_{2b} 您认为新技术应用与扩散可提高资金效率
X_3 社交需要	X_{3a} 您认为新技术扩散可增加与他人交流的愉悦感
	X_{3b} 您对领导者或他人有依赖
X_4 改善环境	X_{4a} 您认为新技术应用与扩散可改善土壤、水质
	X_{4b} 您认为新技术应用与扩散可改善生活环境
X_5 增加收入	X_{5a} 您认为新技术应用与扩散可提高产品产量
	X_{5b} 您认为新技术应用与扩散可增加产品单价
X_6 感知易用性	X_{6a} 您认为新技术比传统技术易于使用
	X_{6b} 您认为新技术不如传统技术易于使用
X_7 感知技术风险	X_{7a} 您认为新技术成本高、风险大、收益不确定
	X_{7b} 您认为新技术达不到宣传效果
X_8 政府支持	X_{8a} 您认为政府推广机构培训、推广效果显著
	X_{8b} 您认为政府推广机构培训、推广作用不明显
X_9 主动参与	X_{9a} 扩散初期，您愿意主动使用、传播新技术
	X_{9b} 扩散初期，您乐于率先使用新技术
X_{10} 合作参与	X_{10a} 您愿意接触新技术使用者，参与培训与传播
	X_{10b} 示范成功后，您愿意试用新技术
X_{11} 被动参与	X_{11a} 经多次宣传后，您暂时参与新技术使用
	X_{11b} 别人都试用了，您才跟随参与使用

二　问卷调研数据分析

（一）描述性统计分析

我们运用 SPSS 软件对测量指标问卷调研结果进行描述性统计分析，分析结果如下（见表 8-3）：其中测量维度均值变动幅度在 4.16—

7.57，标准差变动幅度在 1.52—2.64，在可接受的科学范围内。

表 8-3　　　　　　　　　　测量维度的均值和标准差

测量维度	均值	标准差
X_1 节约劳动力	7.57	2.64
X_2 节约资金	6.63	2.35
X_3 社交需要	5.51	1.77
X_4 改善环境	4.16	1.52
X_5 增加收入	6.29	2.07
X_6 感知易用性	4.77	2.29
X_7 感知技术风险	4.36	1.54
X_8 政府支持	6.05	2.15
X_9 主动参与	6.17	2.21
X_{10} 合作参与	5.58	2.09
X_{11} 被动参与	5.03	1.74

（二）信度检验

采用美国心理学家及教育学家克隆巴赫 1951 年所创立的克隆巴赫（信度）系数法（Cronbach's coefficient alpha），检验测量变量的信度，其效度检验结果如下（见表 8-4），可以看出，各测量维度的信度系数均大于 0.70，表明问卷调研结果是科学可靠的。

表 8-4　　　　　　　　　　测量维度的信度值

测量维度	测量变量	信度系数
X_1 节约劳动力	X_{1a} 可节约劳动环节	0.95
	X_{1b} 可节约劳动强度	
X_2 节约资金	X_{2a} 可节约资金投入	0.78
	X_{2b} 可提高资金效率	
X_3 社交需要	X_{3a} 可增加社交愉悦	0.81
	X_{3b} 对他人的依赖性	

续表

测量维度	测量变量	信度系数
X_4 改善环境	X_{4a} 可改善土壤、水质	0.75
	X_{4b} 可改善生活环境	
X_5 增加收入	X_{5a} 可提高产品产量	0.86
	X_{5b} 可提高产品单价	
X_6 感知易用性	X_{6a} 可感知易于使用	0.73
	X_{6b} 可感知不易使用	
X_7 感知技术风险	X_{7a} 可感知风险大	0.78
	X_{7b} 未达宣传效果	
X_8 政府支持	X_{8a} 可感知支持效果显著	0.71
	X_{8b} 可感知支持效果不明显	
X_9 主动参与	X_{9a} 主动使用、传播	0.89
	X_{9b} 率先使用	
X_{10} 合作参与	X_{10a} 参与培训与传播	0.77
	X_{10b} 示范成功后试用	
X_{11} 被动参与	X_{11a} 暂时参与使用	0.74
	X_{11b} 跟随参与使用	

三 用户参与动机与行为测量模型分析

（一）用户参与动机与行为测量模型构建

依据用户参与低碳技术扩散的动机与行为测量变量调研结果，分别构建用户参与技术扩散内部性动机测量模型、外部性动机测量模型及参与行为测量模型（见图8-4、图8-5、图8-6），进一步探讨各潜变量之间的相互关系。

其中，用户参与低碳技术扩散内部性动机测量模型着重考察测量维度 X_1（节约劳动力）、X_2（节约资金）、X_3（社交需要）以及 X_4（改善环境）的互动关系，相关潜变量包括节约劳动力需求（LN_1，LN_2）、节约资金需求（MN_1，MN_2）、社交需求（SN_1，SN_2，SN_3）以及改善环境需求（EN_1，EN_2，EN_3，EN_4）；参与扩散外部性动机测量模型侧重考察测量维度 X_5（增加收入）、X_6（感知易用性）、X_7（感知技术风险）以及 X_8（政府支持）之间的互动关系，相关潜变量包括增加生产收入需求（IN_1，IN_2）、感知易用性需求（TN_1，TN_2）、感知风险需求（RN_1，RN_2，RN_3）以及政府支持需求（GN_1，GN_2，GN_3，GN_4）；用户参与行为测量模型着重考察测量维度 X_9（主动参与）、X_{10}（合作参与）以及 X_{11}（被动参与）之间的互动关系，相关潜变量包括主动参与行为（AP_1，AP_2，AP_3）、被动参与行为（PP_1，PP_2，PP_3）以及合作参与行为（CP_1，CP_2）。

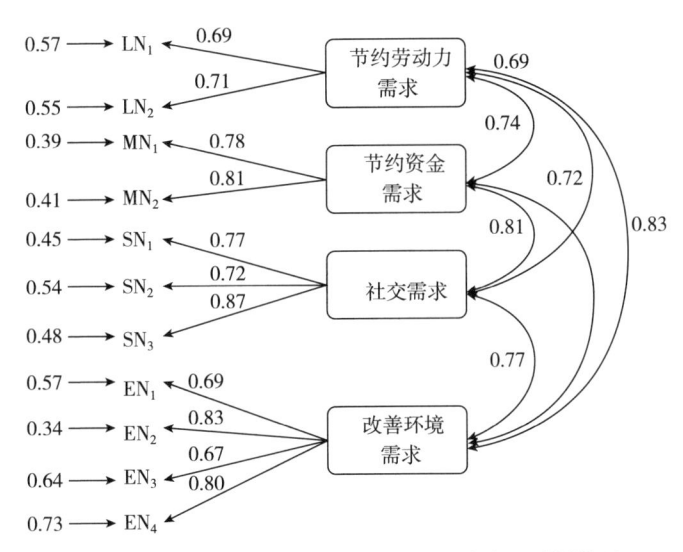

图 8-4　用户参与低碳技术扩散内部性动机测量模型

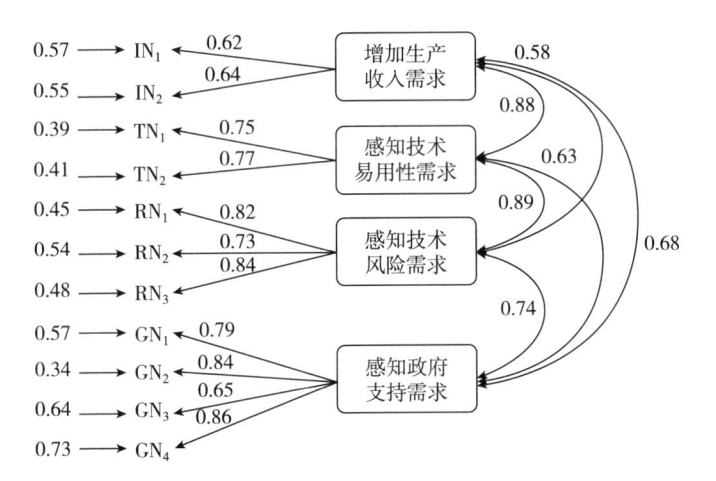

图 8-5　用户参与低碳技术扩散外部性动机测量模型

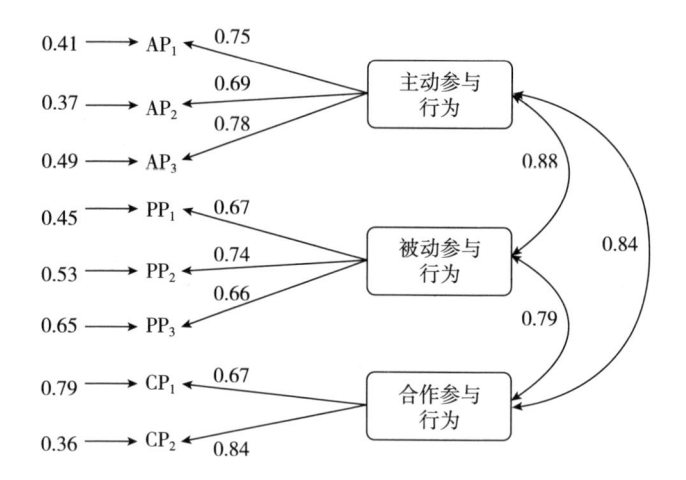

```
0.41 → AP₁ ← 0.75
                    ┌──────┐
0.37 → AP₂ ← 0.69   │ 主动参 │
                    │ 与行为 │
0.49 → AP₃ ← 0.78   └──────┘
                         │ 0.88
0.45 → PP₁ ← 0.67   ┌──────┐
                    │ 被动参 │
0.53 → PP₂ ← 0.74   │ 与行为 │ 0.84
                    └──────┘
0.65 → PP₃ ← 0.66        │ 0.79
                    ┌──────┐
0.79 → CP₁ ← 0.67   │ 合作参 │
                    │ 与行为 │
0.36 → CP₂ ← 0.84   └──────┘
```

图 8-6　用户参与低碳技术扩散行为测量模型

（二）用户参与动机与行为测量模型效度分析

我们设定 Model Ⅰ 代表用户参与低碳技术扩散内部性动机测量模型，Model Ⅱ 代表外部性动机测量模型，Model Ⅲ 代表参与行为测量模型，对上述模型分别进行效度分析，检验结果如表 8-5 所示。

表 8-5　　　　用户参与动机与行为测量模型效度分析

Model	χ^2/df	AGFI	CFI	GFI	IFI	SRMR
Ⅰ	2.84	0.93	0.98	0.88	0.87	0.07
Ⅱ	2.68	0.91	0.96	0.92	0.83	0.07
Ⅲ	2.67	0.92	0.97	0.91	0.82	0.06

观察测量模型的效度检验结果，可以发现，模型 Ⅰ、模型 Ⅱ、模型 Ⅲ 的拟合指数（χ^2/df）均小于 3.00，参数估计（AGFI、CFI）均大于 0.90，估计方差（SRMR）均小于 0.08，表明模型所估计的各潜变量的相关系数均位于临界值以内，模型效度检验在可接受的范围内。

四　结构模型拟合评估

基于上述检验结果，进一步建立结构方程模型（Structural Equation Modeling），首先对 SEM 模型进行效度分析，检验结果如表 8-6 所示。

表8-6　　　　　　　　　结构方程模型效度分析

χ^2/df	AGFI	CFI	GFI	IFI	SRMR
2.37	0.91	0.93	0.94	0.86	0.06

相关参数为：$\chi^2/df = 2.37$（<0.30），AGFI = 0.91（>0.90），CFI = 0.94（>0.90），IFI = 0.86，SRMR = 0.06（<0.08），各潜变量的拟合指数、参数估计及估计方差均处于有效范围内，表明结构方差模型的拟合效度较好。

随后，采用结构方程模型对用户参与低碳技术扩散动机与行为的测量模型进行拟合，SME方程拟合结果及对测量维度的检验结果分别见图8-7和表8-7。

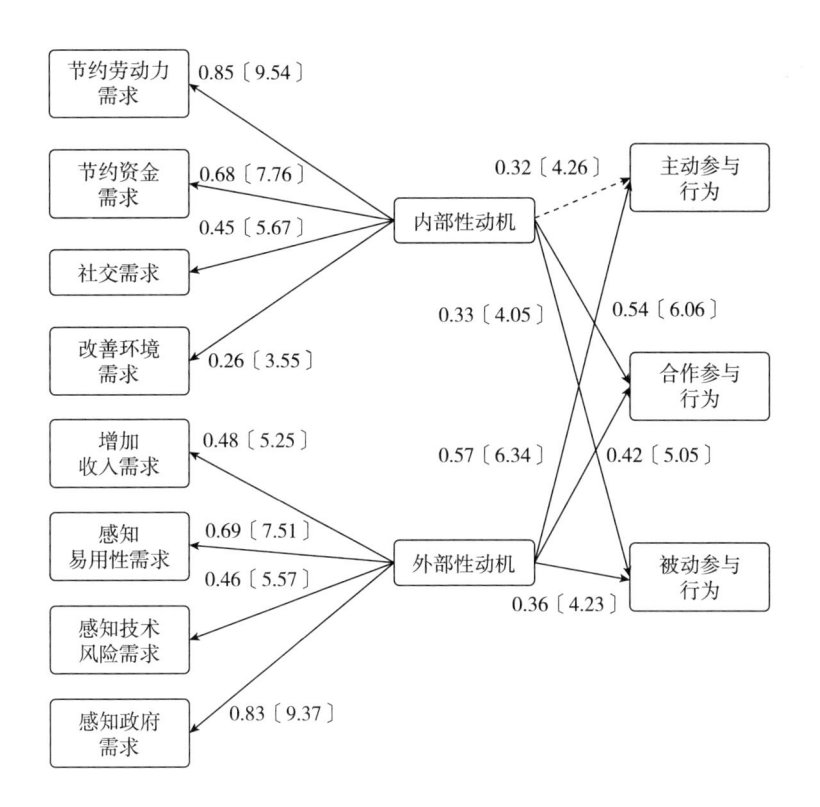

图8-7　结构方程模型拟合结果

表 8-7　　　　　　　　　　结构方程模型检验结果

测量维度	标准化路径系数	T检验值	显著性水平
内部性需求动机主动参与行为	0.24	1.37	0.06
内部性需求动机合作参与行为	0.46	4.24	0.00
内部性需求动机被动参与行为	0.47	4.35	0.00
外部性需求动机主动参与行为	0.37	5.64	0.07
外部性需求动机合作参与行为	0.39	4.05	0.00
外部性需求动机被动参与行为	0.36	4.13	0.00

根据该结构方程模型的检验（表8-7）及拟合结果（图8-7），我们可以得出以下结论：

第一，用户对低碳技术扩散的内部性需求动机对于其主动参与行为的正向关系并不显著（其标准化路径系数为0.24，T检验值为1.37 < 1.96，显著性水平为0.06 > 0.001），对用户合作参与以及被动参与行为的正向影响则较为显著（其标准化路径系数分别为0.46和0.47，T检验值分别为4.24和4.35，显著性水平均小于0.001）。此外，观察各潜变量可以发现，用户内部性需求动机较为强烈的是节约劳动力需求以及节约资金需求（上述影响变量均在参与估计值 $\alpha = 0.001$ 的水平上显著）。

第二，用户对低碳技术扩散的外部性需求动机对于其主动参与行为的正向关系不显著（其标准化路径系数为0.37，T检验值为5.64，显著性水平为0.07 > 0.001），对于合作参与行为以及被动参与行为均具有显著的正向影响（其标准化路径系数分别为0.39和0.36，T检验值分别为4.05和4.13，显著性水平均小于0.001）。此外，观察各潜变量可以发现，用户外部性需求动机较为强烈的是感知技术易用性以及感知政府支持（上述影响变量均在参与估计值 $\alpha = 0.001$ 的水平上显著）。

第三，用户在参与低碳技术扩散活动过程中，其技术需求的内部性动机主要为节约劳动力需求（标准化路径系数为0.85）和节约资金需求（路径系数为0.68）；其技术需求的外部性动机主要为感知政府支持需求（路径系数为0.83）和感知技术易用性需求（路径系数为0.69）。同时，用户低碳技术需求的内外部动机对其低碳技术扩散行为的影响程度有所不同。在用户主动参与低碳技术扩散行为中,外部性需求动机的影响(影响路径系数为 0.57)要高于内部性需求动机(影响路径系数为 0.32),在用户合作参与技术扩散行为中,内部性需求动机的影响(影响路径系数为 0.54)要高于外部性需求动机(影响路径系数为 0.42),在用户被动参与技术扩散行为中,内部性需求动机(影响路径系数为 0.33)与外部性需求动机(影响路径系数为 0.36)的影响程度差别不大。

第九章 山东省低碳经济模式应用调研

第一节 山东省低碳经济驱动因素调研

一 调研区域及方法选择

本书选取青岛市、烟台市、潍坊市、德州市、莱芜市、滨州市等地区为调研区域，选取当地经发局、商务局、环保局及工业企业相关工作人员为调研对象，考察典型区域低碳经济驱动因素及发展现状。

该次调研参照科学的测量量表开发范式（Churchill，1979），于2018年9月—2019年2月，在典型样本区域采用问卷调研与深度访谈相结合的方式展开研究，调研问卷的有效统计率为82.30%（其中电子邮件采集有效率为81.90%，社会关系采集有效率为82.80%），采集结果较为科学、合理。

表9-1　山东省低碳经济模式应用调研数据采集情况

调研问卷采集方式	调研问卷总数（份）	调研问卷回收数（份）	调研问卷有效数（份）	采集回收率（%）	采集有效率（%）
电子邮件	259	237	212	91.50	81.90
社会关系	198	176	164	88.90	82.80
总计	457	413	376	90.40	82.30

二 低碳模式应用的驱动因素分析

设置低碳模式应用驱动因素指标如下：

D_1：有利于节能减排

D_2：有利于提高人民生活水平

D_3：有利于优化产业结构

D_4：有利于缓解城镇化压力

D_5：低碳模式经济收益

D_6：低碳模式政策支持

根据对样本区域内低碳模式应用驱动因素指标的调查统计（见表9-2），可以看出，不同样本区域内对低碳经济模式的应用原动力呈现很明显的差异化，其区域异质性特征较为鲜明，受到来自各个地区方方面面因素（诸如，技术水平、经济发展方式、社会环境等）的制约。

表9-2　　　　　　　用户应用低碳模式的驱动因素　　　　　单位:%

驱动	相对高碳区域		相对中碳区域		相对低碳区域		高碳区域	中碳区域	低碳区域
	莱芜	滨州	德州	潍坊	烟台	青岛			
D_1	16.50	17.80	16.50	17.70	15.60	15.90	34.30	34.20	31.50
D_2	26.20	21.90	16.30	13.00	11.60	11.00	48.10	29.30	22.60
D_3	10.70	9.50	15.30	17.50	24.90	22.10	20.20	32.80	47.00
D_4	16.30	17.80	17.00	15.60	16.20	17.10	34.10	32.60	33.30
D_5	11.10	13.20	18.30	18.60	21.80	17.00	24.30	36.90	38.80
D_6	26.80	22.10	18.10	14.70	9.50	8.80	48.90	32.80	18.30

具体而言，各地区在应用低碳经济模式时，对于节能减排以及缓解城镇化压力的效用均比较认同。相对高碳区域应用低碳模式的原动力更多地来自于对低碳模式的生活效用（提高人民生活水平）及政府相关政策支持力度，这两项指标占驱动因素总指标的比重分别为48.10%和48.90%，接近1/2的比例。这一结果表明，在莱芜、滨州等高碳地区，民众对生活水平提高的诉求更为强烈，对于支持力度不大、生活效用不明显的发展模式应用意愿不强烈，这也使这些区域内低碳模式的应用主要依靠政府政策扶持与推动。

与之相反，相对低碳区域的人群对于上述指标并不看重，其应用低碳模式的原动力更多地来自于低碳模式对产业结构优化及经济收益提升的效用，这两项指标占驱动因素总指标的比重分别为 47.00% 和 38.80%。这一结果表明，在烟台、青岛等低碳地区，经济结构已经向产业优化升级及经济效益提升的现代化低碳经济转型。

进一步考察相对中碳区域的应用驱动，样本区域内各项指标占驱动因素总指标的比重均较为平稳，维持在 29.30%—36.90%。这一结果表明，在德州、潍坊等中碳地区，民众对各项原动力都有一定程度的认可，低碳经济模式应用较为稳定。

第二节 山东省低碳经济认知现状调研

本书就山东省低碳经济认知现状等有关问题设计调查问卷，分析相关人群对低碳经济的认知与应用意愿（具体考察结果分别见表 9-3、表 9-4、表 9-5）。

一 低碳经济模式认知分析

设置低碳经济模式认知指标如下：

A_1：清楚低碳经济核心概念

A_2：理解低碳模式创新路径

A_3：认识到低碳模式对产业发展的促进作用

A_4：认识到低碳模式对家庭收入的促进作用

A_5：认识到低碳模式的环境效益

根据对样本区域内低碳模式认知指标的调查统计，可以发现，各个地区的认知度均处在较低的水平（见表 9-3）。其中，烟台、青岛两地认知度基本维持在 30.00% 左右，烟台的认知比例大体低于青岛（对低碳模式促进产业发展的效用认知除外）；德州、潍坊两地对低碳模式的认知度基本保持在 13.00% 左右，德州的认知比例大都低于潍坊（对低碳模式促进家庭收入的效用认知除外）；莱芜、滨州两地对低碳模式的认知度偏低，大致在 5.00%，莱芜的认知比例大都低于滨州（对低碳模式促进家庭收入的效用认知除外）。

表9-3　　　　　　　用户对低碳经济模式的认知　　　　　单位:%

认知	相对高碳区域		相对中碳区域		相对低碳区域		高碳区域	中碳区域	低碳区域
	莱芜	滨州	德州	潍坊	烟台	青岛			
A_1	4.60	6.70	12.40	14.50	30.30	31.50	11.30	26.90	61.80
A_2	6.40	8.30	11.50	13.70	29.80	30.30	14.70	25.20	60.10
A_3	4.80	3.70	13.60	14.80	32.70	30.40	8.50	28.40	63.10
A_4	5.70	4.70	13.90	13.10	30.60	32.00	10.40	27.00	62.60
A_5	4.90	5.90	12.50	13.40	30.80	32.50	10.80	25.90	63.30

整体而言，样本区域内低碳区域对低碳经济模式的认知比例最高，大体在总指标比例的60.00%以上，这些地区民众的接受度与执行度都较好，政府对低碳模式的相关引导措施通常能取得显著的效果，低碳模式的推广范围更为普遍。相对中碳区域的认知比例处于中等偏下的水平，基本保持在26.00%上下，政府对低碳模式的普及与推广措施能够取得一定的成效，但进展不够迅速。与这两种区域形成鲜明对照的是相对高碳区域，样本区域内该地区对低碳经济模式的认知比例较低，大致在总指标比例的15.00%以下，这就使这些区域低碳经济模式的应用与推广较为缓慢，政府需要做的普及性工作尤为关键。

二　用户对低碳模式应用意愿分析

设置低碳模式应用意愿指标如下：

A_6：用户愿意应用低碳经济模式

A_7：用户应用多种低碳经济模式

A_8：周围人群愿意应用低碳经济模式

A_9：示范单位应用低碳经济模式

根据对样本区域内低碳模式应用意愿指标的调查统计（见表9-4），可以发现，相对低碳区域的应用意愿基本保持在60.00%以上的比例，样本地区烟台与青岛的比例极为接近，其低碳模式的推广效果也都较为显著。中碳区域的应用意愿基本在26.00%左右的比例水平，与潍坊相比，德州的应用意愿比例要偏低一些。高碳区域的应用意愿比重基本在10.00%上下，莱芜地区与滨州地区的意愿比例差别不大，都在

5.00%上下浮动，与其他样本区域相比，应用意愿的比例极低，低碳模式的应用与推广也较为缓慢。

表9-4　　　　相关人群对低碳经济模式的应用意愿　　　　单位：%

应用	相对高碳区域		相对中碳区域		相对低碳区域		高碳区域	中碳区域	低碳区域
	莱芜	滨州	德州	潍坊	烟台	青岛			
A_6	5.10	6.70	10.80	14.60	31.10	31.70	11.80	25.40	62.80
A_7	4.90	5.60	11.50	15.00	30.40	32.60	10.50	26.50	63.00
A_8	4.80	3.50	13.40	16.40	31.60	30.30	8.30	29.80	61.90
A_9	4.40	5.50	11.20	14.60	31.20	33.10	9.90	25.80	64.30

第三节　山东省低碳经济模式应用与推广调研

本书就低碳模式建设与应用情况有关问题设计调查问卷，分析各地区低碳经济模式建设情况、低碳信息化建设情况及低碳模式应用情况。

一　低碳经济模式信息化情况分析

设置低碳经济模式信息化指标如下：

I_1：低碳模式信息网络发达

I_2：低碳模式信息服务便捷

I_3：低碳模式信息化软件丰富

I_4：低碳模式信息化运行高效

信息化建设是低碳经济模式建设的重要内容与有效保障，需要进一步考察典型区域低碳经济模式信息化建设状况。根据对信息化指标的调查统计（见表9-5），可以发现，样本区域内低碳区域的信息化建设总体水平虽然相对较高（全省占比均在44.00%以上），但具体地区的信息化建设水平仍然不高，烟台、青岛两地各项指标占比均在25.00%以下。考察中碳区域的德州，低碳信息化指标均在15.00%以下，潍坊市的相关指标也大都低于20.00%，信息化普及程度及效率均不算高。而高碳区域的莱芜、滨州两地，信息化建设的指标也普遍偏低，大都处在低于13.00%的水平。整体而言,全省低碳模式的信息化普及服务效率都有待于进一步改善。

表9-5 低碳模式信息化建设情况 单位:%

信息	相对高碳区域		相对中碳区域		相对低碳区域		高碳区域	中碳区域	低碳区域
	莱芜	滨州	德州	潍坊	烟台	青岛			
I_1	12.40	12.50	13.50	17.20	21.30	23.10	24.90	30.70	44.40
I_2	11.80	12.30	14.10	16.10	23.40	22.30	24.10	30.20	45.70
I_3	12.50	11.10	10.80	20.80	21.90	22.90	23.60	31.60	44.80
I_4	11.30	14.60	13.70	14.30	22.70	23.40	25.90	28.00	46.10

二 低碳经济模式建设与应用情况分析

设置低碳经济模式建设与应用的相关指标如下:

C_1:低碳模式创新体系成效显著

C_2:低碳模式推广体系成效显著

C_3:低碳模式保障体系成效显著

C_4:低碳模式服务体系成效显著

C_5:低碳模式信息化体系成效显著

对典型区域低碳经济模式的建设与应用情况进行全面考察,调查结果如表9-6所示。

表9-6 低碳经济模式建设与应用情况 单位:%

应用	相对高碳区域		相对中碳区域		相对低碳区域		高碳区域	中碳区域	低碳区域
	莱芜	滨州	德州	潍坊	烟台	青岛			
C_1	4.40	4.50	17.20	15.10	28.90	29.90	8.90	32.30	58.80
C_2	11.50	13.90	14.30	14.10	21.20	25.00	25.40	28.40	46.20
C_3	13.70	13.50	13.50	16.40	20.40	22.50	27.20	29.90	42.90
C_4	11.30	9.60	13.40	11.40	27.30	27.00	20.90	24.80	54.30
C_5	12.90	12.40	12.80	14.50	22.60	24.80	25.30	27.30	47.40

可以很明显地看出,各地区低碳经济模式的实际应用成效有较大差

异。相对低碳区域低碳模式的应用成效较好,总体占比在 50.00% 上下,烟台和青岛两地低碳模式创新体系(全省占比分别为 28.90% 和 29.90%)及低碳模式服务体系(占比分别为 27.30% 和 27.00%)的运行成效极为突出,均超过了 25.00% 的比例。中碳区域低碳模式的应用基本处于中等以上的水平,总体占比大致在 30.00%,其中德州地区低碳模式信息化体系的运行效率(全省占比为 12.80%)及潍坊地区低碳模式服务体系的应用水平(全省占比为 11.40%)相对要低一些。高碳区域低碳模式的应用成效普遍偏低,总体占比在 25.00% 左右,其中莱芜和滨州地区低碳模式创新体系的运行状况尤为不佳,占全省总指标的比重分别仅为 4.40% 和 4.50%,低碳经济模式的应用基础较为薄弱,对低碳模式创新体系的健全与完善势在必行。

三 低碳经济模式推广情况分析

设置低碳经济模式推广指标如下:

P_1:环保型低碳经济模式培训力度大

P_2:低碳经济模式推广项目多

P_3:低碳经济模式推广创新性高

P_4:低碳经济模式推广资源丰富

P_5:低碳经济模式支撑体系完备

根据对样本区域内低碳经济模式推广指标的调查统计(见表 9 - 7),可以发现,烟台、青岛两地低碳模式推广的创新性较高(占全省的比例分别为 26.50% 和 24.10%),低碳模式的支撑体系也较为完备(全省占比分别为 25.40% 和 25.90%);德州、潍坊两地低碳经济模式的推广资源相对丰富一些(占全省的比例分别为 16.20% 和 19.50%),潍坊地区对环保型低碳经济模式的培训力度相对要大一些(全省占比为 18.00%);莱芜、滨州两地各项指标占比都比较低,基本都在 13.70% 以下,低碳经济模式的建设亟须加强。

进一步考察样本区域内处于相同低碳发展水平的城市,发现其低碳经济模式的推广情况差别并不大,这说明相同发展水平的城市可以遵循大体相似的推广模式与措施,在大的低碳经济建设框架内采取差异化发展模式,求大同存小异,以实现低碳经济模式的共同发展。

表9-7　　　　　　　低碳经济模式推广情况　　　　　　单位:%

应用	相对高碳区域		相对中碳区域		相对低碳区域		高碳区域	中碳区域	低碳区域
	莱芜	滨州	德州	潍坊	烟台	青岛			
P_1	10.60	12.70	13.40	18.00	22.20	23.10	23.30	31.40	45.30
P_2	11.20	10.40	14.60	17.10	22.80	23.90	21.60	31.70	46.70
P_3	13.70	11.20	13.80	10.70	26.50	24.10	24.90	24.50	50.60
P_4	10.10	12.30	16.20	19.50	20.70	21.20	22.40	35.70	41.90
P_5	10.30	10.50	13.10	14.80	25.40	25.90	20.80	27.90	51.30

第四节　山东省低碳经济模式调研结论

本书采用问卷调研的方式，从低碳经济模式驱动因素、认知现状、应用意愿、模式建设、信息化运行以及模式推广六个维度，收集了典型样本区域的可靠数据。

通过对环保型低碳经济模式应用的调查，可以发现，用户对低碳模式的认知状况整体而言并不乐观，样本人群的应用偏好、应用原动力、模式建设应用与信息化运行情况具有明显的区域异质性。调查指标显示，总体而言，高碳区域低碳模式应用处于最低水平（10.00%—15.00%），中碳区域处于中间水平（20.00%左右）；而低碳区域模式应用处于最好水平（均高于40.00%），这在一定程度上促进了该地区人群收益的提高。

调查结果也反映出在环保型低碳模式应用过程中，这些区域仍存在一些共性及典型性实际问题。共性问题主要有：低碳模式的认知度与应用意愿整体不强，低碳模式保障体系的资金投入及业务培训欠缺、创新不够，低碳信息化普及程度及效率有待完善。典型性问题表现为：低碳信息化技术普及率低，传播渠道相对狭隘，运行效率不高（以高碳区域为典型代表）；低碳模式的推广与创新投入欠缺，科技支撑与信息化服务不够健全，相关信息渠道及配套不够高效（其典型代表为中碳区域）；低碳模式应用与推广的配套、保障体系有待进一步完善，运行效率有待进一步提高（其典型代表为低碳区域）。

这些问题导致高碳及中碳区域相关人群在应用环保型低碳经济模式时，首先考虑的是低碳模式的当期收益、成本及风险损耗，明显偏好于政府的优惠性、激励性政策支持；而低碳区域相关人群已经开始注重低碳经济模式的劳动效率与长期收益，其环境保护的个人意识与公益责任开始显现出来。由于低碳经济模式应用的原动力具有较为明显的区域异质性特征，地方政府可根据各地经济、社会发展的现实状况，制定相应的支持与推广政策措施，以便更好地激发民众对低碳模式的应用偏好与行为，更有效地促进当地经济低碳化转型发展。

第四编

低碳技术采用激励制度研究

第十章 低碳技术决策行为经济学分析

第一节 技术决策行为特点分析

一 用户低碳技术应用决策过程

基于用户低碳技术采用现状的调研分析，可以归纳得出，用户在面临低碳技术（新技术）与普通技术（原有技术）的选择时，通常遵循以下决策过程（见图10-1）：

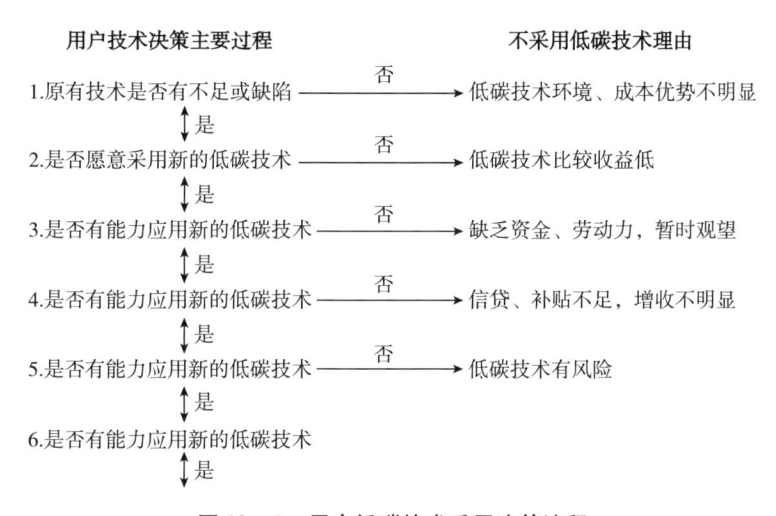

```
用户技术决策主要过程                      不采用低碳技术理由
1.原有技术是否有不足或缺陷 ——否——→ 低碳技术环境、成本优势不明显
     ↕是
2.是否愿意采用新的低碳技术 ——否——→ 低碳技术比较收益低
     ↕是
3.是否有能力应用新的低碳技术 ——否——→ 缺乏资金、劳动力，暂时观望
     ↕是
4.是否有能力应用新的低碳技术 ——否——→ 信贷、补贴不足，增收不明显
     ↕是
5.是否有能力应用新的低碳技术 ——否——→ 低碳技术有风险
     ↕是
6.是否有能力应用新的低碳技术
     ↕是
```

图10-1 用户低碳技术采用决策流程

用户在是否采用低碳技术决策过程中，通常表现为对两种或多种技术方案的选择过程。此时，假设用户的技术决策行为具有理性经济人特征，设定如下指标：

X_i: 表示用户面临的行动方案（$i=1, 2, \cdots, m$）
β_j: 表示用户单个行动的方案结果（$j=1, 2, \cdots, k$）
$P(X_i, \beta_j)$: 表示用户单个行动方案结果 β_j 的概率；
$\pi(X_i, \beta_j)$: 表示方案为 X_i，结果为 β_j 的价值效用。
则用户采用低碳技术的决策函数为：

$$\max E[\pi(X_i)] = \sum_{j=1}^{n} P(X_i, \beta_j) \cdot \pi(X_i, \beta_j)$$

二 用户技术决策特点

在用户低碳技术决策过程中，用户考虑最多、影响最大的因素主要是新低碳技术的应用所带来的风险与不确定性。具体而言，主要包括低碳技术的比较效益低下、技术外部性及决策的不确定性等情形。

（一）低碳技术比较效益的低下

用户采用新技术的主要目标即为获取较高的经济利益，只有当用户采用低碳技术所获得的收益高于其劳动力、资金等投入时，用户才会愿意主动采用新的低碳技术去替代原有的常规技术。同时，当采用低碳技术后的活动收益大于其他经营活动的收益时，用户才会愿意主动采用低碳技术组合去替代原有的常规经营活动组合。因而，低碳技术比较效益的高低是用户进行技术决策时的主要依据之一。

（二）低碳技术的外部性

技术外部性是指用户采用某一技术时，对其他经济主体或社会所产生的非市场化影响。用户对新的低碳技术的采用具有一定外部性，主要体现在生态效益与社会效益两方面。

西方经济学的帕累托最优资源配置原理表明，如果在经济运行中存在外部性，则市场价格机制不能有效地对资源进行配置。用户对低碳技术的采用具有一定的正外部性，市场价格机制会导致用户减少对低碳技术的采用数量。[1]

如图 10-2 所示，作为理性经济人，用户在采用新的低碳技术时，考虑的是其私人成本与收益，故而会选择使其边际私人成本（MC）等

---

[1] 邓正华：《环境友好型农业技术扩散中农户行为研究》，博士学位论文，华中农业大学，2013 年。

于边际私人收益（MPB）处的采用程度（X_B），从而实现其个人利润的最大化。而对于整个社会而言，使社会收益最大化的选择应是使边际社会收益（MSB）等于边际社会成本处的采用程度（X_A）。可见，由于低碳技术采用正外部性的存在，使市场资源配置失灵，导致用户对新的低碳技术的采用数量和采用程度不够充分，没能充分采用的部分是边际外部收益（MEB），即为边际社会收益与边际私人收益的差额。

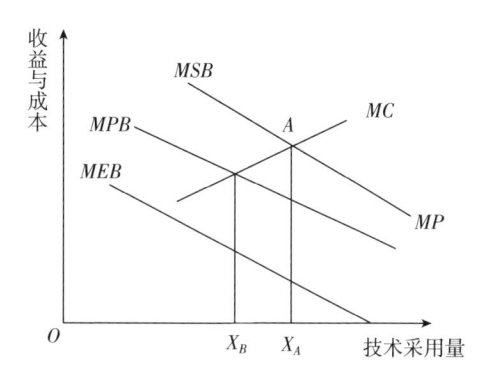

图 10-2　用户低碳技术采用决策的外部性

（三）低碳技术决策的不确定性

新的低碳技术的不确定性通常会导致用户决策面临一定的收益风险，由于不同个体对待风险的态度不同，导致用户的技术决策过程与方式均存在不同。

决策个体不同的风险态度会带来不同的边际收益（见图10-3），假设风险爱好者对低碳技术的采用量为 X_1，该类决策者以市场良好的收益状况为决策依据；风险中性者的技术采用量为 X_e，该类决策者以长期预期收益为决策依据；风险规避者的技术采用量为 X_2，该类决策者以市场不好的收益状况为决策依据。

由于主动采用低碳技术，风险爱好者在市场收益良好的情况下会获得一定的超额收益 Δabd，在市场收益不好的情况下会产生一定的损失 Δdjh；而对于风险规避者而言，无论市场收益高还是低，都能获得一定的稳定收益 Δcdf。而在边际私人收益［$E(MP)$］等于边际私人成本（MC）时，技术采用量（X_e）是用户的最佳采用决策，此时风险中性者可以获得最大收益。

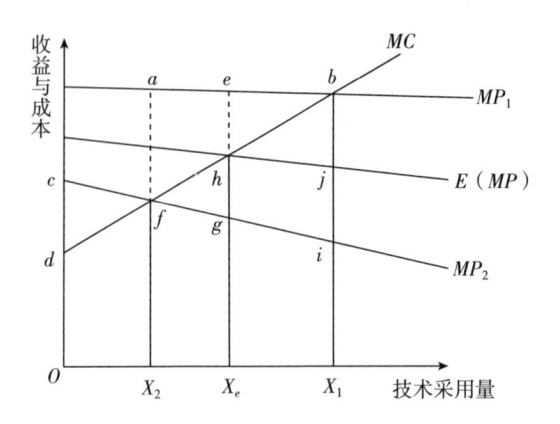

图 10-3 不同风险态度下低碳技术采用决策

用户在采用低碳技术时决策的主观风险主要是由于信息不完备所导致的认知不确定性带来的,由于用户对低碳技术采用的方式、结果、投入和产出效益不能准确预估,导致新技术采用过程中往往低估技术收益或高估技术成本,从而使最终的低碳技术采用程度不足。

如图 10-4 所示,在 MP 与 MC 的交点处,有实际边际私人收益(MP)等于实际边际私人成本(MC),此时的低碳技术采用量(T_1)为最优采用程度。但由于用户对低碳技术信息了解不完备,且对技术前景及收益的预期不够乐观,用户往往会高估低碳技术应用的边际成本。在 MP 与 MC_1 的交点处,是用户采用低碳技术的实际采用量(T_2),T_1 处与 T_2 处的差额,即为用户主观风险估计不当所导致的技术采用不足的份额($T_1 - T_2$)。

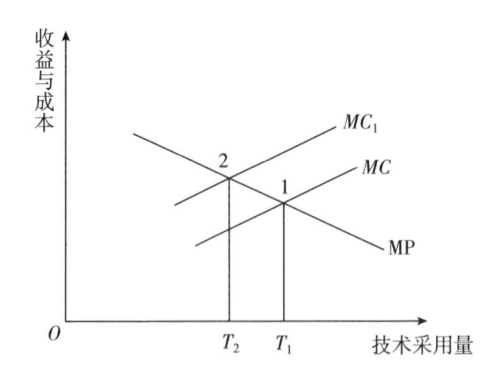

图 10-4 主观风险态度下低碳技术采用决策

基于这一问题，基层政府、行业协会、技术推广部门、技术服务平台等相关部门和机构可以通过技术培训、技术推广、信息服务等活动，加大用户对低碳技术应用信息的深入了解，增强用户对低碳技术收益的预期，减少用户主观风险对低碳技术采用决策的不良影响。

第二节 低碳技术决策行为分析

一 用户技术决策模型分析

用于技术决策分析的决策模型主要有期望效用理论、前景理论、博弈理论、Probit 模型等。

（一）期望效用理论

最大期望效用理论（MEU）（Neumann and Morgenstern，1950）是在不确定条件下，对理性人（Rational Actor）选择进行分析的理论框架。该理论认为，个体决策过程以个人效用最大化为目标，其个人选择遵循个人偏好公理（择优性、一致性、完整性及独立性）进行。用函数表示期望效用，即：$EU = \sum p_i u(x_i)$，其中，p_i 表示事件 x_i 发生的概率，$u(x_i)$ 表示事件 x_i 带来的主观效用。

冯·诺依曼以此为基础发展了主观期望效用理论（SEU），该理论认为，决策者的主观认知概率是决策的关键，决策结果是期望概率与其价值概率的乘积。用函数表示主观期望效用，即：$SEU = \sum \partial(x_i) u(x_i)$，其中，$\partial(x_i)$ 表示事件 x_i 发生的主观概率，$u(x_i)$ 表示事件 x_i 给决策者带来的主观效用。

国内学者孔祥智（2007）认为，在某一时期内，用户技术决策过程是在一定的约束条件下用户追求效用最大化的过程。具体而言，令 p 表示产出品价格，$q(x)$ 表示用户采用新技术之后的生产函数，$g(z)$ 表示转换变量函数（该函数取决于影响技术采用的诸因素 z），x_j 表示第 j 种生产要素的投入量，r_j 表示第 j 种生产要素的投入品价格，则农户的期望利润（π_i）为：

$$\pi_i = p \cdot q(x) \cdot g(z) - \sum r_j x_j \text{。}$$

(二) 博弈理论

《博弈论和经济行为》(Neumann and Morgenstern, 1944) 初步奠定了博弈论的分析框架, 主要研究既定信息条件下决策者的优化策略。合作博弈的特征函数为:

$X(v) = [X_1(v), X_2(v), X_3(v), \cdots, X_n(v)]$, 其 n 人合作博弈的推导过程为:

$$X_t(v) = x_i = \sum w(|S|)[v(S) - v(s/i)]$$

$$w(|S|) = \frac{n - w(|S|)! \, w(|S| - 1)!}{n!}$$

其中, $i = 1, 2, \cdots, n$, $S/i = S = \{i\}$, S 表示 N 中包含 i 的子集构成的集合, $|S|$ 表示 S 子集中的元素个数, $w(|S|)$ 表示加权因子。

非合作博弈特征函数的推导思路为:

在博弈 $G = \{T_1, \cdots, T_n : u_1, \cdots, u_n\}$ 中, 在由各参与方各一个策略所组成的某一策论组合 $(T_1^*, \cdots, T_n^*)$ 中, 对于任一参与方 i 的对策 T_i^*, 均为博弈方策略组合 $(T_1^*, \cdots, T_{i-1}^*, T_{i+1}^*, \cdots, T_n^*)$ 的最佳对策。同时, 对于任何 $T_{ij} \in T_i$, 均有:

$$U_i(T_1^*, \cdots, T_{i-1}^*, T_i^*, T_{i+1}^*, \cdots, T_n^*) \geq U_i(T_1^*, \cdots, T_{i-1}^*, T_{ij}, T_{i+1}^*, \cdots, T_n^*)$$

则称 $(T_1^*, \cdots, T_n^*)$ 为 G 的一个纳什均衡。

(三) Probit 模型

张巨勇等 (2009) 认为, 经济学中关于技术采用的模型主要有 Probit 模型, 该模型认为技术的采用与新技术带来的收益分布相关, 当收益分布达到某一数值时新技术才能被用户所采用, 即为技术采用成本与收益的比较。

Probit 模型是服从于正态分布的广义线性模型, 其基本函数形式为: $P(Y=1) = f(X)$。其中, 解释变量 $Y \in (0, 1)$, $P(Y=1)$ 表示事件 Y 发生的概率, 该概率可以表示为关于变量 X 的函数 $f(X)$, 且 $f(X)$ 服从标准正态分布。

当 $f(X)$ 为累积分布函数时, 该模型变为 Logit 模型 (评定模型)。Logit 模型为离散选择模型, 其逻辑分布公式为: $P(Y = 1 | X = x) =$

$\exp(x'\beta)/1+\exp(x'\beta)$，其中，$\beta$ 为参数，采用极大似然估计。

(四) 前景理论分析

Kahneman 和 Tversky (1979) 提出了前景理论，研究了个人在风险情形下的决策问题。由于低碳技术应用存在一定的风险与不确定性，会给用户决策带来明显的影响，本书将探究风险情境的前景理论引入低碳技术决策研究，从心理学和经济学角度，全面分析用户在技术决策中对技术不确定性的主观认知，从而能够更好地分析用户在低碳技术采用中的决策行为特征。

第一，效用最大化的追求。用户对低碳技术应用决策的总目标是追求效用最大化，例如，收入正效用最大化，各种资源如劳动力、资金投入最小化等。受低碳技术比较收益、外部性、不确定性及技术采用的外部政策和环境等因素的制约，用户对低碳技术的采用频率远低于常规性技术。

第二，中性损益点依赖。前期调查中了解到，多数用户已经意识到常规性技术对环境及社会的负面影响，部分用户愿意采用新型低碳技术，但大部分用户在负面影响消除后仍倾向于使用原有技术。用户对低碳技术的基本认知作为技术决策的参考依赖，连同用户对低碳技术应用收益的悲观预期，构成了用户在技术决策中的中性损益点依赖特征。

第三，损失厌恶心理。用户为了回避损失，通常更愿意采用参考点原技术。在低碳技术采用决策中，用户更倾向于第一时间避免损失，导致用户不情愿采用高成本、收益不明显的低碳技术，故而当政府对低碳技术的支持力度减弱时，用户对低碳技术的采用率将会趋于停滞甚至倒退。

第四，选择性感知。当技术决策伴随多种约束时，用户通常会根据个人主观经验判断决策信息。[1] 由于用户对部分新技术的感知倾向于首先选择负面信息，这种选择性负面感知大大制约了低碳技术的采用程度。

第五，锚定效应。在自然资源、社会及环境方面没有明显的负面影

---

[1] 邓正华：《环境友好型农业技术扩散中农户行为研究》，博士学位论文，华中农业大学，2013年。

响时,用户往往具有零环境意识,所以用户在进行技术目标选择时,可能会更多地基于经济目标去评价技术的可行性,这种锚定目标取向导致了经济不发达地区低碳技术采用数量的不足。

二 低碳技术采用激励政策理论分析

当地方政府、相关机构及部门引进一项新的低碳技术时,用户将会面临以下选择:首先,是否现在就采用新的技术还是以后再采用;其次,哪种选择是用户较为偏好的;最后,哪项选择对用户更为有利。为更好地解决上述问题,本书对用户决策行为及激励福利进行深入的经济学分析。

（一）用户面临即期成本时的决策分析

基于决策者对未来的决策偏好,Strotz（1956）和 Pollak（1968）提出,将决策者分为两类:保守型决策者与老练型决策者。保守型决策者认为自己未来决策的偏好与当前偏好一致,从而没有意识到其未来决策可能会延续当前的决策偏好与行为;老练型决策者通常能预见到自己未来的决策偏好有可能面临自我控制,并对其保持适度的乐观预期,当面临即期成本时能够保持现状偏差,并能据此做出理性决策。

故而在面临新型低碳技术所带来的即期成本时,理性老练的决策者能够较为准确地预估低碳技术采用成本、低碳技术未来收益和个人未来偏好,通常会更迅速地采取行动、减少延迟决策的可能性;而保守型决策者则对低碳技术采用成本、未来收益及将来偏好预估不准确(甚至常常过于悲观地预期),通常选择拖延采用新技术。

当用户面临低碳技术所带来的即期成本时,其技术采用决策的推理过程如下:

令 u_t 表示用户在第 t 期采用低碳技术的即期效用,则技术决策者在第 t 期时不仅关心技术采用当前的即时效用,还关心未来效用。

令 $U^t(u_t, u_{t+1}, \cdots, u_T)$ 表示用户在第 t 期时的跨期决策偏好,其中,U^t 是连续并且递增的(对所有变量而言)。采用简单的指数型贴现方法,对于所有的决策期 t 而言,均存在关系式 $U^t(u_t, u_{t+1}, \cdots, u_T) = \sum_{\partial}^{T} \beta^\tau u_\partial$,其中,$\beta$ 为贴现因子$[\beta \in (0, 1)]$。采用指数型贴现

因子旨在表明，相对于未来预期收益而言，用户在决策时会更偏好于当前即期效用所收获的福利。

令 $V=(v_1, v_2, \cdots, v_T)$ 表示技术收益，$C=(c_1, c_2, \cdots, c_T)$ 表示即期成本，则对于任意决策期 $t \in (1, 2, \cdots, T)$ 而言，均有方程式 $v_t > 0$，$c_t > 0$。在每个 $t < T-1$ 决策期内，用户都需要确定是立即采用新技术还是以后再采用，如果用户在第 t 期采用新技术（意味着用户将即期支付成本），则会得到收益 V_t（该收益在 $t+1$ 期或未来才能实现）。

因此，该决策用户在 $t \leq \tau$ 决策期的跨期即时效用可以表示为：

$$U^t(\tau) = \begin{cases} \beta v_t - c_\tau & \text{如果} \tau = t \\ \beta v_\tau - \beta c_\tau & \text{如果} \tau > t \end{cases}$$

由此，可以得出结论：面对即期成本，保守型决策者通常选择拖延采用低碳技术，而精明老练的用户则会立即采取行动，提前采用低碳技术。

（二）面临高成本时的政府激励政策福利分析

从以上推理中可以看出，对于高成本的新型低碳技术采用，由于成本是即时的，决策者在未来产生的自我控制问题会导致其拖延采取行动，而保守型决策者在面临技术决策时往往出现自我控制叠加的现象，从而会不断地考虑在下一决策期再采用新技术，并持续出现拖延采取行动的现象。

因此，政府通过激励政策的改进，可以改变技术使用者对技术采用未来收益的主观权重认知（使 β 权重值发生改变），增强用户对技术采用预期收益的评估，从而导致用户采用技术后所获得的福利出现叠加效应，进而改变用户对新型低碳技术的决策过程与行为。

具体推理过程如下：

当用户面临低碳技术所带来的即期成本时，对于任何可以满足方程式 $S_t^s = S_{t'}^s = Y$ 的决策期 $t < t'$ 而言，$U^0(t) \geq U^0(t')$ 都是成立的；对于任意的决策期 t 和 $\tau = \min_{\tau > t} \left\{ \tau \mid s_\tau^s = Y \right\}$，只有函数关系 $\beta v_t - c_t \geq \beta v_i - c_i$ 成立时，方程式 $S_t^s = Y$ 才会成立，故而可以得出：$v_t - c_t \geq v_i - c_i$。

令 $\bar{\tau} = \min_{\tau > \tau_{tc}} \left\{ \tau \mid s_\tau^s = Y \right\}$，如果成熟老练型决策者在所有的决策期

$t \leqslant \tau_{tc}$ 都选择暂时不采取行动,则该用户将在第 $\bar{\tau}$ 决策期采用该技术。如果方程式 $U^0(\tau_s) < U^0(\tau_{tc})$ 成立,则关系式 $S^s_{\tau_{tc}} = N$ 成立,由此可以推导出 $\tau_s = \bar{\tau}$,或者 $\tau_s < \tau_{tc}$。

考虑到在满足关系式 $U^0(\tau_s) > U^0(\bar{\tau})$ 的任何条件下,都可以得出 $U^0(\tau_{tc}) - U^0(\tau_s) \leqslant U^0(\tau_{tc}) - U^0(\bar{\tau})$。因此,进一步界定 $\bar{\tau}$ 的定义,只有在关系式 $\beta v_{\tau_{tc}} - c_{\tau_{tc}} - \beta U^0(\bar{\tau}) < U^0(\bar{\tau})$ 或 $-[(1-\beta)/\beta]c_{\tau_{tc}} + U^0(\tau_s) < U^0(\bar{\tau})$ 成立的情况下,才可以得出关系式 $S^s_{\bar{\tau}} = N$ 成立。再给定 X(该变量表示成本)的上限,则方程式 $U^0(\tau_{tc}) = U^0(\tau_s) < [(1-\beta)/\beta]X$ 必须被满足。满足该方程式最直接的办法就是无限接近于 X 的上限,因此进一步得出:

$$\sup_{(v,c)}[U^0(\tau_{tc}) - U^0(\tau_s)] = [(1-\beta)/\beta]\bar{X}$$

故而,

$$\lim_{\beta \to 1}\{\sup_{(v,c)}[U^0(\tau_{tc}) - U^0(\tau_s)]\} = 0。$$

进一步令 $\beta < 1$,可以看出,对于任何的变量 $\varepsilon \in (0, \bar{X})$,均存在满足下列关系式的收益与成本组合:

$$U^0(\tau_{tc}) - U^0(\tau_n) = 2\bar{X} - \varepsilon$$

该结果也进一步验证了推导结论的科学性。

继续界定满足方程式 $\beta + \gamma < 1$ 的 $\gamma > 0$,界定变量 i 为满足方程式 $(\varepsilon)/(\beta+\gamma)^i < X \leqslant (\varepsilon)/(\beta+\gamma)^{i+1}$ 的整数,界定变量 j 为满足以下方程式的整数:

$$\bar{X} - j[(1-\beta)/(\beta+\gamma)]\bar{X} \geqslant 0 \geqslant \bar{X} - (j+1)[(1-\beta)/(\beta+\gamma)]\bar{X}$$

当关系式 $T = i + j + 3$ 为有限集合时,进一步考虑以下收益与成本关系式:

$$v = \{\bar{X}, \bar{X}, \cdots, \bar{X}, \bar{X} - [(1-\beta)/(\beta+\gamma)]\bar{X}, \bar{X} - 2[(1-\beta)/(\beta+\gamma)]\bar{X}, \cdots, \bar{X} - j[(1-\beta)/(\beta+\gamma)]\bar{X}, 0\}$$

$$c = [\varepsilon, \varepsilon/(\beta+\gamma), \varepsilon/(\beta+\gamma)^2, \cdots, \varepsilon/(\beta+\gamma)^i, \bar{X}, \bar{X}, \cdots, \bar{X}]$$

进一步界定 v,c,$\tau_{tc} = 1$,则可以得到 $U^0(\tau_{tc}) = X - \varepsilon$,因此,可以进一步证明:$U^0(\tau_{tc}) - U^0(\tau_n) = 2\bar{X} - \varepsilon$。

第十一章 低碳技术采用激励制度的实验经济学分析

第一节 低碳技术采用的实验经济学范式

一 低碳技术决策与实验经济学范式

在当前人口、资源、环境和市场多重因素的影响和制约下，生态友好型低碳技术已经成为世界各国技术发展的宏观需求与应用重点。然而实际情况表明，我国用户低碳技术采用的总体决策偏好与国家宏观技术应用取向及低碳发展目标存在较大的偏差，更偏好见效快、成本低的生化技术与常规技术，而忽视见效慢、成本高的生态友好型低碳技术与高新技术。缩小这种差异是当前我国政府的主要工作之一，政府部门必须对用户技术采用行为进行激励，以促进低碳技术的应用与推广。

国内外学者对低碳技术采用行为进行了大量的研究。Cheryl (2001) 认为，用户的性别会影响其对低碳技术的行为响应。Gershon 等则认为，用户的文化程度会影响其对低碳技术的采用决策。Ariel 等 (1989) 认为，土地资源的好坏、政府的环境政策、资源政策及价格措施会对用户的低碳技术决策产生一定的影响作用。Foltz 等 (2004) 研究发现，用户能否获取到信贷资金会影响到用户对某些低碳技术的采纳决策。Dahymple (2002)、Gillespie (2004)、Isgin (2008)、Mariano (2012) 等学者运用 Probit 模型，分别探究了用户对现代水稻新品种技术、奶牛饲养一体化技术、精准低碳技术及水稻高产栽培技术的采纳数量及关键因素。Timmerman（2017）、Piyush（2018）、Suraj（2018）和 Klemm（2019）等学者研究了技术采用与环境发展之间的关系。Wanyama（2016）、Pocock（2016）、Bernard（2016）、Sahadeo 等（2017）和 Luis（2017）探讨了低碳技术采用的相关行为。国内学者孔祥智（2004）、王金霞和黄季焜（2009）、曹光乔（2010）、项诚等（2012）采用参与式调查方法，研究了用户对低碳技术的认知状况与采纳决策。潘根兴（2011）、柯福艳（2012）、邓正华（2013）、石洪景（2015）和周志霞（2016）通过实地调研，分析了用户采用低碳技术的决策特点与行为机理。

运用实验经济学方法研究个人决策问题已经被证明是科学可行的，继 Potter（1994）之后，Morrell（2004）、Nelson（2004）、Pesta（2005）、Njie（2006）、Rosenzwing（2007）和 Tingem（2009）等学者运用相关理论和方法，研究了个体决策偏好以及决策的适应性变化问题。在现有研究中，针对区域异质性进行区域比较的文献尚不多见，并且已有研究方法通常采用数学决策模型或进行访谈调研，相对而言较为单一，这也是本书试图解决的问题。

二 研究方法与前提

鉴于当前山东省经济发展中环保型技术应用与扩散缓慢的严峻现实，本书选取典型样本区域，比较不同地区低碳技术的采用现状与影响因素，以及各地低碳技术扩散体系建设现状，探究不同情境下用户对激励性政策的不同响应，以期得出有利于环保型技术偏好诱导及利益保障的政策建议，为当地经济与环境的协调发展提供科学适用的决策参考。

本书遵循实地调研—资料分析—问题与假设—实验检验—分析与结论—政策建议的工作思路，首先采用大范围问卷调研与访谈的方式，比较典型样本区域低碳技术的应用与推广现状，分析不同区域技术应用存在的典型问题，在此基础上提出有针对性的激励政策假设，并在严格实验室情景控制环境下，采用实验经济学范式进行科学验证，继而得出科学有效的政策建议。

第二节 低碳技术采用与制度激励

一 低碳技术创新与制度激励的耦合关系

根据新制度经济学的观点,经济系统的制度体系具有多种功能。由此,低碳技术创新的激励制度可以理解为,当地政府为促进低碳技术创新而采取各种激励政策与措施,进而深入阐释低碳技术创新与政府制度激励之间的耦合关系。

如图 11-1 所示,低碳技术创新的激励制度主要包含供给激励制度、需求激励制度与环境激励制度。在政府激励制度安排的效用下,低碳技术创新的次级功能初步形成,主要包括外部收益内部化功能、规模收益功能、降低技术风险和不确定性功能、约束和管制功能、组织功能以及提供公共服务功能等。

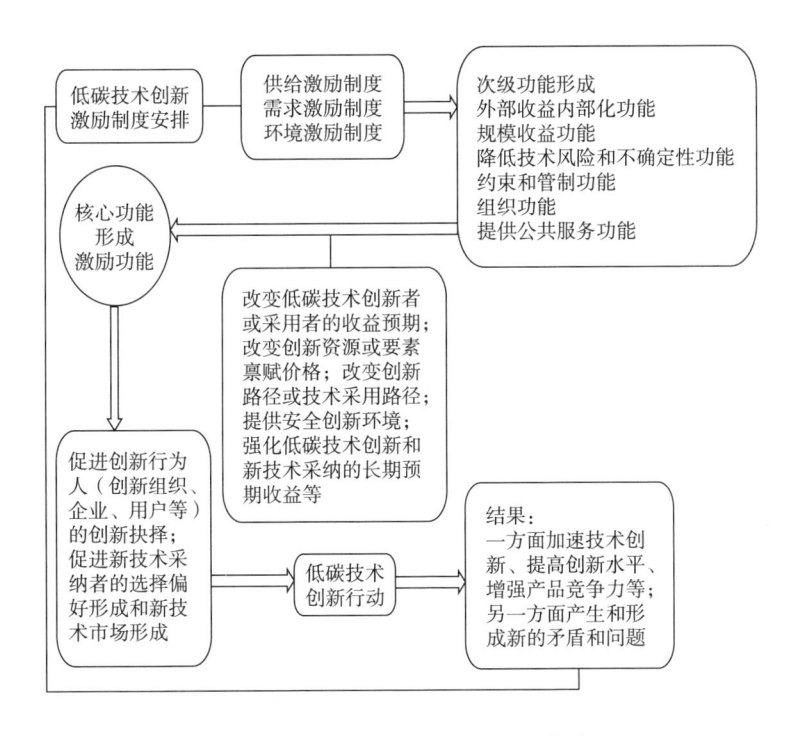

图 11-1 低碳技术创新与制度激励

在激励制度所形成的各项效用功能下，能够改变低碳技术创新者或采用者的收益预期，改变创新资源或要素禀赋的市场价格，改变低碳创新路径或技术采用路径，从而为技术创新者提供安全的创新环境，并进一步强化低碳技术创新和新技术采纳的长期预期收益。激励制度的耦合效用进一步汇聚为技术创新制度的核心功能，即激励（与约束）功能，政府激励制度的激励效用（包括约束与管制）在一定意义上能够进一步促进创新行为人（包括创新组织、企业、用户等）的创新抉择，改变创新者和新技术应用者的技术选择路径或技术选择集，并最终促进新技术采纳者的选择偏好形成以及新技术市场的形成。

由此，低碳技术创新行动持续开展，其创新行为的结果一方面加速了技术创新，提高了创新水平，增强了产品竞争力；另一方面从动态观点看，也在技术创新的动态调整过程中产生和形成新的矛盾与问题，成为下一轮低碳技术创新激励制度安排的起点。如此，创新激励制度的激励效用与低碳技术创新活动交互作用，周而复始，不断衍化，形成良性循环的激励体制。

二 技术创新激励制度的演变

（一）世界范围内技术创新激励制度的演变

世界范围内技术创新激励制度的演变具有明显的阶段性特征。伴随技术创新目标与对象的不断调整，政府激励制度（包含供给激励制度、需求激励制度与环境激励制度）也在进行相应的调整与完善，而在不同发展阶段其技术创新激励制度的激励重点也都有所侧重。

技术创新激励制度的演进过程大体可分为三个阶段：

（1）第二次世界大战后至 20 世纪 60 年代，以供给激励制度为主导的局部创新阶段。该时期为技术发展的第一次"绿色"革命时期，技术创新的目标和对象侧重于大面积推广高产品种、先进的生产制造技术，以及高效化技术应用，政府的激励制度安排主要包括提供金融支持、财政支持、税收补贴、产品最低价保护以及农业技术发展计划等支持措施。该阶段，技术创新激励制度体现出自上而下的、以供给激励制度为主导的局部性创新特征。

（2）20 世纪后期，以市场激励制度为主导的局部创新阶段。该时期为技术发展的第二次"绿色"革命时期,技术创新的目标和对象侧重于广泛发展以基因工程技术(DNA 重组)、细胞工程技术(转基因)和分子遗传技术为代表的现代生物技术,以及以应用遥感技术、地理信息系统、全球定位系统为代表的智能化数据库和网络技术。政府的激励制度安排主要包括维护产品知识产权,提供低碳技术创新风险投资、合作制度、科技成果转化制度、低碳技术扩散政策等支持措施。该阶段,技术创新激励制度体现出自上而下的、以市场激励制度为主导的局部性创新特征。

(3) 20 世纪末期至今,以创新环境制度激励为主导的全局创新阶段。该时期为技术发展的全面深化时期,技术创新的目标和对象侧重于全面深入开发和应用一切能够促进产业可持续的、环境友好的、资源节约方向发展的新知识、新工艺和新方法,政府的激励制度安排主要包括构建国家(地区)低碳技术创新体系等支持措施。该阶段,技术创新激励制度体现出注重创新环境制度激励的、系统性、全局性创新特征。

可以看出,在不同发展阶段,技术创新激励制度的演变均具有一定的重叠性、继起性与多元性,伴随技术创新的不断变革与发展,政府激励制度也在不断调整与演进,二者协同演进、共促共进(见表 11-1)。

表 11-1　　　　　　　　技术创新激励制度的演变

阶段	时间	技术创新目标和对象	技术创新激励制度特点	主要措施
1	第二次世界大战后至 20 世纪 60 年代(第一次"绿色"革命)	大面积推广高产品种、先进的生产制造技术以及高效化技术应用	自上而下的、以供给激励制度为主导的局部创新	金融支持、财政支持、税收补贴、产品最低价保护、农业技术发展计划等
2	20 世纪后期(第二次"绿色"革命)	以基因工程技术(DNA 重组)、细胞工程技术(转基因)和分子遗传技术为代表	自上而下的、以市场激励制度为主导	维护产品知识产权、提供低碳技术创新风险投资、合

续表

阶段	时间	技术创新目标和对象	技术创新激励制度特点	主要措施
2	20世纪后期（第二次"绿色"革命）	的现代生物技术，以及以应用遥感技术、地理信息系统、全球定位系统为代表的智能化数据库和网络技术	局部创新	作制度、科技成果转化制度、低碳技术扩散政策等
3	20世纪末期至今	开发和应用一切能够促进产业可持续的、环境友好的、资源节约方向发展的新知识、新工艺和新方法	系统的、全局的、注重创新环境制度激励	构建国家（地区）低碳技术创新体系

（二）中国环保型农业技术创新激励制度的演变

中国技术创新激励制度的演进以环保型农业技术创新激励制度的发展为代表，其演变过程不仅具有长远的历史与丰富的经验，同时与国家政治、经济和社会发展等政策领域紧密融合、全面渗透，具有典型的中国式发展特征。

中国环保型农业技术创新激励制度的演进过程可分为以下五个阶段（见表11-2）：

（1）1949—1952年，技术供给不足、需求充分阶段。该时期农业为国家经济发展的主导产业，中国仍处于计划经济时期，经济结构体现为以农业为主导的经济，产业发展策略体现为以农业支持工业。农业技术创新目标和对象强调密植、精心育种以及施用更多有机肥，耕作制度以独立的家庭农场制为主，农业技术供给严重不足。该阶段，农业技术创新激励制度侧重于以政府为主导的、市场相对缺失的技术创新激励制度。

（2）1953—1978年，技术有效供给、需求不足阶段。该时期重工业为国家优先发展产业，中国仍处于计划经济时期，经济结构体现为工业和城市偏向的政策制度推动二元经济结构逐渐形成，经济发展战略为重工业优先发展战略，产业发展策略体现为农业支持工业。

农业技术创新目标和对象体现为：1952—1961年，侧重于构建自主的现代农业研究和科研支持系统；1961—1978 年，大力推动研发和推广小麦、水稻等粮食作物高产品种，强调现代要素（化肥、农药、农机）的投入，耕作制度以集体耕作制度（具体结构为初级社—高级社—人民公社—生产队）为主，农产品市场开始实行价格管制和统购统销，农业技术实现了有效供给但技术需求明显不足。政府采取的激励制度安排有：1953—1961 年，中国 29 省份建立各种农业科学院和相应的研究所与大学，农业科研经费由政府财政支付，政府组织农业技术推广等措施；1961—1978 年，农业科研集约度保持在 0.41 的高水平，农业科研队伍不断强大，在水稻育种、杂家玉米、高粱、棉花品种上取得重大突破。该阶段，农业技术创新激励制度侧重于以政府为主导的、市场相对缺失的技术创新激励制度。

（3）1979—1990 年，技术需求上升、有效供给不足阶段。该时期轻重工业均为国家优先发展产业，中国开始由计划经济向市场经济过渡，经济结构体现为工业和城市偏向的政策制度推动二元经济结构逐渐形成，经济发展战略体现为改革开放、轻重工业并举，产业发展策略体现为农业支持工业。

农业技术创新目标和对象侧重于推动研发和推广小麦、水稻等粮食作物高产品种，强调现代要素（化肥、农药、农机）的投入，耕作制度开始实行家庭联产承包责任制，农产品市场开始逐步放开部分农产品价格和要素市场，农业技术需求不断上升，但有效供给明显不足。该阶段政府对农业的激励制度安排比重有所降低，农业科研财政拨款的力度下降，农业科研人员一定程度上流失。这一阶段，农业技术创新激励制度侧重于以政府为主导的、市场相对缺失的技术创新激励制度。

（4）1991—2004 年，技术有效供给、有效需求双重不足阶段。该时期轻重工业均为国家优先发展产业，中国开始由计划经济向市场经济过渡，经济结构体现为工业和城市偏向的政策制度推动二元经济结构逐渐形成，经济发展策略为改革开放、轻重工业并举，产业发展策略体现为农业支持工业。

农业技术创新目标和对象强调发展农业高新技术（生物技术、信息技术等），耕作制度继续实行家庭联产承包责任制，农产品市场开始逐步放开部分农产品价格和要素市场，农业技术有效供给与有效需求呈现双重不足。该阶段政府对农业的激励制度安排比重上升，强调专利、知识产权保护，减少农业科研财政拨款，鼓励技术成果商业化，推动技术市场构建。这一阶段，农业技术创新激励制度进行市场化改革，突出了需求激励制度。

（5）2005年至今，技术有效供给、有效需求调整适应阶段。该时期工业、农业均为国家优先发展产业，中国处在由计划经济向市场经济过渡阶段，经济结构体现为推动城乡协同发展，经济发展战略为工农业并重发展，产业发展策略体现为工业反哺农业。

农业技术创新目标和对象强调发展农业高新技术（生物技术、信息技术等），耕作制度继续实行家庭联产承包责任制，农产品价格和市场全面放开，对粮食实行保护价收购和市场并行，农业技术有效供给与有效需求正在不断调整和适应。该阶段政府对农业的激励制度安排比重上升，强调专利、知识产权保护，减少农业科研财政拨款，鼓励技术成果商业化，推动技术市场构建。这一阶段，农业技术创新激励制度开始考虑技术创新激励制度的全面性与系统性。

表11-2　　　　中国环保型农业技术创新激励制度的演变

阶段	1				2	3
时间	1949—1952年	1953—1960年	1961—1978年	1979—1990年	1991—2004年	2005年至今
农业技术创新目标和对象	强调密植、精心育种、施用更多有机肥	构建自主的现代农业研究和科研支持系统	推动研发和推广小麦、水稻等粮食作物高产品种，强调现代要素（化肥、农药、农机）投入		强调发展农业高新技术（生物技术、信息技术等）	
农业技术创新激励制度特点	以政府为主导的，市场相对缺失的技术创新激励制度				市场化改革，突出了需求激励制度	开始全面系统考虑农业技术创新激励制度
主要措施	无明显体现	1957年，大陆29省建立各种农业科学院和相应的	农业科研集约度保持在0.41的高水平，农业科	农业科研财政拨款的力度下降、农业科研人员	专利、知识产权保护，减少农业科研财政拨款，	增加农业科研扶持力度、积极推动构建国家

续表

阶段	1				2	3
时间	1949—1952年	1953—1960年	1961—1978年	1979—1990年	1991—2004年	2005年至今
主要措施	无明显体现	研究所和大学，农业科研经费由政府财政支付、政府组织农业技术推广	研队伍不断强大，在水稻育种、杂家玉米、高粱、棉花品种上取得重大突破	一定程度流失	鼓励技术成果商业化，技术市场构建	和区域农业技术创新体系
经济体制	计划经济（NA）				计划经济向市场经济过渡（+）	
农业与工业发展策略	农业支持工业（NA）				工业反哺农业（+）	
经济战略	无明显体现	以重工业优先发展战略（NA）		改革开放、轻重工业并举（+）	工农并重（+）	
经济结构	农业主导的经济	工业和城市偏向的政策制度推动二元经济结构的逐渐形成（-）			推动城乡（+）	
耕作制度	独立的家庭农场（+）	集体耕作制度（初级社—高级社—人民公社—生产队）（-）		家庭联产承包责任制度（+）		
农产品市场	无明显体现	价格管制和统购统销（-）		逐步放开部分农产品价格和要素市场（+）	全面放开农产品价格和市场、对粮食实行保护价收购和市场并行（+）	
农业技术创新表现	农业技术供给不足和需求充分阶段	农业技术有效供给，但技术的需求不足		农业技术需求上升，有效供给不足	农业技术有效供给与有效需求双重不足	农业技术有效供给与有效需求调整和适应阶段

注：标注（NA）表明其制度对环保型农业技术创新的作用不稳定（可能为正，也可能为负）；标注（+）表明制度对环保型农业技术创新有正的激励作用；标注（-）表明制度对环保型农业技术创新有负的激励作用。

第三节 低碳技术创新与政策激励效应

一 低碳技术创新与政策激励的经济学分析

(一) 市场失灵与低碳技术创新

在技术创新过程中,由于技术创新环境和创新资源均具有公共品和外部性的特征,"市场失灵"问题是极为普遍的。这其中既有低碳技术创新自身所引致的失灵现象,也有资源与环境变量的权益诉求所引致的失灵现象。

1. 环境外部性与"踏板效应"

环境和资源具有典型的外部性特征,体现在消费的非竞争性和收益的非排他性上,即个人对环境及资源的浪费不承担成本,因而对环境和资源的保护不积极主动。利润最大化原则使技术创新者和新技术采用者会通过各种途径改进现有技术,尽全力发掘其潜在收益,而这往往是以浪费资源、破坏环境为代价的。但在缺乏环境管制和资源约束的情况下,技术创新者与采用者会持续获取资源与环境"红利",这就是技术进步过程中的"踏板"效应。

如图 11-2 所示,$T = T_0$ 时期表示既定资源条件下技术初始应用的生产可能边界,具体边界分布为曲线 E_0Q_0 范围内,其中 E_0 为技术应用的环境产出,Q_0 为技术应用的产品产出。为扩大技术应用的产出效率,从而获取高额利润,技术采用者会选择持续改进技术。

由此,对技术进行边际改进后的生产可能边界位于 $T = T_1$ 时期,其具体边界发生了偏离,分布于曲线 E_1Q_1 范围内。比较偏离前后的边界分布,可以看出,边际改进后技术的环境产出明显下降(由 E_0 降至 E_1 处),产品产出则明显增加了(由 Q_0 增至 Q_1 处)。由于技术采纳者对环境产出的降低不需要自身承担成本支出,个人往往会对技术进行持续改进,进而使生产可能边界发生更大的偏离(此时生产可能边界位于 $T = T_2$ 时期),其具体边界偏离到曲线 T_2Q_2 范围内。而在某些极端情况下,由于环境和生态的外部性而间接激励的这种"套利"行为会持续进行,直到技术采用者获取全部的环境"红利"。

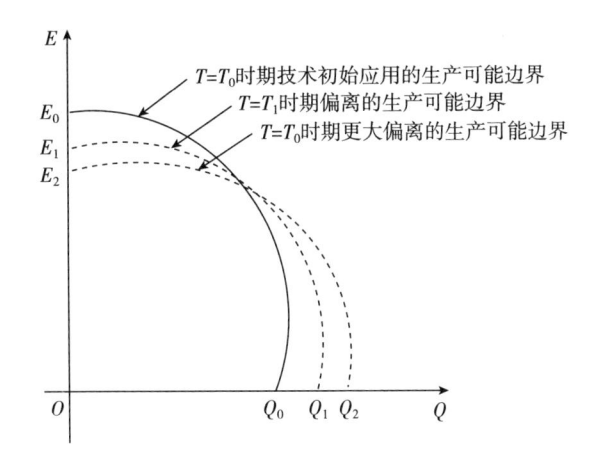

图中标注：
- E 轴，E_0，E_1，E_2
- $T=T_0$ 时期技术初始应用的生产可能边界
- $T=T_1$ 时期偏离的生产可能边界
- $T=T_0$ 时期更大偏离的生产可能边界
- O，Q_0，Q_1，Q_2，Q

图 11-2　环境外部性与"踏板"效应

2. 低碳技术采纳中的"囚徒困境"

环境和资源典型的外部性特征还会引致低碳技术采纳中的"纳什均衡"状态，即某一用户首先采用新技术后其所支出的学习性成本、为节约资源保护环境而支出的公共性成本，都造成了技术采纳者的预算外损失；而其他用户由于不采用或今后才采用新技术，不仅不需要花费预算外支出，而且还收获了技术采纳者采用新技术后资源、环境边际效应溢出所带来的资源与环境福利，一定程度上节约了相关学习性及公共性成本，从而使用户在面临新技术采纳决策时陷入"囚徒困境"。具体而言，就是在既定的策略选择状态下，每位用户都不想充当别人获益的公共成本分摊者，都不会积极地选择其他不同策略，从而形成对原有旧技术的路径依赖。

如图 11-3 所示，用户在面临新技术选择时，双方的博弈关系就陷入了"囚徒困境"状态。设定新技术选择的博弈双方为用户甲和用户乙，当用户甲选择不采纳策略时，如果农户乙也选择不采纳策略，则双方都可以获得 Z_t 范围的收益；如果农户乙选择采纳策略，则农户乙获得 I_t 范围的收益，用户甲获得 X_t 范围的收益。由于 $X_t > Z_t > I_t$，所以当用户甲的选择为不采纳策略时，用户乙的最优选择为不采纳策略。同样的逻辑理由，当用户甲选择采纳策略时，如果农户乙也选择采纳策略，则双方都可以获得 Y_t 范围的收益；如果农户乙选择不采纳策略，

则农户乙获得 X_t 范围的收益，用户甲获得 I_t 范围的收益。由于 $X_t > Y_t$，所以当用户甲的选择为采纳策略时，用户乙的最优选择仍为不采纳策略。

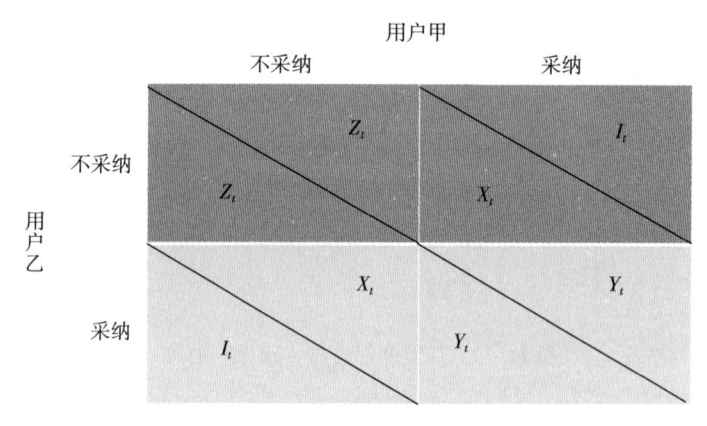

图 11 – 3　环保型低碳技术采纳中的"囚徒困境"

注：其中 $X_t > Y_t > Z_t > I_t$。

此时的纳什均衡是一种非帕累托最优策略组合，帕累托最优点的达成往往取决于局中人实施的帕累托改进与动态博弈，即稳定的"合作解"的存在。而这就要求在技术创新与采用过程中，实施者、组织成员、合作者与监督机制具有良好的信誉，能够排除逐利意识，规避"共谋违约"行为。但在缺乏严格的环境与市场监督机制、缺乏正规的资源与环境管制机制的状况下，低碳技术创新活动往往是在市场失灵状态下的低效率行为。

3. 逆向选择与"柠檬市场"

低碳技术创新需要经历两次市场交易。第一次为技术市场交易，基础科学经过共性技术研究与应用研究开发，转化为基础技术，进入技术市场，并进行技术推广与扩散。第二次交易为产品市场交易，基础技术进入技术市场并推广、扩散后，得到采纳和应用，转化为高附加值产出，进而进入产品市场，并最终实现产品价值。

福利经济学理论所倡导的市场经济帕累托最优的实现，必须满足一定的条件与一系列基本假设（Conner，2004）。根据新制度经济学的观点，技术市场与产品市场不完备、知识与信息不对称等问题，都导致了技术与商品交易中，道德风险攀升，机会主义行为大量出现，进而产生"柠檬市场"（Lemons Model）的效果。

根据柠檬市场模型（阿克劳夫，2001）的基本原理，逆向选择问题、道德风险和机会主义行为，都加速了低碳技术市场的收缩乃至消失。

设定曲线 D 代表需求曲线，曲线 S 代表供给曲线，集合 Z 代表技术质量，$Z \in [Z_0, Z_5]$（均匀分布），函数 $f(z) = \dfrac{1}{Z_0 - Z_5}$ 代表密度函数。

假设技术需求者与技术供给者具有相同偏好。

由于关系式
$$\bar{Z} = \dfrac{\dfrac{1}{Z_5 - Z_0} \int_{Z_0}^{P} Z \mathrm{d}z}{\dfrac{1}{Z_5 - Z_0} \int_{Z_0}^{P} \mathrm{d}z} = \dfrac{P + Z_0}{2} 成立，$$

假定开始时，技术需求者根据对初始平均技术质量的个人预期（$\bar{Z} = Z_4$）决定自己愿意支付的价格（$P = P_4$），则会导致质量高于平均水平的技术（$Z > Z_4$）无人购买，从而退出市场。由此，技术市场上技术质量集合 Z 的分布区间调整为 $[Z_0, Z_4]$，技术需求者的平均技术质量预期则变动为 $\bar{Z} = Z_3$，其愿意支付的价格进一步变动为 $P = P_3$，而这一结果会导致质量高于调整后平均水平的技术（$Z > Z_3$）退出技术市场。

这一过程将循环往复、一直持续到 $Z > Z_0$ 的技术全部退出技术市场（见图11-4）。而由于技术质量的分布特征是连续均匀的，因此该技术市场最终的结果将消失。

同时，假定技术市场中道德风险和机会主义行为发生的概率为 θ，其中 $0 \leq \theta \leq 1$，此时技术需求者对技术市场平均技术质量水平的预期变为：

$$\bar{Z} = \dfrac{\dfrac{1}{Z_5 - Z_0} \int_{Z_0}^{P} (1 - \theta) Z \mathrm{d}z}{\dfrac{1}{Z_5 - Z_0} \int_{Z_0}^{P} \mathrm{d}z} = \dfrac{(1 - \theta)(P + Z_0)}{2}$$

即当技术需求者认为该技术市场存在机会主义行为（存在的概率为 θ）时，其对预期技术质量可信度的概率仅为 $1-\theta$，也就意味着 θ 越大，其愿意支付的价格就越低。

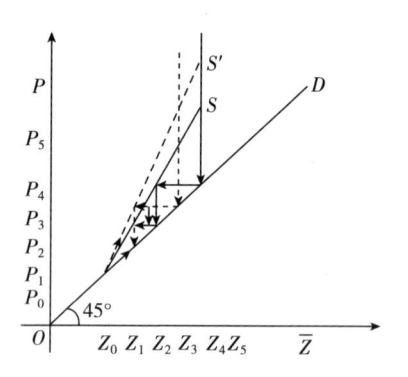

图 11-4　逆向选择与市场不存在

如图 11-5 所示，假定技术需求者的初始质量预期由 Z_4 降到 Z_3，其支付价格为 $P=P_3$，此时 $Z>Z_3$ 的技术会退出市场，技术质量的分布区间会不断缩小，一直持续到 $Z>Z_0$ 的技术全部退出技术市场。此时技术供给曲线由曲线 S 调整为曲线 S'，技术退出市场的速度进一步加快。

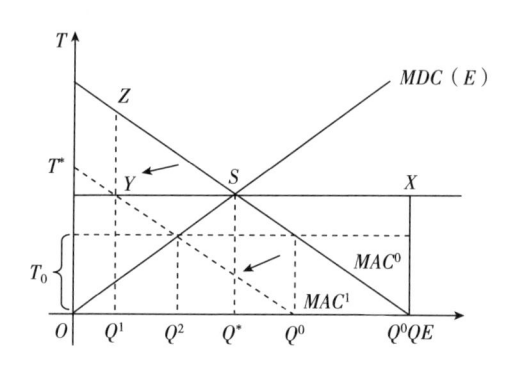

图 11-5　环境管制与技术变迁

（二）环境管制与低碳技术创新

学者（Keese and Schulze, 1975）认为，有效的环境管制对于技术变迁具有积极的激励效应，经济合作组织 2006 年发布的报告指出，环境政策工具的实施能够"刺激新技术向更有效保护环境的方向发展"。

如图 11-5 所示，设定变量 T 代表生产者为产品（生产数量为 Q）所支付的环境税（承担环境破坏或污染的成本），坐标轴 Y 代表产出量（同时也表示环境质量），曲线 $MDC(E)$ 表示边际环境成本/收益，曲线 MAC 表示边际降低成本，此时沿曲线 MAC 向内侧方向（原点方向）的变动轨迹，代表着技术向环保低碳方向的演进。

在环境管制缺失的状态下，生产者最初的边际降低成本曲线为 MAC^0，其最优的产出水平为 Q^0（边际环境治理成本为 0 的坐标点）。如果对生产者征收环境税 T^*，为维持利润最大化，生产者需要调整其产出水平到产出量 Q^*（此时其产出函数为 $MAC^0 = T^*$），或者降低污染水平并承担由此发生的额外支出（额外支出费用可表示为面积 OT^*SQ^*）。为降低成本支出，生产者会积极寻求先进的环保型技术并加以采纳，其强烈地降低成本的动机会驱使技术曲线向 0 点侧变动，此时生产者的边际污染治理成本由曲线 MAC^0 调整至曲线 MAC^1，这一过程中技术进步带来了成本节约，节约的成本可由面积 $Q'YSQ^0$ 表示。

如果生产者认为环境管制会进一步加强，那么生产者降低成本、寻求技术进步的动机会更加强烈，此时很可能会调整产出量为 Q^1，由此节约的环境与技术成本可由面积 Q^1ZSQ^* 表示。当然，如果生产者预期环境管制不会加强，那么就不会产生技术改进的动机。

（三）外部性和风险规避与技术创新

外部性和风险规避对于生产者的技术选择具有很大的影响，图 11-6 描述了通常情况下以及面临外部性和风险规避时，生产者的技术选择情形。

图 11-6A 反映的是生产者的最优技术选择。设定坐标轴 X 轴代表生产者的技术选择，坐标轴 Y 轴表示生产者采纳某项技术的成本及收益，生产者的最优利润选择为边际收益（由曲线 MB 表示）与边际成本（由曲线 MC 表示）相交的 E 点处（此时，曲线 $MB = MC$），由此，生产者最优的技术选择水平位于 X_E 处。

环保型低碳技术的正外部性使生产者个人的技术采纳量往往不能达到社会最优技术采用水平，图 11-6B 显示的即为外部性与技术采纳选

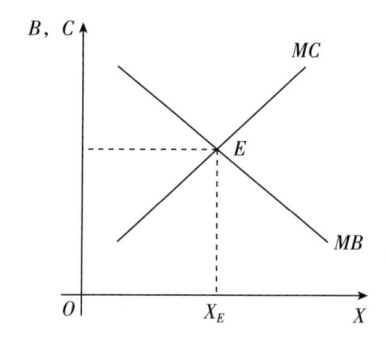

A. 最优技术采纳选择

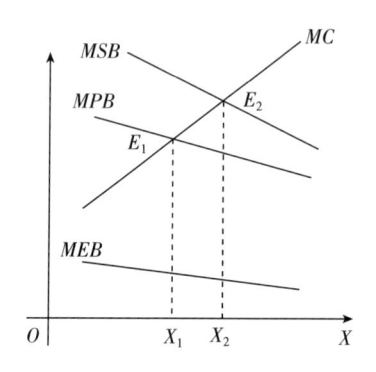

B. 外部性与技术选择

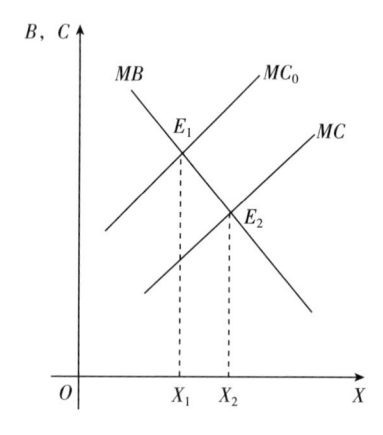

C. 风险规避与技术选择

图 11-6 外部性和风险规避与技术创新

择的状况。设定曲线 MSB 代表边际社会成本,曲线 MPB 代表边际私人成本,曲线 MC 代表边际成本,曲线 MEB 代表边际外部成本,则有 $MSB = MPB + MEB$。那么社会的最优利润选择为曲线 MSB 与曲线 MC 相交处(由点 E_2 表示,此时 $MSB = MC$),社会对技术的最优采纳选择位于 X_2 处。而生产者个人的最优利润选择位于曲线 MPB 与曲线 MC 相交处(由点 E_1 表示,此时 $MPB = MC$),个人对技术的最优采纳选择位于 X_1 处。很明显,$X_1 < X_2$。

当生产者考虑风险规避因素时,往往会高估边际技术成本而低估技术收益,图 11-6C 显示的即为风险规避与技术采纳选择的状况。设定曲线 MC_0 代表高估的边际技术成本,不考虑风险规避时生产者的最优技术选择位于 X_2 处(此时曲线 $MB = MC$),当考虑风险规避因素时,在高估成本的情形下生产者的最优技术选择位于 X_1 处(此时曲线 $MB = MC_0$)。显然,$X_1 < X_2$,生产者的技术选择进一步偏离社会最优技术采纳量。

二 政策激励效应分析

(一)绿色产业政策与技术创新的动态共生效应

绿色产业政策的制定和实施能够激发用户对环保型低碳技术的需求,进一步激励环保型低碳技术的创新,从而形成绿色产业发展与低碳技术创新动态互利的共生机制。

如图 11-7 所示,在新技术的初始发育阶段,设定曲线 S_{t_0} 代表初始期(t_0 期)的技术供给曲线,D_{t_0} 代表 t_0 期的技术需求曲线,Q_{t_0} 代表 t_0 期的技术均衡供给量,P_0 代表 t_0 期的均衡价格。

绿色产业政策实施后,用户对新技术的需求上升,技术需求曲线变动到 D_{t_1} 处(此时处于 t_1 期),同时技术供给者剩余增加(增加量可由面积 $P_0 P_1 E_{t_0} E_{t_1}$ 表示)。t_1 期以后,绿色产业政策对技术创新的激励效应持续显现,用户对低碳技术的需求持续增加,技术供给持续增长,最终低碳技术创新成功实现突破(此时为 $t_1 + 1$ 期),技术供给曲线调整为 S_{t_1+1}。由此,环保型低碳技术的均衡供给价格下降,绿色产品成本降低、质量提升,产业竞争力得到增强。

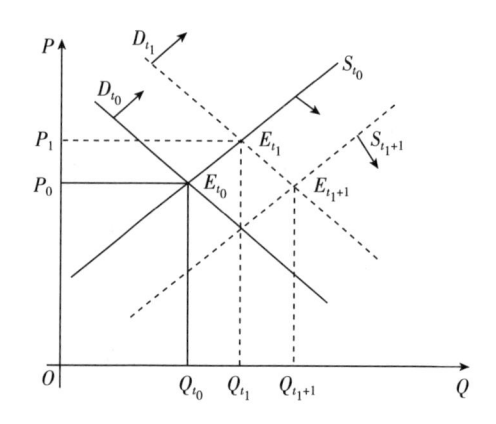

图 11-7　绿色产业政策与技术创新的动态共生效应

(二) 绿色产品市场的技术需求激励效应

绿色产业政策不仅对技术创新需求具有直接的激励效应，而且通过对绿色产品市场的规范与管制，能够修正市场的"囚徒困境"问题，从而具有间接的需求激励效应。

如图 11-8 所示，设定曲线 S_0 代表绿色产品的供给曲线（此时处于初始技术水平状态），曲线 S_t 代表产品的供给曲线（此时处于技术进步水平），D_N 代表绿色产品需求曲线（此时为"低产出、低需求"均衡市场状态），那么绿色产品的生产者剩余可由面积 OP_0E_0 表示（此时处于初始技术水平），技术进步之后，其生产者剩余可由面积 OP_NE_N 表示。很明显，$OP_NE_N < OP_0E_0$，绿色产品生产者的生产者剩余在技术进步后反而降低了。故而在低水平均衡市场状态下，生产者对技术进步的需求并不强烈。

进一步考察"高产出，高需求"的绿色产品市场状态，设定曲线 D_E 代表绿色产品的需求曲线，面积 OP_0E_0 表示原有技术水平的生产者剩余，技术进步之后，绿色产品生产者的生产者剩余则由面积 OP_EE_E 表示。很明显，$OP_EE_E > OP_0E_0$，这意味着生产者剩余明显增加，技术进步能够促使生产者获益。故而修正后的绿色产品高水平均衡市场状态下，生产者对环保型低碳技术进步的需求极为强烈。

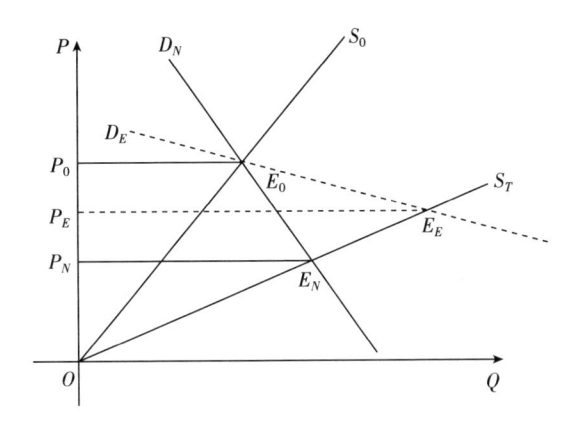

图 11-8　绿色产品市场技术需求激励效应

(三) 稳定预期与创新可持续性激励

环保型低碳技术创新活动的实施需要具备相对的稳定性，绿色产业政策的良好实施能够改变技术研发者的选择预期，为技术创新提供相对长期的稳定性，进而为创新提供可持续性激励。

如图 11-9 所示，将拟开发的技术按研发周期划分为短期项目与长期项目。其中第 I 象限为具有现期需求强度的短期投资项目，第 II 象限为具有现期需求强度的长期投资项目，第 III 象限为具有远期需求强度的短期投资项目，第 IV 象限为具有远期需求强度的长期投资项目。

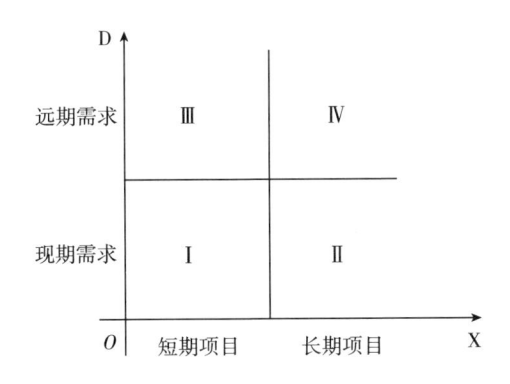

图 11-9　技术研究与开发项目选择象限

第Ⅰ象限的技术项目研发周期短,现实需求强度大,技术需求趋势明显,已具备一定的规模,因而是项目选择和资金投入的首选范围。第Ⅱ象限的技术项目现实需求强度大,技术需求的累计效应已经显现,具备较高的创新潜在收益,因而是资金投入的重点选择。第Ⅲ象限的技术项目研发周期短,但现实需求强度低,技术需求现阶段不明显,未来可能会有较大的规模,故而研发方往往较少投资,远期再进行考虑。第Ⅳ象限的技术项目研发周期长,现实需求强度低,技术需求现阶段不明显,因而各组织方对项目选择和资金投入的意愿均不强烈,通常采取观望的态度。

与技术研发项目选择相对应的,政府传播向环保低碳方向转变的信号越强烈,绿色产业政策越稳定,对低碳技术创新的激励效应就越明显。研发者会据此改变其选择集合,将环保型技术开发判定为具有现期需求强度的项目,进而促进环保型低碳技术的开发创新。

第四节　低碳技术采用激励制度的实验经济学检验

基于对低碳技术采用激励政策的经济学分析,以及实地调研过程中所发现的低碳技术采用与扩散中存在的问题,本书采用实验经济学的研究范式,设计了改善用户福利及改进相关行为的激励模型。该模型旨在探讨在什么情况下,政府可以通过相关政策改变用户当前的微小偏好,影响用户总体福利,进而促进和改变用户的采用行为。

一　低碳技术采用激励模型

基于对用户面临高成本新型低碳技术时的风险决策分析,本书提出了用户采纳低碳技术的"采用动机—激励行为—采用行为"模型(见图11-10)。

根据上述分析,对于用户低碳技术采用激励制度提出以下六点假说:

假说①:低碳技术的知识普及有利于显著提升用户的采用程度;

假说②:低碳技术的劳动效率提高有利于显著提升用户的采用程度;

假说③：低碳技术的培训指导增多有利于显著提升用户的采用程度；

假说④：低碳技术的示范引领增强有利于显著提升用户的采用程度；

假说⑤：低碳技术的保障体系增强有利于显著提升用户的采用程度；

假说⑥：低碳技术的信息化体系完备有利于显著提升用户的采用程度。

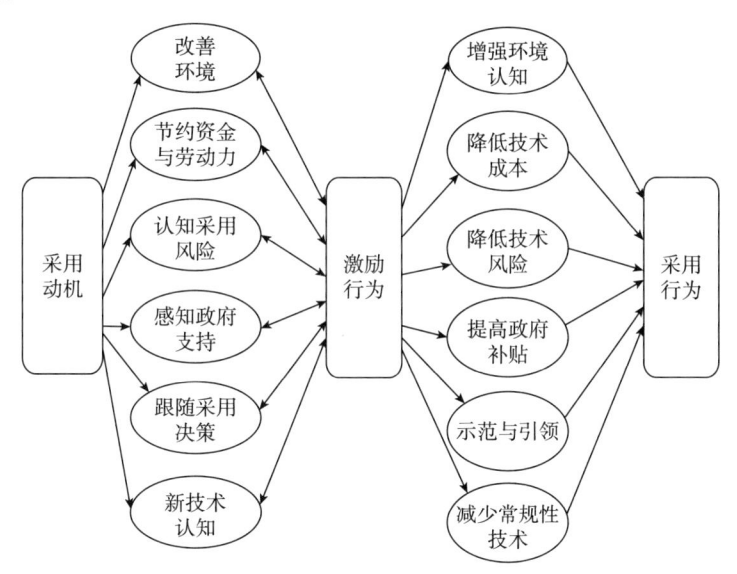

图 11-10　低碳技术采用激励模型

二　低碳技术采用实验设计

为保证实验结果的科学有效，本书选取低碳技术采用处于最低水平的莱芜地区 80 位用户作为实验参与者（被试），用户将参与可控条件下持续 8 轮的低碳技术采用实验，实验将考察固定收益率下不同的低碳技术收益与不同激励政策，以测试上述变量对被试技术采用决策的影响。

首先，被试将分别在 8 种不同的收益率（10%、20%、30%、40%、50%、60%、80%、100%）之间选择低碳技术采用倾向，在这

8 轮实验中获得的信息,将作为对照组的实验数据。

其次,被试将被置于以下情境中:情境一,低碳技术的知识普及率提高;情境二,低碳技术的劳动效率提高;情境三,低碳技术的培训指导增多;情境四,低碳技术的示范引领增强;情境五,低碳技术的保障体系增强;情境六,低碳技术的信息化体系完善。在每种情境中,都包含三种增强幅度(10%、30%和50%)。在第一轮中,被试需要在10%的收益率下做出技术采用决策,然后面临20%的收益率水平,直到最后一轮100%的收益率水平。在上述18种情境下的8轮实验中获得的信息,将作为控制组的实验数据。

三 低碳技术采用激励政策实验检验

(一) 实验数据描述

定义以下变量:X_1为知识普及率提高;X_2为劳动效率提高;X_3为示范引领增强;X_4为培训指导增多;X_5为信息化体系完善;X_6为保障体系增强。整理并取实验数据的算术平均数,具体数值如表11-3所示。

表11-3　　　　　　　　实验数据的算术平均值

对照组		10%	20%	30%	40%	50%	60%	80%	100%
控制组		2.53	3.22	4.33	5.34	5.62	6.24	6.74	6.92
X_1	10%	2.44	2.68	4.26	5.24	5.61	6.14	6.66	6.87
	30%	2.44	3.24	4.49	5.57	5.65	6.33	6.81	6.98
	50%	3.27	4.25	4.99	5.72	6.13	6.77	6.94	6.99
X_2	10%	2.61	3.38	4.68	5.41	5.74	6.26	6.73	6.93
	30%	2.89	3.83	4.77	5.62	5.89	6.65	6.89	6.97
	50%	3.53	4.45	5.58	5.98	6.78	6.92	6.93	7.00
X_3	10%	2.67	3.36	4.68	5.41	5.74	6.23	6.74	6.93
	30%	2.95	3.86	4.88	5.52	5.89	6.66	6.88	6.96
	50%	3.53	4.45	5.33	5.96	6.69	6.90	6.95	7.00

续表

控制组 \ 对照组		10%	20%	30%	40%	50%	60%	80%	100%
		2.53	3.22	4.33	5.34	5.62	6.24	6.74	6.92
X_4	10%	2.14	2.96	4.22	4.97	5.34	5.64	6.49	6.65
	30%	2.62	3.31	4.44	5.41	5.71	6.22	6.85	6.95
	50%	2.94	3.25	4.72	5.54	5.92	6.44	6.96	6.98
X_5	10%	2.53	3.13	4.42	5.27	5.63	6.14	6.74	6.92
	30%	2.74	3.54	4.68	5.33	5.64	6.33	6.89	6.98
	50%	3.35	4.11	4.99	5.73	6.27	6.82	6.96	7.00
X_6	10%	2.68	3.38	4.66	5.55	5.95	6.32	6.76	6.94
	30%	3.44	4.47	5.48	6.00	6.57	6.93	6.95	7.00
	50%	4.33	4.94	5.96	6.33	6.78	7.00	7.00	7.00

可以看出，随着低碳技术采用收益率提高（10%—100%），控制组与对照组用户的技术采用倾向都显示出明显上升的趋势，表明技术收益率与用户的采用倾向呈较强的正相关关系。

（二）假设检验

为检验控制组与对照组的不同，进一步建立检验假设（见表11-4），之后，基于成对数据对每组变量进行"T检验"（具体检验结果见表11-5）。

表11-4   变量与检验假设

变量与假设		变量与假设含义
知识普及率提高（X_1）	X_{11}	知识普及率提高10%
	X_{12}	知识普及率提高30%
	X_{13}	知识普及率提高50%

续表

变量与假设		变量与假设含义
劳动效率提高 (X_2)	X_{21}	劳动效率提高 10%
	X_{22}	劳动效率提高 30%
	X_{23}	劳动效率提高 50%
示范引领增强 (X_3)	X_{31}	示范引领增强 10%
	X_{32}	示范引领增强 30%
	X_{33}	示范引领增强 50%
培训指导增多 (X_4)	X_{41}	培训指导增多 10%
	X_{42}	培训指导增多 30%
	X_{43}	培训指导增多 50%
信息化体系完善 (X_5)	X_{51}	信息化体系完善 10%
	X_{52}	信息化体系完善 30%
	X_{53}	信息化体系完善 50%
保障体系增强 (X_6)	X_{61}	保障体系增强 10%
	X_{62}	保障体系增强 30%
	X_{63}	保障体系增强 50%
检验假设	H_0	控制组的技术采用倾向与对照组无差别
	H_1	控制组的技术采用倾向显著大于对照组

表 11-5　控制组与对照组基于成对数据的 T 检验

变量与假设		统计值（T 值）	显著性水平
知识普及率提高 (X_1)	X_{11}	2.30	0.05
	X_{12}	-3.55	0.01
	X_{13}	-4.32	0.00
劳动效率提高 (X_2)	X_{21}	-2.44	0.04
	X_{22}	-4.56	0.00
	X_{23}	-4.27	0.00

续表

变量与假设		统计值（T值）	显著性水平
示范引领增强 （X_3）	X_{31}	-2.39	0.04
	X_{32}	-4.07	0.00
	X_{33}	-4.42	0.00
培训指导增多 （X_4）	X_{41}	6.41	0.00
	X_{42}	-3.60	0.01
	X_{43}	-4.39	0.00
信息化体系完善 （X_5）	X_{51}	0.88	0.40*
	X_{52}	-3.17	0.01
	X_{53}	-4.71	0.00
保障体系增强 （X_6）	X_{61}	-3.56	0.01
	X_{62}	-4.41	0.00
	X_{63}	-4.06	0.00

注：*表明在5.00%显著性水平下，不能拒绝原假设。

实验结果显示，以下激励制度：知识普及率提高、劳动效率提高、示范引领增强、培训指导增多以及保障体系增强，能够显著提高低碳技术的采用决策。但是，在较低强度的信息化体系完善情境中，被试的技术采用倾向与对照组并没有显著性差异。由此得出结论：假说①、假说②、假说③、假说⑤、假说⑥被验证，假说④在较低的激励强度下得不到验证。

进一步对控制组每组变量与其他组变量进行交叉性"T检验"，成对数据中每个变量的 T 统计值检验结果如表 11-6 所示。可以看出，10%强度下，技术培训增强政策对用户技术采用的激励效应显著高于其他控制组；此外，保障体系增强政策对于低碳技术的采用也有较好的激励效果。

表11-6 控制组基于成对数数据的交叉 T 检验

变量	X_{11}	X_{12}	X_{13}	X_{21}	X_{22}	X_{23}	X_{31}	X_{32}	X_{33}	X_{41}	X_{42}	X_{43}	X_{51}	X_{52}	X_{53}	X_{61}	X_{62}
X_{11}																	
X_{12}	-4.26																
X_{13}	-3.95	-3.35															
X_{21}	-3.00	0.43	4.18														
X_{22}	-3.86	-2.73	3.53	-4.06													
X_{23}	-4.31	-3.68	-2.89	-4.47	-3.60												
X_{31}	-3.05	0.46	4.18	0.01	3.86	4.47											
X_{32}	-3.71	-2.53	3.83	-3.91	-0.52	3.79	-3.80										
X_{33}	-4.34	-3.76	-3.21	-4.50	-3.78	1.32	-4.51	-3.93									
X_{41}	2.51	6.68	6.23	8.65	6.85	5.87	8.88	6.60	5.99								
X_{42}	-3.12	1.55	3.99	0.97	3.86	4.11	0.99	3.48	4.24	-8.46							
X_{43}	-6.17	-2.75	2.48	-2.64	1.20	3.40	-2.92	1.28	3.38	-7.43	-3.55						
X_{51}	-2.27	3.78	4.27	3.29	4.32	4.39	3.44	4.09	4.47	-7.87	4.01	5.59					
X_{52}	-3.07	-0.56	3.87	-1.48	3.26	3.88	-1.50	3.39	3.95	-8.53	-2.03	1.25	-3.70				
X_{53}	-4.41	-3.77	-0.78	-4.59	-3.80	2.85	-4.64	-4.08	3.21	-6.47	-4.41	-3.04	-4.70	-4.06			
X_{61}	-4.01	-0.80	3.49	-2.24	2.66	4.24	-2.15	2.50	4.28	-7.95	-2.48	1.57	-4.16	-0.15	4.09		
X_{62}	-4.31	-3.77	-3.25	-4.64	-3.92	1.37	-4.62	-4.15	-0.07	-6.07	-4.24	-3.36	-4.48	-4.06	-2.93	-4.31	
X_{63}	-4.10	-3.79	-3.48	-4.13	-3.63	-2.59	-4.18	-3.76	-2.81	-5.24	-3.96	-3.51	-4.15	-3.78	-3.32	-3.92	-2.81

三 实验结论

通过上述数据描述与检验的结果,可以看出这一实验经济学检验验证了前文的假设,进而得出以下结论:

第一,用户在采用低碳技术时,优先考虑的是该技术的经济收益。用户通常选择有利于成本节约、收入增加和项目带动的,而较少考虑长期环境因素。

第二,对用户采用低碳技术行为的激励,关键在于全方位激发用户对低碳技术的有效需求与采用动力。这就要求政府从多方面入手,激励、引导和扶持用户的采用偏好与行为,为生态友好型低碳技术的采用提供更多的支持与保障。

第三,下列激励制度经验证是有效的:技术知识的普及率提高、劳动效率提高、示范引领增强、培训指导增多、保障体系增强以及信息化体系完善(较高的激励强度下);此外,技术培训指导的增强对用户的激励效果尤为有效。

第五节 促进山东省低碳技术采用的激励政策

对用户采用环保型低碳技术行为的激励,关键在于全方位激发用户对低碳技术的有效需求与采用动力,这就要求政府从多方面入手,激励、引导和扶持用户的新技术采用行为,从而为用户采用环保型低碳技术创造良好的外部环境。

一 加强低碳技术的知识普及与培训推广

针对山东省当前低碳经济发展中技术扩散缓慢的情形,需要加强对低碳技术的知识普及与培训推广,才能更好地促进传统产业转型升级。

第一,推动环保型低碳技术认知与采用。当地政府及相关部门应结合区域发展资源与环境实际情况,普及环境保护的知识与观念,帮助民众逐步建立资源、能源与环境安全的忧患意识,树立环境保护的参与意识与公益责任心。建立生态示范产业园区,培养和提高用户环境保护技能和环境知识。建立多渠道、多层次、多形式的用户培训体系,普遍提升用户教育素质与水平，大力推动用户对低碳技术的认知与采纳行为。

第二，减少低碳技术使用风险。政府及相关部门应进一步改善低碳技术的服务与保障体系，采取各种举措（诸如，政府保险、农村合作保险、风险基金等措施）有效降低或转嫁低碳技术应用的客观风险，建立健全产品价格保护制度，增强用户风险投资的信心。应努力提高低碳技术应用的比较利益，进一步提高用户收入，从而改善用户对新技术采用的消极态度与悲观预期，增强用户采用低碳科技的信心与原动力。

第三，提高低碳技术的经济效益。政府应广泛开展环保型技术模式应用，通过多种渠道提高低碳技术的经济收益。通过鼓励用户采用保护性耕作模式（例如，减量替代、废弃物循环再利用等模式），健全生态友好型技术风险防范体系，降低替代技术的高成本与高风险，实现低碳技术的广泛应用与扩散。应全面减少化学品投入，积极扩大废弃物资源循环利用，深入开发循环经济新产业。同时，稳步提升平原生态林业发展水平，全面实施土壤有机质提升工程，以真正实现经济的低碳、生态发展。

二 完善低碳技术应用的保障环境

第一，加大政府补贴扶持力度。政府应落实和加大生态低碳技术项目补贴，让生态技术应用者得到实实在在的现金补贴。应进一步制定实施奖励性扶持政策，增加用户低碳技术应用的收入（例如，将用户所得相关收益以奖励的形式予以返还）；增强低碳技术的财政扶持力度，鼓励用户积极成立低碳技术协会与研究会，调动其参与低碳技术应用与扩散的积极性。通过政府补贴、技术应用风险基金、技术保险及技术扩散管理机制等的全面改进，改变决策用户的收入红利从而使其福利累加，进而改变用户的技术决策行为。

第二，实行优惠性政策与奖励性措施。政府应推进各种优惠性政策与奖励性措施的实施，具体内容：包括可建立产业信贷财政补贴制度，对采用低碳技术的用户给予银行贴息待遇（以财政手段实施）；对采用低碳技术的优质产品实行优质优价政策，一方面提高优质低碳产品的收购价格，另一方面给予生产者额外资助与补贴；可建立产业生态环境的质量评估体系，定期评估用户的资源使用状况，确定其生态环境保护的质量等级，并对产业生态环境的优劣实施相应的奖惩。

第三，充分发挥示范引领效应。低碳技术的科技示范能够最大限度地降低用户对新技术、新成果应用的疑虑与拖延，起到较为明显的带动、引领效用。因此，政府及相关部门应大力扶持和发展低碳技术示范户、示范村与示范基地，让基地用户切实从低碳技术应用中得到相应的经济回报，增加低碳技术应用的收益，从而促使用户自觉、普遍地采用低碳技术，积极参与环保型低碳经济的建设活动。

第四，积极促进低碳信息化体系建设。山东省应继续健全低碳信息网络体系，健全完善信息化软件与渠道，提高低碳信息服务的及时性与有效性。应进一步提高区域集群网络运行的一致性与规范性，避免低碳信息传递的时滞与失误。

第五编

山东省低碳经济发展 SD 研究

第十二章 系统动力学概述

第一节 系统动力学原理

系统动力学（System Dynamics，SD）是一门分析研究信息反馈系统，从而进一步深入认识并解决系统问题的综合性、交叉性学科。

如表12-1所示，该学科的创始人为J. W. Forrester（麻省理工教授），1958年，他率先提出工业动态学这一系统仿真方法，首次将系统动力学运用于工业研究中。1961年，Forrester教授出版了经典著作《工业动力学》（*Industrial Dynamics*），将控制、信息论应用于企业管理、社会系统、经济系统等问题的研究中。该著作奠定了系统动力学的理论基础，指出因果反馈关系是构成SD模型的基础，问题发生的根源、系统的行为模式与行为性质应从内部结构与反馈机制中寻找，而非外部随机干扰。之后，《企业的新设计》（Forrester，1965）、《系统原理》（Forrester，1968）、《世界动力学》（Forrester，1971）、《增长的极限》（D. H. Meadows，1972）等著作进行了"世界模型"及"国家模型"的深入研究与探讨，运用系统动力学方法将结构、功能与历史的方法融会贯通，将宏观经济学和微观经济学巧妙联结。

系统动力学原理是对整体运作本质的思考方式，在这一点上，它与混沌理论（Chaos Theory）（劳伦斯，1963）和复杂性科学（Scienceof Complexity）（莫兰，1973；普利高津，1979）所探讨的内容相同，其目的都在于提升人类组织的"群体智力"。在此基础上，《第五项修炼：学习型组织的艺术和实务（Peter Senge，1990）、《反思第五项修炼》

（Robert Louis Flood，2004）等专著采取系统动力学的哲学理念，创新性地倡导学习型组织管理思想，其创新型思维与综合性研究方法影响非常深远。

表 12-1　系统动力学原理相关研究脉络

研究名称	研究者	研究内容
《工业动力学——决策的一个重要突破口》	J. W. Forrester, 1958	将系统动力学运用于工业研究
《工业动力学》专著	J. W. Forrester, 1961	系统动力学在工业企业管理中的应用
混沌理论（Chaos Theory）	爱德华·诺顿·劳伦斯, 1963	解释了决定系统可能产生的随机结果，探讨动态系统中必须用整体、连续而不是单一的数据关系才能加以解释和预测的行为
《企业的新设计》	J. W. Forrester, 1965	深化了系统动力学在工业中的运用
《系统原理》专著	J. W. Forrester, 1968	全面论述了系统动力学基本原理与方法
研究报告《增长的极限》	罗马俱乐部，20 世纪 60—70 年代	提出了"增长的极限"这一重要理念
《世界动力学》专著	J. W. Forrester, 1971	提出了研究全球发展问题的"世界模型"
—	J. W. Forrester 20 世纪 60—70 年代	建立了系统动力模拟的"世界模型Ⅱ"
—	J. W. Forrester 20 世纪 60—70 年代	运用系统动力学方法进行"国家模型"研究
《增长的极限》专著	Donella Meadows, 1972	进一步提出了更为细致的"世界模型Ⅲ"，是用模型方法看待全球环境资源问题的第一个重要尝试

续表

研究名称	研究者	研究内容
《迷失的范式：人性研究》	埃德加·莫兰，1973	当代思想史上最先把"复杂性研究"作为课题提出
《从混沌到有序》	普利高津、斯唐热，1979	提出了"复杂性科学"的概念
《第五项修炼：学习型组织的艺术和实务》	Peter Senge，1990	采取了系统动力学的哲学理念，但大大简化了系统的模型结构，创新性地倡导学习型组织管理思想
《反思第五项修炼》	Robert Louis Flood，2004	从系统思维出发，对 Senge 的观点进行了修正

系统动力学是在总结运筹学的基础上，依据对系统的实际观测信息建立动态的仿真模型，是研究社会系统动态行为的计算机仿真方法。系统动力学的建模过程，主要就是通过观察系统内六种流（Order，People，Money，Equipment，Material，Information）的交互运作过程，讨论流变量（Flow）、积变量（Level）、率变量（Rate）和辅助变量（Auxiliary）等的变化规律及各种率量行为（Forrester，1961）。

目前系统动力学范式已经被广泛应用于社会、经济、生态等各个领域，其基本思想包括以下内容：

第一，系统动力学认为，在生命系统和非生命系统中均存在信息反馈机制，信息论与控制论是其基本理论。

第二，系统动力学认为，研究对象由各个子系统构成，各子系统之间均存在因果反馈关系，局部与整体、部分与全部构成了系统动力学的研究范畴。

第三，系统动力学认为，系统仿真运算是通过计算机仿真模型进行的，通过构造 SD 流程与方程式，进行仿真模拟运算与预测，为社会活动与经济活动提供决策咨询。

第二节 系统动力学建模与仿真步骤

系统动力学模型的建模框架如图 12-1 所示。

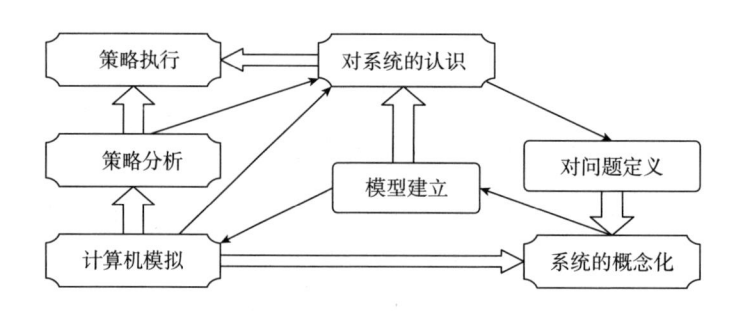

图 12-1 系统动力学的建模框架

具体而言，系统动力学模型的设计与仿真模拟过程通常遵循以下步骤（见图 12-2）：

第一步，进行系统分析。即调查分析系统相关信息与数据，分析基本问题与主要变量，明确系统建模目的与界限，确定系统行为参考模式，认识和预测系统结构与未来行为。

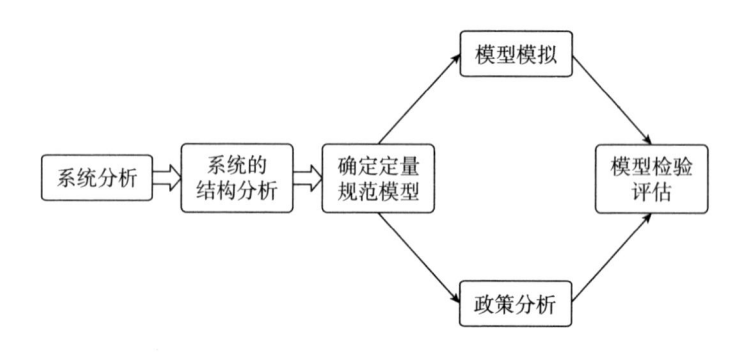

图 12-2 系统动力学仿真模拟步骤

第二步，对系统进行结构分析。即处理系统相关信息，分析系统总体与局部的反馈信息及各变量之间的关系，确定系统变量的性质与特征、系统因果回路及其反馈耦合关系，提出设想和期望的系统行为模式。

第三步，确定系统的定量规范模型。即确定系统中的状态变量、辅助变量、速率变量，分析各变量之间的函数关系，确定各类参数与表函数并进行赋值，对系统流图不断进行细化和补充，将系统动力学假设转化为清晰的数学关系集合。

第四步,进行模型模拟及政策分析。即以系统动力学理论为指导进行模型运行,调整相关参数与函数关系,调整和改善模型仿真模拟结果,并根据系统结构与行为模式的运行结果,分析相关路径与政策建议。

第五步,进行模型检验与评估。即在模型运行过程中不断发现模型存在的矛盾与问题,调整模型参数及相关结构,以期得出最优的模拟结果,探寻最优的解决路径。

第十三章 低碳经济动因与绩效的系统动力学分析

第一节 研究目的

山东省低碳经济系统的发展本身是一个多变量共同作用的、螺旋式上升的动态系统,系统发展动因与系统经济绩效各指标之间的双向互动关系,构成了系统动力学模型中输入变量与输出变量间的因果反馈回路。对山东省低碳经济系统动因与绩效关系的系统动力学研究,目的在于深入探讨动因与绩效要素的内在关联与反馈机理,并通过对系统动力学仿真模型结构及参数的调整,测试相关政策优化对系统绩效的提升力度,从而探寻低碳经济系统良性运行的科学路径。

山东省低碳经济系统 SD 仿真模型的构建和运行中,需要解决的重点问题主要有:

第一,模型主要参数的调控。在低碳经济系统 SD 模型中,要通过对各变量间不同参数的调整来反映系统主体要素的运行状态,探寻系统输出指标的优化途径,确定系统良性运行的最优路径。

第二,模型主导回路的确定。通过对低碳经济系统 SD 模型中各状态变量、辅助变量、速率变量相互关系的分析,设计各变量之间的因果反馈回路,并确定系统输出指标的主导因果回路,探寻系统输入指标作用于输出指标的主要回路与作用机理,为相关政策的制定与优化提供科学借鉴。

第二节 动因与绩效关系的系统边界与要素

结合山东省低碳经济发展面临的主要问题,本书选取低碳经济系统 SD 模型中的相关状态变量、辅助变量和速率变量,建立低碳经济系统的发展动因子系统与绩效输出子系统。该模型的系统边界及要素主要包括以下变量:

1. 经济动因子系统

经济子系统主要衡量要素包括经济规模、经济结构、经济效益等。状态变量为 GDP 和财政支出,速率变量为 GDP 年增长值,其他变量包括固定资产投资、能源消耗、科技投入、教育投入、第一产业产值、第二产业产值、第三产业产值、第一产业产值比例、第二产业产值比例、第三产业产值比例、人口数量、第一产业从业人数、第二产业从业人数、第三产业从业人数等。

具体指标体系及变量结构见表 13 - 1 和图 13 - 1。

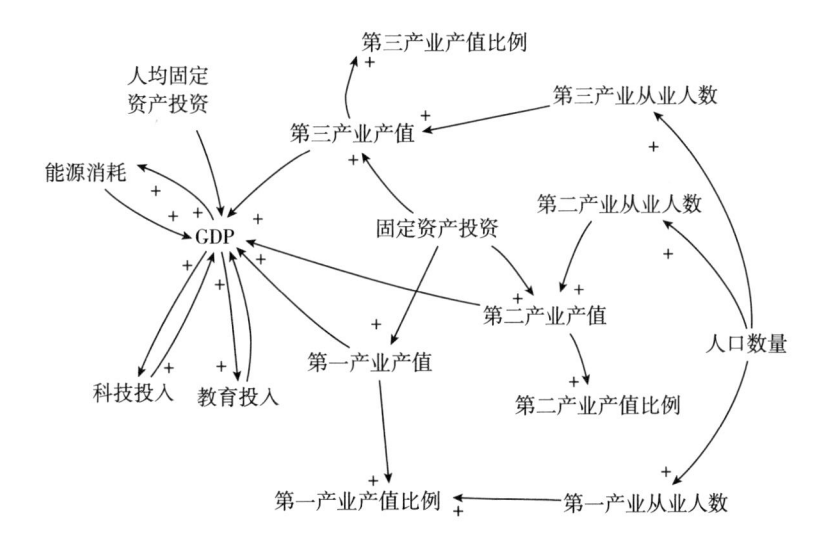

图 13 - 1 经济动因子系统变量结构

表 13-1　　　　　　　　经济动因子系统变量及指标

系统名称	变量名称	指标名称
经济动因子系统	状态变量	GDP、财政支出
	速率变量	GDP 年增长值
	其他变量	固定资产投资、能源消耗、科技投入、教育投入、第一产业产值、第二产业产值、第三产业产值、第一产业产值比例、第二产业产值比例、第三产业产值比例、人口数量、第一产业从业人数、第二产业从业人数、第三产业从业人数

2. 人口动因子系统

人口子系统主要衡量要素包括人口规模、人口质量、人口结构等。状态变量为人口数量和人口质量，速率变量为人口变化量，其他变量包括人口出生数量、人口死亡数量、出生率、死亡率、第一产业从业人员、第二产业从业人员、第三产业从业人员等。

具体变量结构及指标体系见图 13-2 和表 13-2。

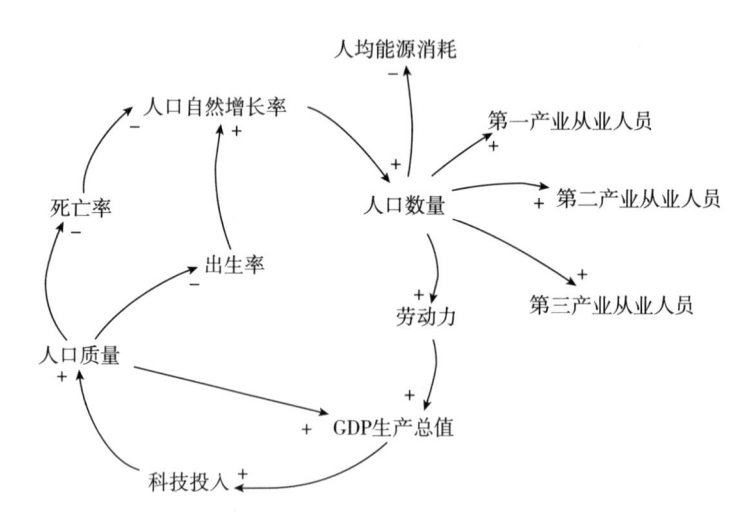

图 13-2　人口动因子系统变量结构

表 13-2　　　　　　　　人口动因子系统变量及指标

系统名称	变量名称	指标名称
人口动因子系统	状态变量	人口数量、人口质量
	速率变量	人口变化量
	其他变量	人口出生数量、人口死亡数量、出生率、死亡率、第一产业从业人员、第二产业从业人员、第三产业从业人员

3. 能源动因子系统

能源子系统的衡量要素主要包括能源消耗、能源生产、能源强度等。状态变量为能源库存，速率变量为能源消费量和能源生产量，其他变量包括能源消耗强度、第二产业产值、原煤消耗量、原油消耗量、天然气及其他消耗量、原煤消耗比重、原油消耗比重、天然气及其他消耗比重等。

具体变量结构及指标体系见图 13-3 和表 13-3。

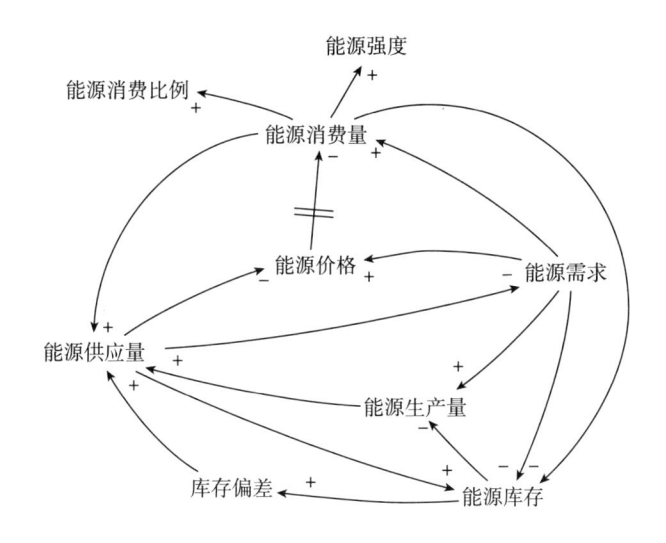

图 13-3　能源动因子系统变量结构

表13-3 能源动因子系统变量及指标

系统名称	变量名称	指标名称
能源动因子系统	状态变量	能源库存
	速率变量	能源消费量、能源生产量
	其他变量	能源消耗强度、第二产业产值、原煤消耗量、原油消耗量、天然气及其他消耗量、原煤消耗比重、原油消耗比重、天然气及其他消耗比重

4. 碳排放动因子系统

碳排放子系统主要衡量要素包括碳排放量、碳排放强度等。状态变量为碳排放量、林业面积指标，速率变量为碳排放变化量，其他变量包括碳排放强度、原煤消耗量、原油消耗量、天然气及其他消耗量、原煤排碳因子、原油排碳因子、天然气及其他排碳因子、碳排放强度等。

具体指标体系及变量结构见图13-4和表13-4。

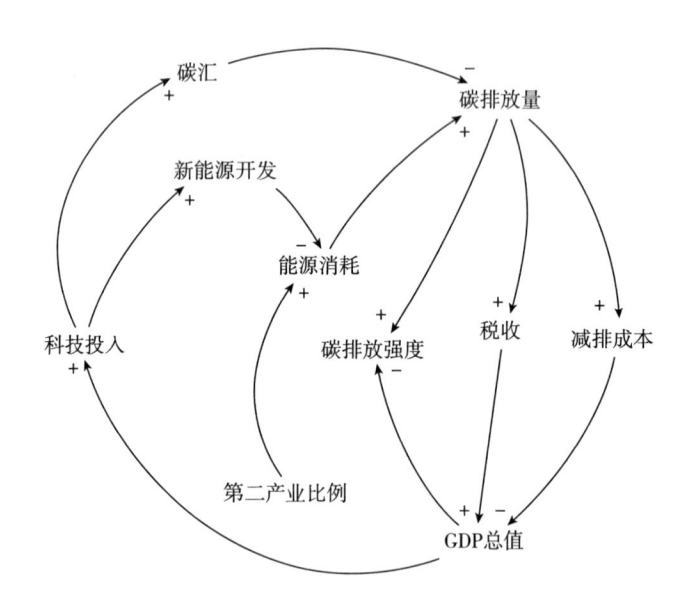

图13-4 碳排放动因子系统变量结构

表 13-4　　碳排放动因子系统变量及指标

系统名称	变量名称	指标名称
碳排放动因子系统	状态变量	碳排放量、林业面积
	速率变量	碳排放变化量
	其他变量	碳排放强度、原煤消耗量、原油消耗量、天然气及其他消耗量、原煤排碳因子、原油排碳因子、天然气及其他排碳因子、碳排放强度

5. 科技动因子系统

科技子系统主要衡量要素包括科学技术、科学教育的投入等。状态变量为专利申请量，速率变量为专利申请变化量，其他变量包括财政支出、教育投入、科技投入、能源消耗强度、能源消费效率、碳排放强度等。

具体变量结构及指标体系见图 13-5 和表 13-5。

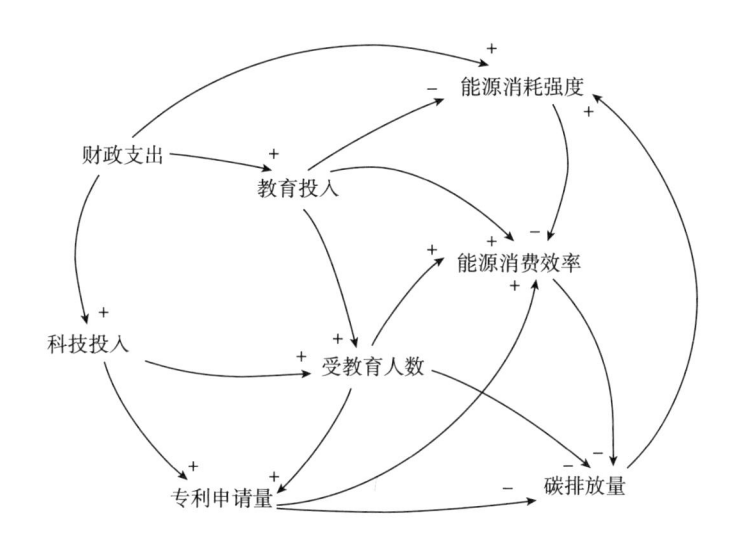

图 13-5　科技动因子系统变量结构

表 13-5　　　　　　　　科技动因子系统变量及指标

系统名称	变量名称	指标名称
科技动因子系统	状态变量	专利申请量
	速率变量	专利申请变化量
	其他变量	财政支出、教育投入、科技投入、能源消耗强度、能源消费效率、碳排放强度

6. 绩效输出子系统

绩效子系统主要衡量要素包括系统的经济、科技、教育、能源、环境等，最直接的绩效产出要素我们选取第一、第二、第三产业产值这一指标。状态变量为第一、第二、第三产业产值指标，速率变量为产值变化量，其他变量包括人口质量、专利申请量、GDP年增加值、第二产业产值、能源消耗量、碳排放量、碳排放强度、政策变量等。

具体变量结构及指标体系见图 13-6 和表 13-6。

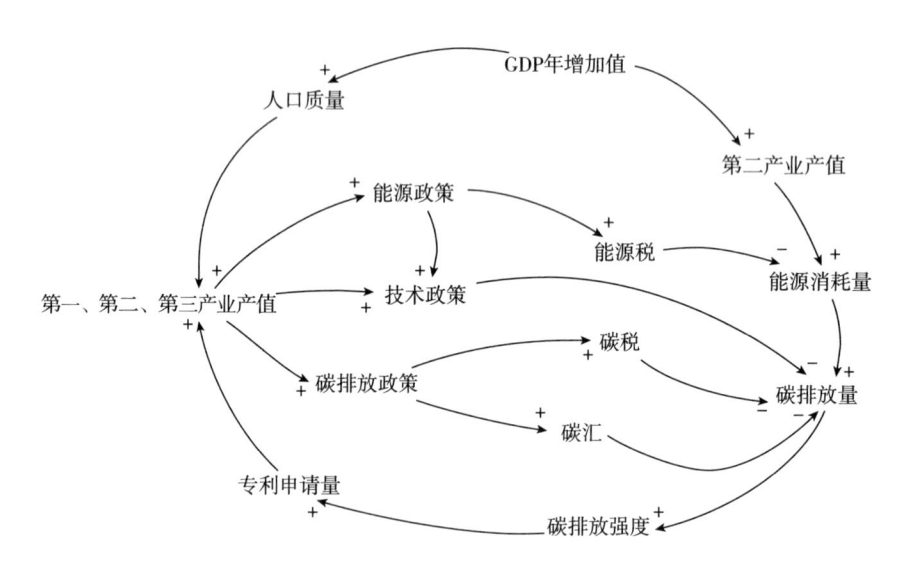

图 13-6　绩效输出子系统变量结构

表 13-6　　　　　　　　绩效输出子系统变量及指标

系统名称	变量名称	指标名称
经济绩效子系统	状态变量	第一、第二、第三产业产值
	速率变量	产值变化量
	其他变量	人口质量、专利申请量、GDP 年增加值、第二产业产值、能源消耗量、碳排放量、碳排放强度、政策变量

第三节　动因与绩效关系的 SD 流图分析

系统动力学的研究重点在于系统内各元素之间因果关系的相互作用和自反馈机制，因果回路的正反馈特性构成了系统运行的自增强回路，从而影响并决定系统的运行特征与轨迹。

为进一步明确表示系统各元素之间的数量关系，系统动力学（System Dynamics）通过引入流变量、积变量、率变量、辅助变量等要素，构造更加深入的系统流图。根据系统内部组成要素互为因果的反馈特点，更加完整、具体地描述系统构成、系统行为与系统元素之间的相互作用机制。

本书根据各子系统之间因果反馈关系的分析与归纳，以及对系统整体结构和要素关系的深入分析，以经济子系统、人口子系统、能源子系统、碳排放子系统、科技子系统为发展动因，以绩效产出子系统为输出要素，构建了山东省低碳经济系统动因与绩效关系的 SD 因果流程图，具体流程及反馈回路如图 13-7 所示。

该 SD 流程图中的因果关系主要反馈回路可以表述为：

（1）GDP 年增加值——→GDP 增长——→固定资产投资——→第二产业投资额——→第二产业产值——→能源消耗量——→原油消耗量——→碳排放量——→碳排放强度——→专利申请量——→第一、第二、第三产业产值

（2）GDP 年增加值——→GDP 增长——→固定资产投资——→第二产业投资额——→第二产业产值——→能源消耗量——→天然气及其他消耗量——→碳排放量——→碳排放强度——→专利申请量——→第一、第二、第三产业产值

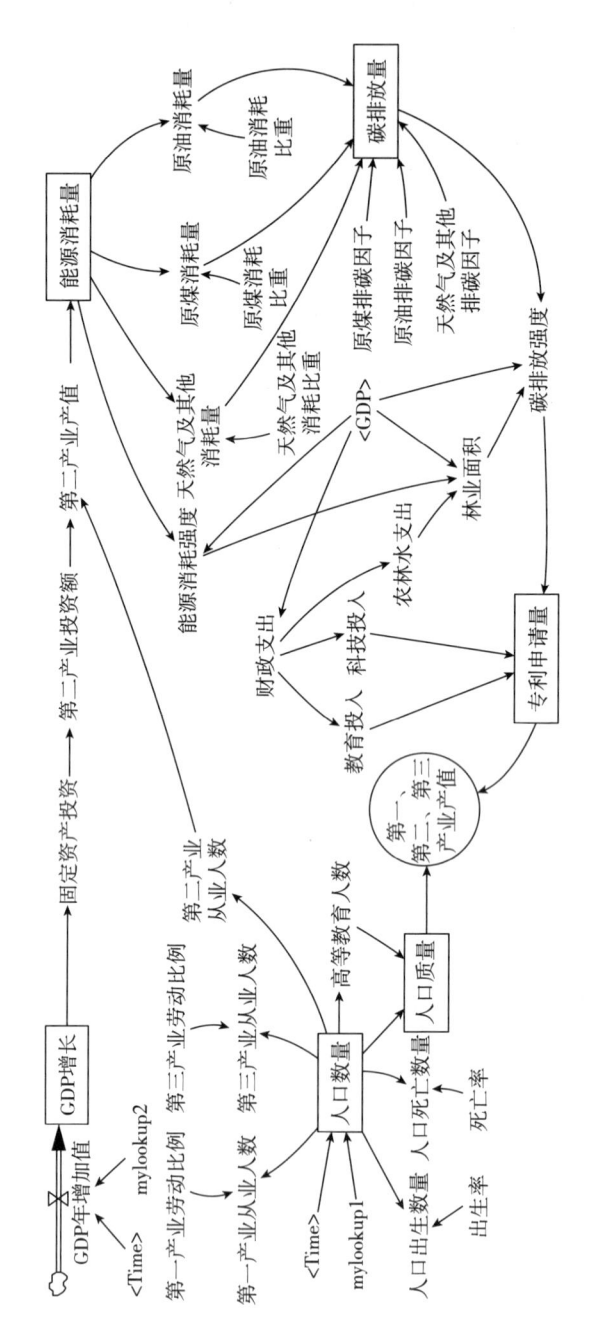

图 13-7　山东省低碳经济系统动因与绩效的 SD 流程

上述反馈回路为正反馈回路，反映的是经济子系统的投入及第二产业产值绩效带动了能源消耗，能源消耗量增多导致了碳排放量及强度增强，减排需求引发科技绩效（专利申请量增加），科技成果促进了低碳经济系统绩效的提升。

（3）人口数量——→第二产业从业人数——→第二产业产值——→能源消耗量——→原煤消耗量——→碳排放量——→碳排放强度——→专利申请量——→第一、第二、第三产业产值

该反馈回路为正反馈回路，反映的是人口子系统的增长提升了第二产业产值绩效，带动了能源消耗，能源消耗量增多导致了碳排放量及强度增强，减排需求引发科技绩效，科技成果促进了低碳经济系统绩效的提升。

（4）人口数量——→第二产业从业人数——→第二产业产值——→能源消耗量——→能源消耗强度——→林业面积——→碳排放强度——→专利申请量——→第一、第二、第三产业产值

该反馈回路为正反馈回路，反映的是人口子系统的投入提升了第二产业产值绩效，带动了能源消耗量及能耗强度增强，能源结构及产业结构调整引发造林面积增加，减排需求引发科技创新需求，科技成果最终促进了低碳经济系统绩效的提升。

（5）GDP——→财政支出——→农林水支出——→林业面积——→碳排放强度——→专利申请量——→第一、第二、第三产业产值

该反馈回路为正反馈回路，反映的是经济子系统的投入带来了农林水财政投入增加，引发造林面积增加，减排需求引发科技创新需求，科技成果促进了低碳经济系统产出绩效的提升。

（6）GDP——→财政支出——→科技投入（教育投入）——→专利申请量——→第一、第二、第三产业产值

该反馈回路为正反馈回路，反映的是经济子系统的投入带来了政府对科技及教育投入的增加，财政及人才支持促进了科技创新，科技成果促进了低碳经济系统产出绩效提升。

（7）GDP——→能源消耗强度——→林业面积——→碳排放强度——→专利申请量——→第一、第二、第三产业产值

该反馈回路为正反馈回路，反映的是经济子系统的运行引发能源消

耗强度增强，能源结构及产业结构调整引发造林面积增加，减排需求引发科技创新需求，科技成果促进了低碳经济系统产出绩效的提升。

（8）人口数量──高等教育人数──人口质量──第一、第二、第三产业产值

该反馈回路为正反馈回路，反映的是人口子系统的增长引发高等教育人数增多，提升了人口质量，人才资源促进了低碳经济系统绩效的提升。

在山东省低碳经济系统动因与绩效关系的 SD 流程图中，系统发展动因通过与子系统各要素的因果互动、信息流动与双向反馈不断衍化，通过经济、人口、能源、碳排放、科技"流"的正反馈作用，从不同因果回路作用于系统输出系统，从而引发低碳经济系统绩效产出的变化。

在山东省低碳经济系统的演进过程中，所涉及的各要素变量的状态和衍化机理，是通过以上诸反馈回路的相互循环与耦合互动体现出来的系统化结果。研究上述不同因果反馈回路对系统动力要素及绩效产出指标的影响机理，探寻不同变量的状态变化及衍化规律，并对其关键参数进行试验调控，有助于找出低碳经济系统动力要素作用于绩效产出的优化路径，从而实现低碳经济系统的良性发展与演进。

第四节　动因与绩效关系的 SD 方程建立

基于山东省低碳经济系统发展动因与绩效关系的系统动力学仿真模型，在综合考虑各子系统运行情况的基础上，本书选取山东省第一、第二、第三产业产值这一综合性要素，作为 SD 模型的输出变量。该变量反映了山东省区域宏观经济的总体运行效果，解释了山东省低碳经济系统发展与创新的经济效果，并阐明了系统运行路径选择的政策依据。

本模型的模拟过程采用美国 Ventana Systems 公司所开发的 VENSIM PLE 建模软件作为运算工具，该软件的用户界面是标准的 Windows 应用程序，SD 模型中所有方程式与表函数均采用 DYNAMO 语言的方程规则进行编写。模型原始数据来源于《山东省统计年鉴》（2004—2018）和《山东省科技年鉴》（2004—2018），SD 模型中初始值、常数值的估计

通过变量关系分析、历史资料借鉴等方法确定，变量间的公式设定采用 Eviews 6.0 计算获得。

具体函数公式及设计过程如下（具体运算数值见表 13-7 至表 13-27）：

（1）INITIAL TIME = 2005　　　Units：Year

The initial time for the simulation.

（2）SAVEPER = TIME STEP

（3）TIME STEP = 1

（4）FINAL TIME = 2017　　　Units：Year

The final time for the simulation.

（5）GDP = INTEG（GDP 年增加值，18496.99）　　Units：亿元

（6）GDP 年增加值 = mylookup2（Time）　　　Units：亿元

表 13-7　　　　　山东省 GDP 与 GDP 年增加值　　　　　单位：亿元

年份	GDP 年增加值	GDP
2005	3381.75	18496.99
2006	3562.67	22059.66
2007	3922.97	25982.63
2008	5229.71	31212.34
2009	3006.94	34219.28
2010	5351.92	39571.20
2011	6303.75	45874.95
2012	4752.01	50626.96
2013	5284.90	55911.86
2014	4252.94	60164.80
2015	3693.82	63858.62
2016	4067.00	67925.62
2017	4717.53	72643.15

（7）mylookup2 = ([[(0.00, 0.00) - (4000.00, 8000.00)],(2005, 3381.75), (2006, 3562.67), (2008, 5229.71), (2009, 3006.94), (2011, 6303.75), (2012, 4752.01), (2013, 5284.90), (2014, 4252.94), (2015, 3693.82), (2016, 4067.00), (2017, 4717.53)) Units：亿元

（8）人口数量 = mylookup1(Time)　　　　Units：万人

（9）mylookup1 = {[(0.00, 0.00) - (4000.00, 11000.00)],(2005, 9248.00), (2006, 9309.00), (2008, 9417.00), (2009, 9470.00), (2011, 9637.00), (2012, 9685.00), (2013, 9733.00), (2014, 9789.00), (2015, 9847.00), (2016, 9947.00), (2017, 10006.00)} Units：万人

（10）第一产业从业人数 = 第一产业劳动比例 × 人口数量　Units：万人

（11）第三产业从业人数 = 第三产业劳动比例 × 人口数量　Units：万人

表13－8　　　　　山东省从业人数与人口数量　　　　　单位：万人

年份	第一产业从业人数	第三产业从业人数	人口数量
2005	2350.30	1709.00	9248.00
2006	2328.00	1761.70	9309.00
2007	2265.20	1826.30	9367.00
2008	2313.50	1918.60	9417.00
2009	2297.40	1982.70	9470.00
2010	2273.10	2042.10	9579.00
2011	2211.60	2088.40	9637.00
2012	2168.00	2141.10	9685.00
2013	2086.00	2224.20	9733.00
2014	2023.20	2289.10	9789.00
2015	1963.20	2331.30	9847.00
2016	1935.10	2360.60	9947.00
2017	1856.60	2368.40	10006.00

表13-9　　　　　　　山东省从业人数比例　　　　　　单位:%

年份	第一产业劳动比例	第二产业劳动比例	第三产业劳动比例
2005	0.25	0.19	0.18
2006	0.25	0.20	0.19
2007	0.24	0.21	0.20
2008	0.25	0.21	0.20
2009	0.24	0.21	0.21
2010	0.24	0.22	0.21
2011	0.23	0.23	0.22
2012	0.22	0.23	0.22
2013	0.21	0.23	0.23
2014	0.21	0.23	0.23
2015	0.20	0.24	0.24
2016	0.19	0.24	0.24
2017	0.19	0.23	0.24
均值	0.23	0.22	0.23

（12）第一、第二、第三产业劳动比例分别取均值为0.23、0.22、0.23　Units：Dmnl

（13）第二产业从业人数 = 0.77 × 人口数量 - 5269.75　　Units：万人

运用Eviews对相关数据（见表13-10）进行LS最小二乘法线性回归分析，结果如下：

Y = 0.77 × X - 5269.75

t = （12.96）　　（-9.22）

p = （0.00）　　（0.00）

R^2 = 0.94，表明模型拟合效果优良。

表13-10　　　　山东省第二产业从业人数与人口数量　　　　单位：万人

年份	Y：第二产业从业人数	X：人口数量
2005	1781.40	9248.00
2006	1870.30	9309.00
2007	1989.90	9367.00
2008	1955.50	9417.00
2009	2014.10	9470.00
2010	2086.70	9579.00
2011	2185.60	9637.00
2012	2245.20	9685.00
2013	2270.20	9733.00
2014	2294.20	9789.00
2015	2338.00	9847.00
2016	2354.00	9947.00
2017	2335.60	10006.00

（14）固定资产投资 = -10184.73 + 0.88 × GDP　　　Units：亿元

运用 Eviews 对相关数据（见表13-11）进行 LS 最小二乘法线性回归分析，结果如下：

Y = -10184.73 + 0.88 × X

t = (-4.98)　　　(20.90)

p = (0.00)　　　(0.00)

R^2 = 0.99，表明模型拟合效果优良。

表13-11　　　　山东省固定资产投资与GDP　　　　单位：亿元

年份	Y：固定资产投资	X：GDP
2005	10541.87	18496.99
2006	11136.06	22059.66
2007	12537.02	25982.63
2008	15435.93	31212.34
2009	19030.97	34219.28

续表

年份	Y：固定资产投资	X：GDP
2010	23276.69	39571.20
2011	26769.73	45874.95
2012	31255.96	50626.96
2013	36789.07	55911.86
2014	42495.55	60164.80
2015	48312.46	63858.62
2016	53322.49	67925.62
2017	55202.73	72643.15

（15）第二产业投资额 = 889.94 + 0.47 × 固定资产投资　　Units：亿元

运用 Eviews 对相关数据（见表 13 - 12）进行 LS 最小二乘法线性回归分析，结果如下：

Y = 0.47 × X + 889.94

t = （31.10）　　　（1.75）

p = （0.00）　　　（0.11）

R^2 = 0.99，表明模型拟合效果优良。

表 13 - 12　　山东省第二产业投资额与固定资产投资　　单位：亿元

年份	Y：第二产业投资额	X：固定资产投资
2005	10541.87	6653.50
2006	11136.06	6908.70
2007	12537.02	7508.20
2008	15435.93	8182.10
2009	19030.97	9615.40
2010	23276.69	11332.40
2011	26769.73	12425.30
2012	31255.96	14432.30
2013	36789.07	17204.10

续表

年份	Y：第二产业投资额	X：固定资产投资
2014	42495.55	21287.70
2015	48312.46	24092.70
2016	53322.49	27425.70
2017	55202.73	26876.30

（16）第二产业产值 = -46340.30 + 0.19 × 第二产业投资额 + 31.22 × 第二产业从业人数　　Units：亿元

运用 Eviews 对相关数据（见表 13 - 13）进行 LS 最小二乘法线性回归分析，结果如下：

$Y = -46340.30 + 0.19 \times X_1 + 31.22 \times X_2$

t = （-6.26）　　（1.83）　　（7.58）

p = （0.00）　　（0.00）　　（0.09）

$R^2 = 0.98$，表明模型拟合效果优良。

表 13 - 13　　山东省第二产业产值与投资额、从业人数

单位：亿元、万人

年份	Y：第二产业产值	X_1：第二产业投资额	X_2：第二产业从业人数
2005	10595.22	6653.50	1781.40
2006	12716.93	6908.70	1870.30
2007	14839.13	7508.20	1989.90
2008	17839.09	8182.10	1955.50
2009	19219.83	9615.40	2014.10
2010	21643.00	11332.40	2086.70
2011	24538.45	12425.30	2185.60
2012	26367.39	14432.30	2245.20
2013	28163.57	17204.10	2270.20
2014	29585.72	21287.70	2294.20
2015	30334.56	24092.70	2338.00
2016	31343.67	27425.70	2354.00
2017	32942.84	26876.30	2335.60

(17) 人口数量 = mylookup1（Time） Units：万人

(18) mylookup1 = {[（0.00, 0.00）- （4000.00, 11000.00）], （2005, 9248.00）, （2006, 9309.00）, （2008, 9417.00）, （2009, 9470.00）, （2011, 9637.00）, （2012, 9685.00）, （2013, 9733.00）, （2014, 9789.00）, （2015, 9847.00）, （2016, 9947.00）, （2017, 10006.00）} Units：万人

(19) 人口出生数量 = 人口数量 × 出生率 Units：万人

(20) 人口死亡数量 = 人口数量 × 死亡率 Units：万人

表13-14　　　山东省人口数量、出生率与死亡率　　　单位：万人、%

年份	人口数量	出生率	死亡率
2005	9248.00	12.14	6.31
2006	9309.00	11.60	6.10
2007	9367.00	11.11	6.11
2008	9417.00	11.25	6.16
2009	9470.00	11.70	6.08
2010	9579.00	11.65	6.26
2011	9637.00	11.50	6.10
2012	9685.00	11.90	6.95
2013	9733.00	11.41	6.40
2014	9789.00	14.23	6.84
2015	9847.00	12.55	6.67
2016	9947.00	17.89	7.05
2017	10006.00	17.54	7.40
均值		12.81	6.49

(21) 高等教育人数 = -1829.68 + 0.23 × 人口数量　　Units：万人

高等教育人数分别取山东省研究生教育、普通高等教育及成人高等教育当年招生数、在校生数、毕业生数的总和作为统计口径，其三者比例如下：

表 13-15　　　　　山东省高等教育人数　　　　　单位：万人

年份	研究生教育人数	普通高等教育人数	成人高等教育人数	人口数量
2005	5.76	179.65	48.56	9248.00
2006	6.59	205.15	42.60	9309.00
2007	7.49	224.96	50.15	9367.00
2008	8.25	245.93	60.11	9417.00
2009	9.30	252.57	61.85	9470.00
2010	10.40	257.21	63.23	9579.00
2011	11.24	261.58	67.89	9637.00
2012	11.88	263.14	71.51	9685.00
2013	12.20	270.19	75.36	9733.00
2014	12.42	284.15	81.16	9789.00
2015	12.84	297.05	80.89	9847.00
2016	13.47	312.94	84.89	9947.00
2017	15.22	319.92	81.18	10006.00

表 13-16　　　　　山东省高等教育比例　　　　　单位：%

年份	研究生教育比例	普通高等教育比例	成人高等教育比例
2005	0.06	1.94	0.53
2006	0.07	2.20	0.46
2007	0.08	2.40	0.54
2008	0.09	2.61	0.64
2009	0.10	2.67	0.65
2010	0.11	2.69	0.66
2011	0.12	2.71	0.70
2012	0.12	2.72	0.74
2013	0.13	2.78	0.77
2014	0.13	2.90	0.83
2015	0.13	3.02	0.82
2016	0.14	3.15	0.85
2017	0.15	3.20	0.81
增幅	0.09	1.26	0.28

考察山东省高等教育人数及比例情况，可以看出，山东省高等教育的比例呈逐年提高的态势，其中普通高等教育增长最快，增幅达1.26%；成人高等教育和研究生教育的比例也逐年增长，增幅分别为2.28%和0.09%，高等教育人数的增长反映出山东省人口质量的逐年提升。

运用Eviews对相关数据（见表13-17）进行LS最小二乘法线性回归分析，结果如下：

Y = -1829.68 + 0.23 × X

t = (-13.31)　　　(15.76)

p = (0.00)　　　(0.00)

R^2 = 0.96，表明模型拟合效果优良。

表13-17　　　　山东省高等教育人数与人口数量　　　　单位：万人

年份	Y：高等教育人数	X：人口数量
2005	233.97	9248.00
2006	254.34	9309.00
2007	282.60	9367.00
2008	314.29	9417.00
2009	323.71	9470.00
2010	330.84	9579.00
2011	340.71	9637.00
2012	346.53	9685.00
2013	357.76	9733.00
2014	377.73	9789.00
2015	390.77	9847.00
2016	411.31	9947.00
2017	416.33	10006.00

（22）人口质量 = 高等教育人数/人口数量　　　Units：Dmnl

表 13-18　　　　　　　　山东省人口质量　　　　　　　　单位:%

年份	人口质量	高等教育人数	人口数量
2005	2.53	233.97	9248.00
2006	2.73	254.34	9309.00
2007	3.02	282.60	9367.00
2008	3.34	314.29	9417.00
2009	3.42	323.71	9470.00
2010	3.45	330.84	9579.00
2011	3.54	340.71	9637.00
2012	3.58	346.53	9685.00
2013	3.68	357.76	9733.00
2014	3.86	377.73	9789.00
2015	3.97	390.77	9847.00
2016	4.13	411.31	9947.00
2017	4.16	416.33	10006.00

（23）能源消耗量 = 23565.70 + 0.43 × 第二产业产值　　　Units：万吨标准煤

运用 Eviews 对相关数据（见表 13-19）进行 LS 最小二乘法线性回归分析，结果如下：

Y = 23565.70 + 0.43 × X

t = （12.15）　　　（5.40）

p = （0.00）　　　（0.00）

R^2 = 0.73，表明模型拟合效果良好。

表 13-19　　　　　山东省能源消耗与第二产业产值

年份	Y：能源消耗量（万吨标准煤）	X：第二产业产值（亿元）
2005	25687.50	10595.22
2006	28786.10	12716.93
2007	31194.99	14839.13
2008	32116.22	17839.09

续表

年份	Y：能源消耗量（万吨标准煤）	X：第二产业产值（亿元）
2009	34535.66	19219.83
2010	36357.25	21643.00
2011	31211.80	24538.45
2012	32686.70	26367.39
2013	34234.90	28163.57
2014	35362.60	29585.72
2015	36759.20	30334.56
2016	38722.80	31343.67
2017	38683.70	32942.84

（24）原煤消耗量 = 能源消耗量 × 原煤消耗比重　Units：万吨标准煤

（25）原油消耗量 = 能源消耗量 × 原油消耗比重　Units：万吨标准煤

（26）天然气及其他消耗量 = 能源消耗量 × 天然气及其他消耗比重　Units：万吨标准煤

（27）原煤消耗比重取均值为 0.78，原油消耗比重取均值为 0.18，天然气及其他消耗比重取均值为 0.04　　Units：Dmnl

（28）能源消耗强度（即单位 GDP 能耗）= 能源消耗量/GDP　Units：万吨标准煤/亿元

表 13-20　　　　　　　　山东省能源消耗强度

年份	能源消耗强度（万吨标准煤/亿元）	能源消耗量（万吨标准煤）	GDP（亿元）
2005	1.39	25687.50	18496.99
2006	1.30	28786.10	22059.66
2007	1.20	31194.99	25982.63
2008	1.03	32116.22	31212.34
2009	1.01	34535.66	34219.28
2010	0.92	36357.25	39571.20

续表

年份	能源消耗强度（万吨标准煤/亿元）	能源消耗量（万吨标准煤）	GDP（亿元）
2011	0.68	31211.80	45874.95
2012	0.65	32686.70	50626.96
2013	0.61	34234.90	55911.86
2014	0.59	35362.60	60164.80
2015	0.58	36759.20	63858.62
2016	0.57	38722.80	67925.62
2017	0.53	38683.70	72643.15

（29）碳排放量 =（原油排碳因子×原油消耗量＋原煤排碳因子×原煤消耗量＋天然气及其他排碳因子×天然气及其他消耗量）

Units：万吨标准煤

（30）原煤排碳因子、原油排碳因子、天然气及其他排碳因子为各类能源的碳排放系数，分别取值为 0.75、0.59、0.44

（31）财政支出 = 1504.31 × GDP − 16784903.00　Units：亿元

运用 Eviews 对相关数据（见表 13−21）进行 LS 最小二乘法线性回归分析，结果如下：

Y = 1504.31 × X − 16784903.00

t =（41.75）　　　　（−9.60）

p =（0.00）　　　　（0.00）

R^2 = 0.99，表明模型拟合效果优良。

表 13−21　　　　　山东省财政支出与 GDP　　　　　单位：亿元

年份	Y：财政支出	X：GDP
2005	14662271.00	18496.99
2006	18334400.00	22059.66
2007	22618495.00	25982.63
2008	27046613.00	31212.34
2009	32676716.00	34219.28
2010	41450320.00	39571.20

续表

年份	Y：财政支出	X：GDP
2011	50020701.00	45874.95
2012	59045188.00	50626.96
2013	66888000.00	55911.86
2014	71773136.00	60164.80
2015	82500113.00	63858.62
2016	87552136.00	67925.62
2017	92583984.00	72643.15

（32）教育投入 = 0.21 × 财政支出 - 585075.60　　　Units：亿元

运用 Eviews 对相关数据（见表 13-22）进行 LS 最小二乘法线性回归分析，结果如下：

$Y_1 = 0.21 \times X - 585075.60$

t = （44.93）　　　（-2.12）

p = （0.00）　　　（0.06）

$R^2 = 0.99$，表明模型拟合效果优良。

（33）科技投入 = 0.02 × 财政支出　　　Units：亿元

运用 Eviews 对相关数据（见表 13-22）进行 LS 最小二乘法线性回归分析，结果如下：

$Y_2 = 0.02 \times X$

t = （54.88）

p = （0.00）

$R^2 = 0.98$，表明模型拟合效果优良。

表 13-22　　山东省教育投入、科技投入与财政支出　　单位：亿元

年份	Y_1：教育投入	Y_2：科技投入	X：财政支出
2005	2487484.00	194199.00	14662271.00
2006	2922839.00	276583.00	18334400.00
2007	4533574.00	464073.00	22618495.00
2008	5509929.00	571333.00	27046613.00

续表

年份	Y_1：教育投入	Y_2：科技投入	X：财政支出
2009	6134864.00	628783.00	32676716.00
2010	7704472.00	843643.00	41450320.00
2011	10478987.00	1086163.00	50020701.00
2012	13118009.00	1249751.00	59045188.00
2013	13996715.00	1491372.00	66888000.00
2014	14610483.00	1470572.00	71773136.00
2015	16906234.00	1590522.00	82500113.00
2016	18259902.00	1670001.00	87552136.00
2017	18899972.00	1957718.00	92583984.00

（34）农林水支出 = 0.12 × 财政支出 - 665681.00　Units：万元

运用 Eviews 对相关数据（见表 13-23）进行 LS 最小二乘法线性回归分析，结果如下：

Y = 0.12 × X - 665681.00

t =（25.63）　　　　（-2.49）

p =（0.00）　　　　（0.03）

R^2 = 0.98，表明模型拟合效果优良。

表 13-23　　　　山东省农林水支出与财政支出　　　　单位：万元

年份	Y：农林水支出	X：财政支出
2005	895847.00	14662271.00
2006	1083756.00	18334400.00
2007	1630130.00	22618495.00
2008	2353000.00	27046613.00
2009	3693489.00	32676716.00
2010	4659775.00	41450320.00
2011	5640015.00	50020701.00
2012	6738161.00	59045188.00

续表

年份	Y：农林水支出	X：财政支出
2013	7481384.00	66888000.00
2014	7728411.00	71773136.00
2015	9644150.00	82500113.00
2016	9434420.00	87552136.00
2017	9535911.00	92583984.00

（35）林业面积 = -283590.40 × 能源消耗强度 + 0.02 × 农林水支出 - 7.26 × GDP + 653095.20

运用 Eviews 对相关数据（见表 13-24）进行 LS 最小二乘法线性回归分析，结果如下：

$Y = -283590.40 \times X_1 + 0.02 \times X_2 - 7.26 \times X_3 + 653095.20$

t = （-4.16）　（1.38）　（-3.08）　（1.20）

p = （0.00）　（0.02）　（0.01）　（0.00）

$R^2 = 0.76$，表明模型拟合效果良好。

表 13-24　山东省林业面积与相关要素

年份	Y：林业面积（公顷）	X_1：能源消耗强度（万吨标准煤/亿元）	X_2：农林水支出（万元）	X_3：GDP（亿元）
2005	141141.00	1.39	895847.00	18496.99
2006	134423.00	1.30	1083756.00	22059.66
2007	156783.00	1.20	1630130.00	25982.63
2008	185575.00	1.03	2353000.00	31212.34
2009	182171.00	1.01	3693489.00	34219.28
2010	205131.00	0.92	4659775.00	39571.20
2011	219028.00	0.68	5640015.00	45874.95
2012	197956.00	0.65	6738161.00	50626.96
2013	220473.00	0.61	7481384.00	55911.86
2014	224972.00	0.59	7728411.00	60164.80

续表

年份	Y：林业面积（公顷）	X_1：能源消耗强度（万吨标准煤/亿元）	X_2：农林水支出（万元）	X_3：GDP（亿元）
2015	221207.00	0.58	9644150.00	63858.62
2016	146684.00	0.57	9434420.00	67925.62
2017	142195.00	0.53	9535911.00	72643.15

（36）碳排放强度 = 0.0000042 × 碳排放量 - 0.0000015 × 林业面积 - 0.000011 × GDP + 1.29   Units：万吨标准煤/亿元

运用 Eviews 对相关数据（见表 13 - 25）进行 LS 最小二乘法线性回归分析，结果如下：

$$Y = 0.0000042 \times X_1 - 0.0000015 \times X_2 - 0.000011 \times X_3 + 1.29$$

t = （0.49）   （-3.92）   （-10.37）   （7.85）
p = （0.04）   （0.00）   （0.00）   （0.00）
R^2 = 0.97，表明模型拟合效果优良。

表 13 - 25   山东省碳排放强度与相关要素

年份	Y：碳排放强度（万吨标准煤/亿元）	X_1：碳排放量（万吨标准煤）	X_2：林业面积（公顷）	X_3：GDP（亿元）
2005	0.99	18369.90	141141.00	18496.99
2006	0.93	20538.52	134423.00	22059.66
2007	0.86	22294.68	156783.00	25982.63
2008	0.73	22795.96	185575.00	31212.34
2009	0.71	24451.69	182171.00	34219.28
2010	0.65	25669.86	205131.00	39571.20
2011	0.48	22132.38	219028.00	45874.95
2012	0.46	23174.98	197956.00	50626.96
2013	0.43	24224.51	220473.00	55911.86
2014	0.42	25054.56	224972.00	60164.80
2015	0.41	25922.23	221207.00	63858.62
2016	0.39	26798.32	146684.00	67925.62
2017	0.35	25329.79	142195.00	72643.15

(37) 专利申请量 = 0.01 × 教育投入 − 0.02 × 科技投入 + 48906.90 × 碳排放强度 − 48830.10　　Units：件

运用 Eviews 对相关数据（见表 13 − 26）进行 LS 最小二乘法线性回归分析，结果如下：

$Y = 0.01 \times X_1 - 0.02 \times X_2 + 48906.90 \times X_3 - 48830.10$

t =　(5.52)　　　(−0.51)　　　(1.47)　　　(−1.48)

p =　(0.00)　　　(0.15)　　　(0.00)　　　(0.00)

$R^2 = 0.99$，表明模型拟合效果优良。

表 13 − 26　　　　山东省专利申请量与相关要素

年份	Y：专利申请量（件）	X_1：教育投入（万元）	X_2：科技投入（万元）	X_3：碳排放强度（万吨标准煤/亿元）
2005	28835.00	2487484.00	194199.00	0.99
2006	38284.00	2922839.00	276583.00	0.93
2007	46849.00	4533574.00	464073.00	0.86
2008	60247.00	5509929.00	571333.00	0.73
2009	68857.00	6134864.00	628783.00	0.71
2010	80856.00	7704472.00	843643.00	0.65
2011	109599.00	10478987.00	1086163.00	0.48
2012	128614.00	13118009.00	1249751.00	0.46
2013	155170.00	13996715.00	1491372.00	0.43
2014	158619.00	14610483.00	1470572.00	0.42
2015	193220.00	16906234.00	1590522.00	0.41
2016	212911.00	18259902.00	1670001.00	0.39
2017	204861.00	18899972.00	1957718.00	0.35

(38) 第一、第二、第三产业产值 = 0.20 × 专利申请量 + 1063281000000 × 人口质量 − 14432.12　　Units：亿元

运用 Eviews 对相关数据（见表 13 − 27）进行 LS 最小二乘法线性回归分析，结果如下：

$Y = 0.20 \times X_1 + 1063281000000 \times X_2 - 14432.12$

t =　(7.81)　　　(3.22)　　　(−1.62)

p = （0.00）　　（0.01）　　（0.14）
$R^2 = 0.99$，表明模型拟合效果优良。

表 13-27　　山东省第一、第二、第三产业产值与相关要素

年份	Y：第一、第二、第三产业产值（亿元）	X_1：专利申请量（件）	X_2：人口质量（%）
2005	18496.99	28835.00	2.53
2006	22059.66	38284.00	2.73
2007	25982.63	46849.00	3.02
2008	31212.34	60247.00	3.34
2009	34219.28	68857.00	3.42
2010	39571.20	80856.00	3.45
2011	45874.95	109599.00	3.54
2012	50626.96	128614.00	3.58
2013	55911.86	155170.00	3.68
2014	60164.80	158619.00	3.86
2015	63858.62	193220.00	3.97
2016	67925.62	212911.00	4.13
2017	2634.15	204861.00	4.16

第十四章　山东省低碳经济动因与绩效的仿真模拟

第一节　动因与绩效 SD 模型的有效性检验

系统动力学模型的有效性检验是为了验证 SD 仿真模型与实际系统的吻合程度，检验 SD 仿真模型所获得的反馈信息是否反映了实际系统的运行特征与趋势规律，验证通过 SD 模型的仿真模拟与预测，是否能够正确认识与解决系统发展面临的问题。

一　相关度系数检验

相关度系数检验法是采用相关系数，考察在山东省低碳经济系统 SD 模型的仿真运行中，动因和绩效指标模拟值与实际值的拟合情况。

设立函数如下：

y_i：表示第 i 年的运行实际值；

$\hat{y}_i$：表示第 i 年的仿真运行值；

$\bar{y}_i$：表示实际值的平均值；

n：表示仿真运行年数。

计算几组指标运行数值的相关度系数，公式如下：

$$R^2 = 1 - \frac{\sum_{i=1}^{n}(y_i - \hat{y}_i)^2}{\sum_{i=1}^{n}(y_i - \bar{y}_i)^2}$$

系统仿真模型与实际运行状况的拟合程度可根据指标数值的相关度系数进行判断,拟合评判标准见表14-1。

表14-1　　　　　　　相关度系数拟合程度评判标准

拟合程度	较低	一般	显著	高	很高
相关度系数	0.00—0.30	0.31—0.50	0.51—0.70	0.71—0.90	0.91—1.00

根据该拟合评判标准,对低碳经济系统SD模型的动因与绩效关系进行检验。求得系统发展动因指标(GDP年增加值、人口质量、能源消耗、碳排放、专利申请量)与系统绩效指标(第一、第二、第三产业产值)的相关系数分别为:GDP年增加值与绩效指标的相关度系数为0.93,人口质量与绩效指标的相关度系数为0.99,能源消耗与绩效指标的相关度系数为0.99,碳排放与绩效指标的相关度系数为0.99,专利申请量与绩效指标的相关度系数为0.99。

检验结果表明,在山东省低碳经济系统SD模型的仿真运行中,系统发展动因对于系统经济绩效的仿真拟合具有很高的相关性。

二　仿真与实际值的历史数据检验

随后,对山东省低碳经济系统动因与绩效指标的仿真运行值与实际发生值进行历史性检验,检验结果如表14-2至表14-4所示。

表14-2　　　　山东省地区生产总值及人口质量历史性检验

年份	GDP年增加值			人口质量		
	仿真值(万元)	实际值(万元)	误差率(%)	仿真值(%)	实际值(%)	误差率(%)
2005	18497.00	3381.75	5.44	2.74	2.53	8.41
2006	21878.80	3562.67	1.00	2.87	2.73	5.21
2007	25441.40	3922.97	13.18	2.99	3.02	-1.14
2008	29837.60	5229.71	1.00	3.10	3.34	-7.25
2009	35067.30	3006.94	1.00	3.21	3.42	-6.24

续表

年份	GDP 年增加值			人口质量		
	仿真值（万元）	实际值（万元）	误差率（%）	仿真值（%）	实际值（%）	误差率（%）
2010	38074.30	5351.92	-12.15	3.38	3.45	-2.16
2011	42729.60	6303.75	1.00	3.54	3.54	0.04
2012	49033.40	4752.01	1.00	3.64	3.58	1.55
2013	53785.40	5284.90	1.00	3.73	3.68	1.32
2014	59070.30	4252.94	1.00	3.84	3.86	-0.62
2015	63323.20	3693.82	1.00	3.95	3.97	-0.60
2016	67017.00	4067.00	1.00	4.13	4.13	0.07
2017	71084.00	4717.53	1.00	4.24	4.16	1.96
均值	GDP 增加值误差均值：1.27			人口质量误差均值：0.04		

表 14-3 山东省碳排放及能源消耗历史性检验

年份	碳排放量			能源消耗		
	仿真值（万吨标准煤）	实际值（万吨标准煤）	误差率（%）	仿真值（万吨标准煤）	实际值（万吨标准煤）	误差率（%）
2005	20280.50	18369.90	10.40	28793.10	25687.50	12.09
2006	20809.50	20538.50	1.32	29544.20	28786.10	2.63
2007	21291.70	22294.70	-4.50	30228.70	31195.00	-3.10
2008	21794.00	22796.00	-4.40	30941.90	32116.20	-3.66
2009	22309.20	24451.70	-8.76	31673.30	34535.70	-8.29
2010	22994.10	25669.90	-10.42	32645.70	36357.20	-10.21
2011	23718.90	22132.40	7.17	33674.80	31211.80	7.89
2012	24223.50	23175.00	4.52	34391.40	32686.70	5.21
2013	24690.40	24224.50	1.92	35054.10	34234.90	2.39
2014	25228.90	25054.60	0.70	35818.70	35362.60	1.29
2015	25757.10	25922.20	-0.64	36568.50	36759.20	-0.52
2016	26579.60	26798.30	-0.82	37736.30	38722.80	-2.55
2017	27110.60	25329.80	7.03	38490.20	38683.70	-0.50
均值	碳放量误差均值：0.27			能源消耗误差均值：0.21		

表14-4　山东省第一、第二、第三产业产值及专利申请量历史性检验

年份	第一、第二、第三产业产值			专利申请量		
	仿真值（亿元）	实际值（亿元）	误差率（%）	仿真值（件）	实际值（件）	误差率（%）
2005	19402.30	18497.00	4.89	25683.00	28835.00	-10.93
2006	22574.80	22059.70	2.34	32777.00	38284.00	-14.38
2007	25887.30	25982.60	-0.37	43459.00	46849.00	-7.24
2008	29870.80	31212.30	-4.30	57613.00	60247.00	-4.37
2009	34528.90	34219.30	0.90	75365.00	68857.00	9.45
2010	38478.10	39571.00	-2.76	86282.00	80856.00	6.71
2011	43569.40	45875.00	-5.03	103147.00	109599.00	-5.89
2012	49084.20	50627.00	-3.05	126031.00	128614.00	-2.01
2013	53544.10	55911.90	-4.23	143618.00	155170.00	-7.44
2014	58586.00	60164.80	-2.62	163380.00	158619.00	3.00
2015	62928.20	63858.60	-1.46	179457.00	193220.00	-7.12
2016	67726.40	67925.60	-0.29	193712.00	212911.00	-9.02
2017	71937.60	72634.20	-0.96	209214.00	204861.00	2.12
均值	第一、第二、第三产业产值误差均值：-1.30			专利申请量误差均值：-4.16		

比较山东省2005—2017年GDP年增加值、人口质量、碳排放量、能源消耗、专利申请量以及第一、第二、第三产业产值六个指标的仿真值与实际值，可以发现，GDP增加值、人口质量的最大误差率分别为13.18%和8.41%，误差均值分别为1.27%和0.04%；碳排放量、能源消耗的最大误差率分别为10.40%和12.09%，误差均值分别为0.27%和0.21%；第一、第二、第三产业产值、专利申请量的最大误差率分别为-5.03%和-14.38%，误差均值分别为-1.30%和-4.16%。

对输入及输出指标的历史性检验结果表明，山东省低碳经济系统发

展动因与经济绩效 SD 仿真模型的拟合度较高,充分描述了山东省低碳经济系统的实际运行情况,同时也表明该 SD 仿真模型的结构设计与参数选取是比较合理的。

三 系统要素的拟合趋势图

考察山东省低碳经济系统要素的因果关系拟合趋势图(见图 14-1、图 14-2 和图 14-3),可以发现如下特征:GDP 要素为 GDP 年增加值的水平变量,二者的拟合无明显的线性关系,能源消耗量要素与第二产业产值的拟合保持一致的逐步增长态势。第一、第二、第三产业产值要素与专利申请量及人口质量的拟合保持一致的逐步增长趋势,专利申请量要素与教育投入及科技投入的拟合保持一致的增长态势,而与碳排放强度的拟合趋势呈现明显的负相关关系。碳排放量要素与原油消耗量、原煤消耗量、天然气及其他消耗量的拟合保持一致的逐步增长趋势,人口质量要素与人口数量及高等教育人数的拟合保持一致的增长态势。

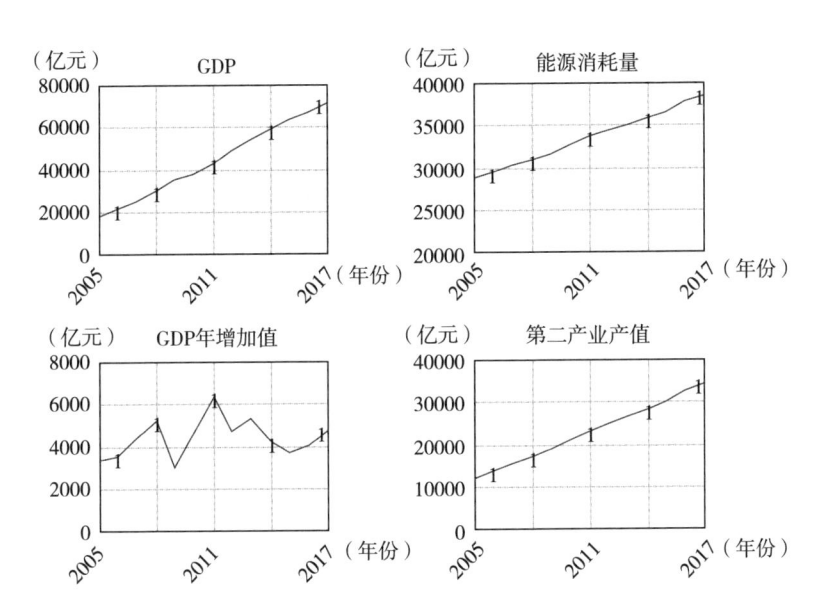

图 14-1 山东省地区生产总值、能源消耗量要素拟合趋势

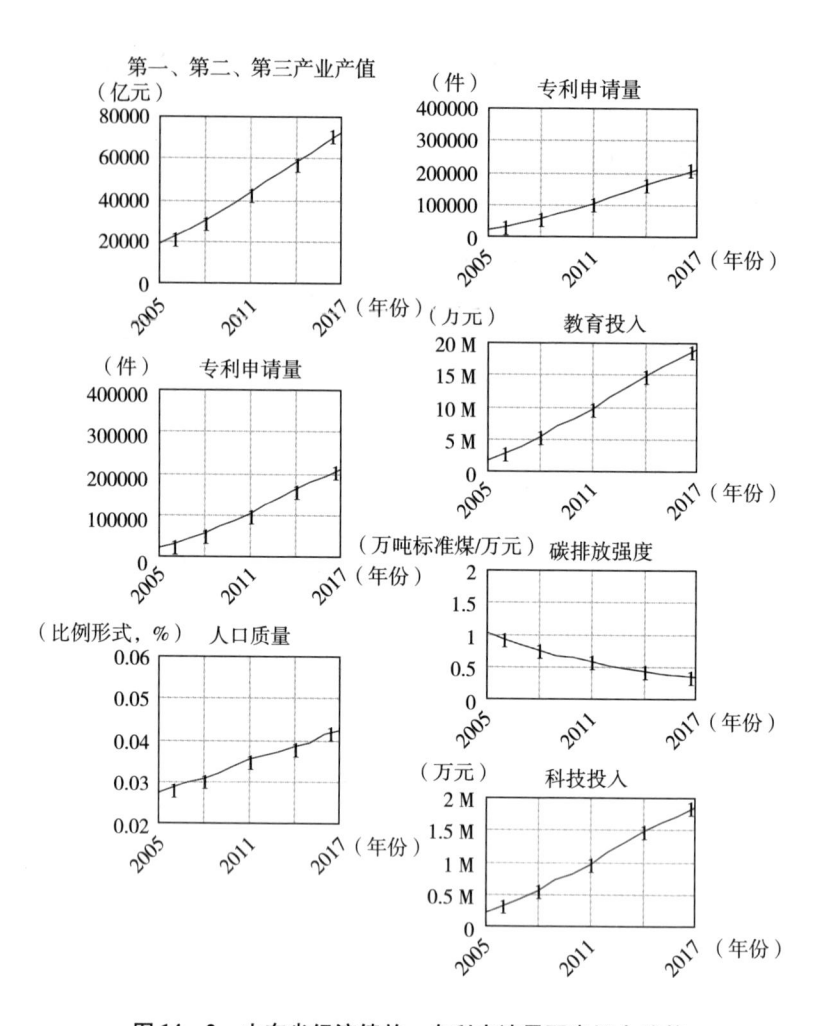

图 14-2　山东省经济绩效、专利申请量要素拟合趋势

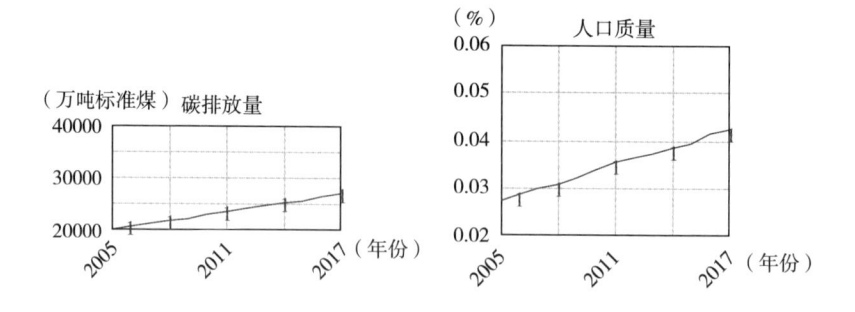

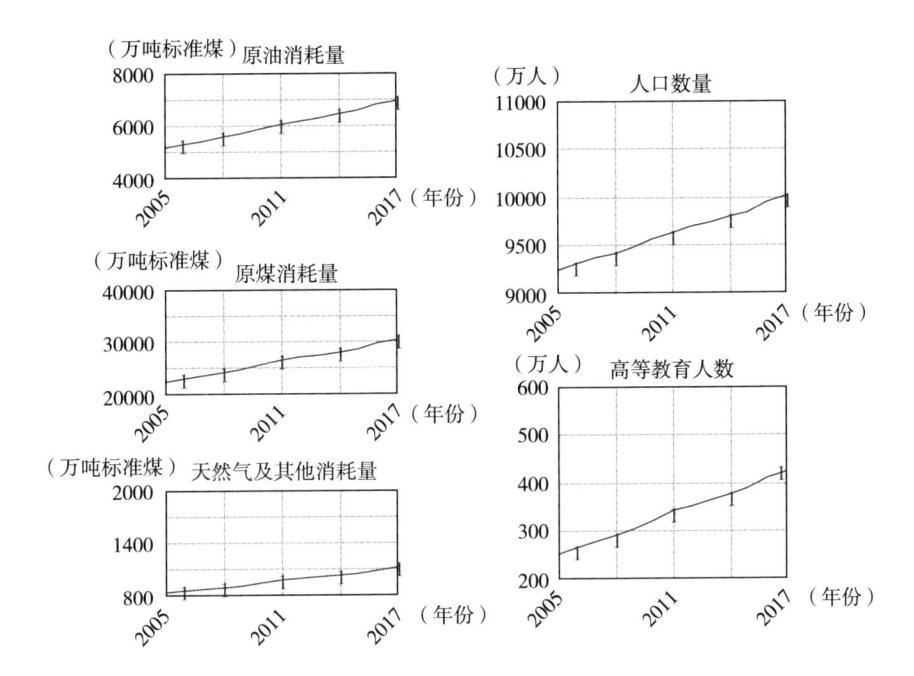

图 14-3　山东省碳排放量、人口质量要素拟合趋势

第二节　动因与绩效关系的仿真模拟分析

鉴于本书着重考察山东省低碳经济系统发展动因对经济绩效的作用力，下面，以山东省第一、第二、第三产业产值作为低碳系统经济绩效的衡量指标，考察经济指标（GDP 年增加值）、能源指标（能源消耗量）、碳排放指标（碳排放量）、人口指标（人口质量）、科技指标（专利申请量）等变量对经济绩效的影响程度，仿真模拟过程在 Vensim 软件下运行。

一　单个指标增强对系统经济绩效的影响

假定 GDP 年增加值、能源消耗量、碳排放量、人口质量、专利申请量的发展强度分别增加 1 个百分点，此时山东省产值仿真值的变化情况如下（见表 14-5）。

模拟结果显示，当山东省低碳经济系统单个动因指标（GDP 年增加值、能源消耗量、碳排放量、人口质量、专利申请量）的发展强度分别增加 1 个百分点时，系统绩效指标（第一、第二、第三产业产值）的仿真运行值均有明显提升，表明第一、第二、第三产业产值对上述动因指标的敏感度较强，低碳系统发展动因的加强有效地促进了低碳系统经济效应的实现。

表 14 - 5 第一、第二、第三产业产值对单个指标变化的敏感度

年份	产值对年增加值的敏感度			产值对能耗的敏感度		
	仿真值（亿元）	实际值（亿元）	误差率（%）	仿真值（亿元）	实际值（亿元）	误差率（%）
2005	19484.20	18497.00	5.34	19472.70	18497.00	5.27
2006	22771.30	22059.70	3.23	22637.20	22059.70	2.62
2007	26126.20	25982.60	0.55	25943.40	25982.60	-0.15
2008	30156.30	31212.30	-3.38	29921.00	31212.30	-4.14
2009	34865.00	34219.30	1.89	34574.00	34219.30	1.04
2010	38841.00	39571.20	-1.85	38521.70	39571.20	-2.65
2011	43973.20	45875.00	-4.15	43610.50	45875.00	-4.94
2012	49542.20	50627.00	-2.14	49122.20	50627.00	-2.97
2013	54041.90	55911.90	-3.34	53580.20	55911.90	-4.17
2014	59217.30	60164.80	-1.57	58620.50	60164.80	-2.57
2015	63503.90	63858.60	-0.56	62961.70	63858.60	-1.40
2016	68331.50	67925.60	0.60	67759.70	67925.60	-0.24
2017	72575.30	72634.20	-0.08	71970.20	72634.20	-0.91
误差均值			-0.42			-1.17
年份	产值对碳排放的敏感度			产值对人口质量的敏感度		
	仿真值（亿元）	实际值（亿元）	误差率（%）	仿真值（亿元）	实际值（亿元）	误差率（%）
2005	19410.50	18497.00	4.94	21708.50	18497.00	17.36
2006	22583.30	22059.70	2.37	24846.40	22059.70	12.63
2007	25895.90	25982.60	-0.33	28122.30	25982.60	8.24
2008	29879.60	31212.30	-4.27	32071.50	31212.30	2.75
2009	34537.90	34219.30	0.93	36710.20	34219.30	7.28

续表

年份	产值对碳排放的敏感度			产值对人口质量的敏感度		
	仿真值（亿元）	实际值（亿元）	误差率（%）	仿真值（亿元）	实际值（亿元）	误差率（%）
2010	38487.40	39571.20	-2.74	40626.30	39571.20	2.67
2011	43579.10	45875.00	-5.00	45682.60	45875.00	-0.42
2012	49094.00	50627.00	-3.03	51187.20	50627.00	1.11
2013	53554.10	55911.90	-4.22	55620.40	55911.90	-0.52
2014	58596.30	60164.80	-2.61	60654.10	60164.80	0.81
2015	62938.60	63858.60	-1.44	64968.60	63858.60	1.74
2016	67737.20	67925.60	-0.28	69744.70	67925.60	2.68
2017	71948.60	72634.20	-0.94	73949.70	72634.20	1.81
误差均值			-1.28			4.47

年份	产值对专利申请量的敏感度		
	仿真值（亿元）	实际值（亿元）	误差率（%）
2005	19449.00	18497.00	5.15
2006	22639.50	22059.70	2.63
2007	25973.00	25982.60	-0.04
2008	29984.40	31212.30	-3.93
2009	34677.60	34219.30	1.34
2010	38648.30	39571.20	-2.33
2011	43773.00	45875.00	-4.58
2012	49332.90	50627.00	6.32
2013	53827.50	55911.90	5.36
2014	58908.40	60164.80	5.18
2015	63282.30	63858.60	6.66
2016	68108.60	67925.60	6.51
2017	72350.40	72634.20	-0.39
误差均值			2.14

二 多个指标增强对低碳系统经济绩效的影响

进一步考察 GDP 年增加值、能源消耗量、碳排放量、人口质量、专利申请量等指标同时增加的情况下（假定上述指标发展强度同时增加1个百分点），系统经济绩效仿真值的变动情况，仿真模拟结果如下（见表14-6、图14-4）。

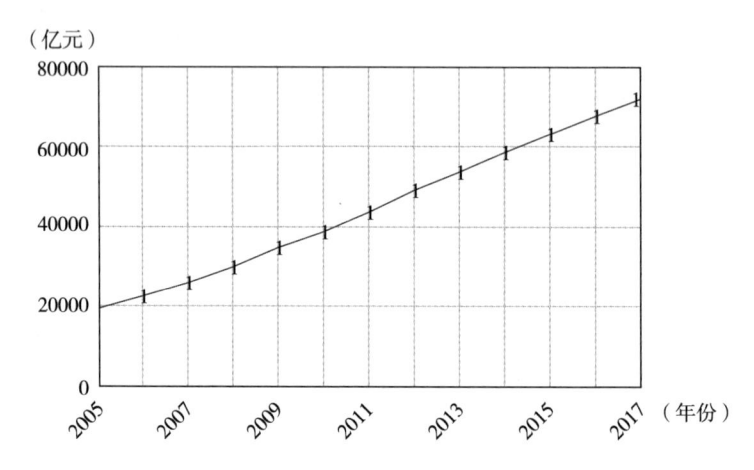

图14-4　山东省经济绩效指标对多指标增强拟合趋势

表14-6　　　　经济绩效指标对多指标同时变化的敏感度

年份	仿真值（亿元）	实际值（亿元）	误差率（%）
2005	19484.20	18497.00	5.34
2006	22771.30	22059.70	3.23
2007	26126.20	25982.60	0.55
2008	30156.30	31212.30	-3.38
2009	34865.00	34219.30	1.89
2010	38841.00	39571.20	-1.85
2011	43973.20	45875.00	-4.15
2012	49542.20	50627.00	-2.14
2013	54041.90	55911.90	-3.34
2014	59217.30	60164.80	-1.57
2015	63503.90	63858.60	-0.56
2016	68331.50	67925.60	0.60
2017	72575.30	72634.20	-0.08
误差均值			-0.42

模拟结果显示，当山东省低碳经济系统动力要素（GDP 年增加值、能源消耗量、碳排放量、人口质量、专利申请量）的发展强度同时增加 1 个百分点时，山东省产值仿真值出现了较大程度的提升，提升幅度显著高于单指标增强的模拟状态。这一结果充分表明，山东省低碳经济系统动力要素的加强对于系统经济绩效的充分发挥有着较强的促进作用，这也为政府制定低碳经济发展政策提供了科学借鉴。

第三节 动因与绩效的预测模拟分析

对山东省低碳经济系统 SD 模型的有效性检验及仿真模拟分析充分表明，这一系统动力学模型用于低碳经济系统的实际运行是科学可行的。

一 低碳经济系统中长期预测分析

以 2005—2017 年统计数据为基础，进一步对山东省低碳经济系统发展的动力要素做中长期（2005—2030 年）预测模拟分析，可以得到低碳系统动力要素的演化趋势（见图 14 -5 至图 14 -9）。

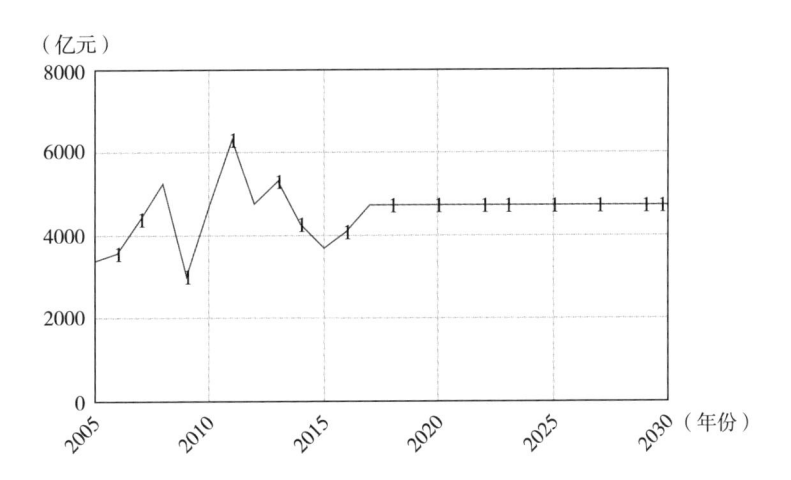

图 14 -5 山东省生产总值年增加值中长期演化趋势

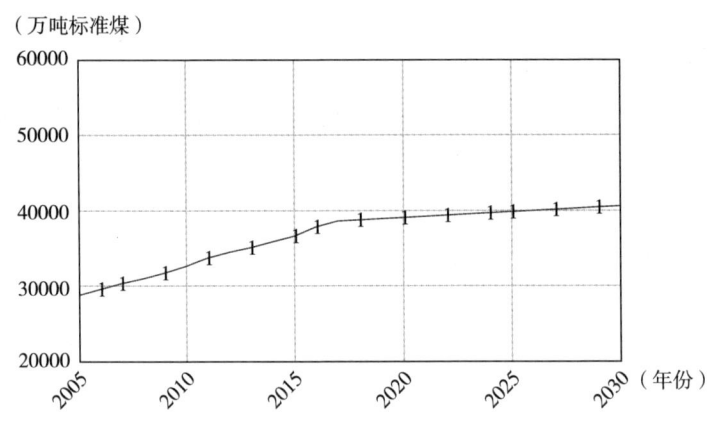

图 14-6　山东省能源消耗量中长期演化趋势

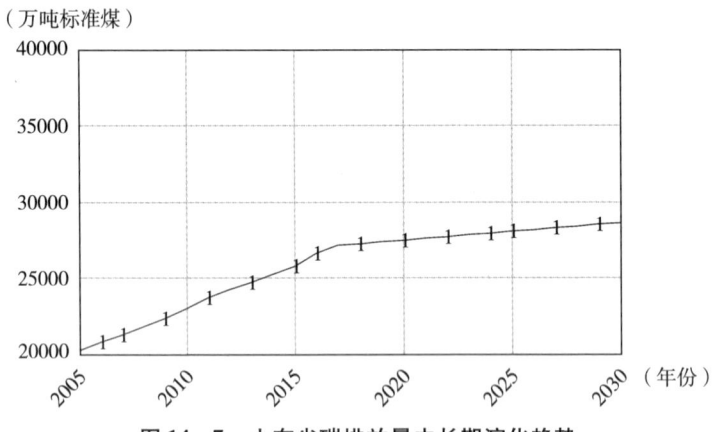

图 14-7　山东省碳排放量中长期演化趋势

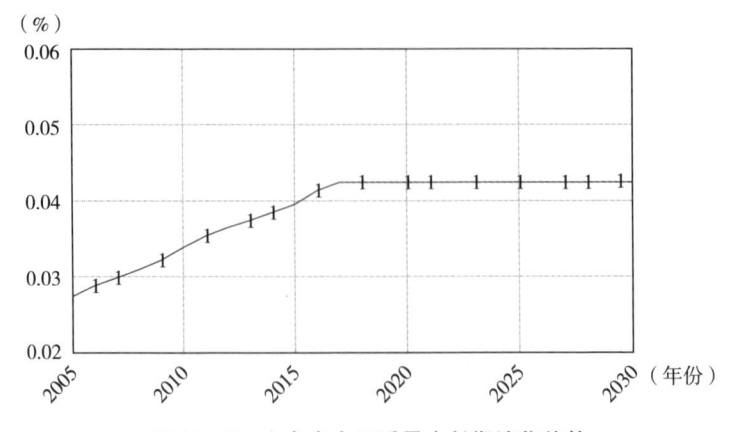

图 14-8　山东省人口质量中长期演化趋势

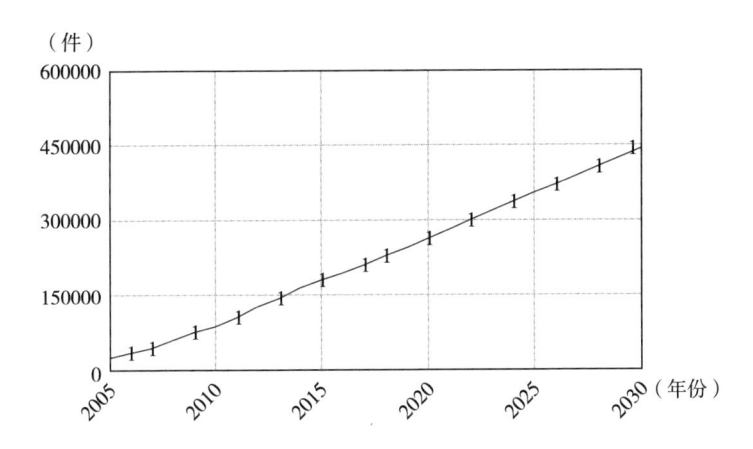

图 14-9 山东省专利申请量中长期演化趋势

从动力要素的演化趋势可以看出，驱动山东省低碳经济系统发展的动力要素 GDP 年增加值在中期（2015年）之后，呈现出基本稳定的发展态势；能源消耗、碳排放和人口质量等要素在中期之前均呈现出稳步增长的趋势，长期来看增长态势放缓并保持平稳发展；专利申请量要素作为低碳经济系统的创新指标，展示出快速良好的增长态势。

进一步比较各动力要素的年增长率可以发现（见表14-7）：GDP要素自 2019 年之后，年增速呈现出逐步下降的趋势，表明山东省低碳经济系统受经济子系统诸因素的内在制约，其内生增长力趋于减弱。能源消耗、碳排放及人口质量等要素的增长率在后期较为缓慢，这与山东省经济增长与生产方式的转型升级密切相关。专利申请量要素的年增速则呈现基本稳定的上升趋势，尽管长期来看增长速度有所回落，但总体趋势表明，低碳系统创新的增长力不断增强，具有一定的创新潜力。

表 14-7 2005—2030 年山东省低碳系统动力要素年增速

年份	生产总值年增加值		能源消耗量	
	仿真值（万元）	年增速（%）	仿真值（万吨标煤）	年增速（%）
2005	18497.00	0.18	28793.10	0.02
2006	21878.80	0.18	29544.20	0.03
2007	25441.40	0.16	30228.70	0.02

续表

年份	生产总值年增加值		能源消耗量	
	仿真值（万元）	年增速（%）	仿真值（万吨标煤）	年增速（%）
2008	29837.60	0.17	30941.90	0.02
2009	35067.30	0.18	31673.30	0.02
2010	38047.30	0.09	32645.70	0.03
2011	42729.60	0.12	33674.80	0.03
2012	49033.40	0.15	34391.20	0.02
2013	53785.40	0.10	35054.10	0.02
2014	59070.30	0.10	35818.70	0.04
2015	63323.20	0.07	36568.50	0.03
2016	67017.00	0.06	37736.30	0.02
2017	71084.00	0.06	38490.20	0.00
2018	75801.60	0.07	38652.40	0.00
2019	80519.10	0.06	38814.60	0.00
2020	85236.60	0.06	38976.80	0.00
2021	89954.10	0.06	39139.00	0.00
2022	94671.70	0.05	39301.20	0.00
2023	99389.20	0.05	39463.50	0.00
2024	104107.00	0.05	39625.70	0.00
2025	108824.00	0.05	39787.90	0.00
2026	113542.00	0.04	39950.10	0.00
2027	118259.00	0.04	40112.30	0.00
2028	122977.00	0.04	40274.50	0.00
2029	127694.00	0.04	40436.70	0.00
2030	132412.00	0.04	40598.90	0.00

续表

年份	碳排放		专利申请量	
	仿真值 (万吨标准煤)	年增速(%)	仿真值(件)	年增速(%)
2005	20280.50	0.03	23682.60	0.38
2006	20809.50	0.03	32777.20	0.38
2007	21291.70	0.02	43458.90	0.33
2008	21794.00	0.02	57612.50	0.33
2009	22309.20	0.02	75364.60	0.31
2010	22994.10	0.03	86282.10	0.15
2011	23718.90	0.03	103147.00	0.20
2012	24223.50	0.02	126031.00	0.22
2013	24690.40	0.02	143618.00	0.14
2014	25228.90	0.02	163380.00	0.25
2015	25757.10	0.02	179457.00	0.08
2016	26579.60	0.03	193712.00	0.08
2017	27110.60	0.02	209214.00	0.09
2018	27224.90	0.01	226960.00	0.08
2019	27339.10	0.01	244781.00	0.07
2020	27453.40	0.01	262665.00	0.07
2021	27567.70	0.01	280601.00	0.06
2022	27681.90	0.01	298582.00	0.06
2023	27796.20	0.01	316601.00	0.06
2024	27910.40	0.01	334654.00	0.05
2025	28024.70	0.01	352735.00	0.05
2026	28138.90	0.01	370842.00	0.10
2027	28253.20	0.01	388970.00	0.05
2028	28367.40	0.01	407119.00	0.04
2029	28481.70	0.01	425285.00	0.05
2030	28595.90	0.01	443467.00	0.04

续表

年份	人口数量		人口质量	
	仿真值（万人）	年增速（%）	仿真值（%）	年增速（%）
2005	9248.00	0.01	2.74	0.05
2006	9309.00	0.01	2.87	0.05
2007	9363.00	0.01	2.99	0.04
2008	9417.00	0.01	3.10	0.04
2009	9470.00	0.01	3.21	0.04
2010	9553.50	0.01	3.38	0.05
2011	9637.00	0.01	3.54	0.05
2012	9685.00	0.01	3.64	0.03
2013	9733.00	0.01	3.73	0.03
2014	9789.00	0.01	3.84	0.03
2015	9847.00	0.01	3.95	0.03
2016	9947.00	0.01	4.13	0.05
2017	10006.00	0.01	4.24	0.03
2018	10109.00	0.01	4.30	0.02
2019	10198.00	0.01	4.38	0.02
2020	10269.00	0.01	4.47	0.02
2021	10310.00	0.00	4.57	0.02
2022	10381.00	0.01	4.67	0.02
2023	10412.00	0.00	4.73	0.01
2024	10473.00	0.01	4.84	0.02
2025	10514.00	0.00	4.91	0.01
2026	10575.00	0.01	4.99	0.02
2027	10616.00	0.00	5.10	0.02
2028	10677.00	0.01	5.18	0.02
2029	10718.00	0.00	5.33	0.03
2030	10769.00	0.01	6.38	0.20

二 低碳经济系统中长期预测比较分析

进一步深入比较在动力要素显著增强与正常发展情境下,山东省低碳经济系统相关指标的预测结果,设定系统动力要素 GDP 年增加值、能源消耗量、碳排放量、人口质量、专利申请量指标的发展强度均增加 1 个百分点,考察增加后的系统中长期模拟预测与原始预测情况,各动力要素仿真预测及因果拟合结果如图 14-10 至图 14-18 所示。

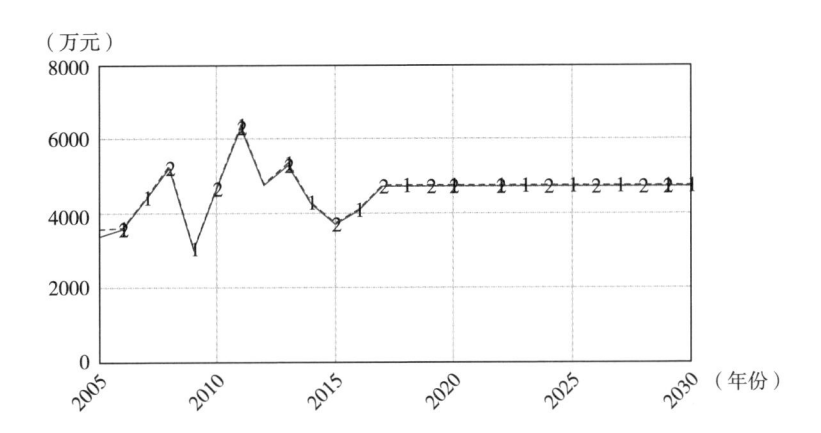

图 14-10 山东省生产总值年增加值中长期预测比较

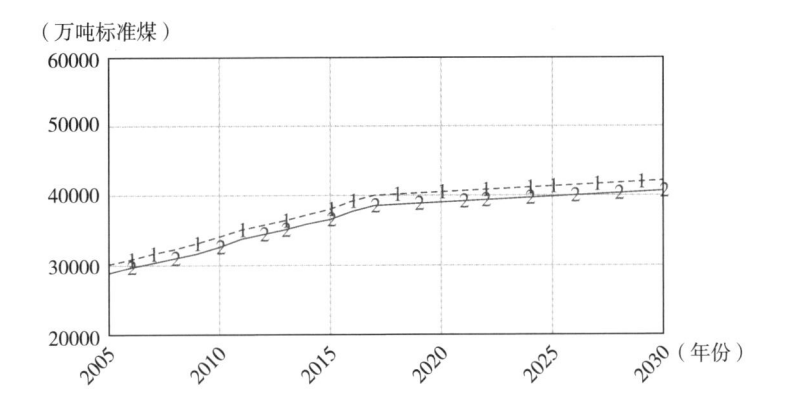

图 14-11 山东省能源消耗量中长期预测比较

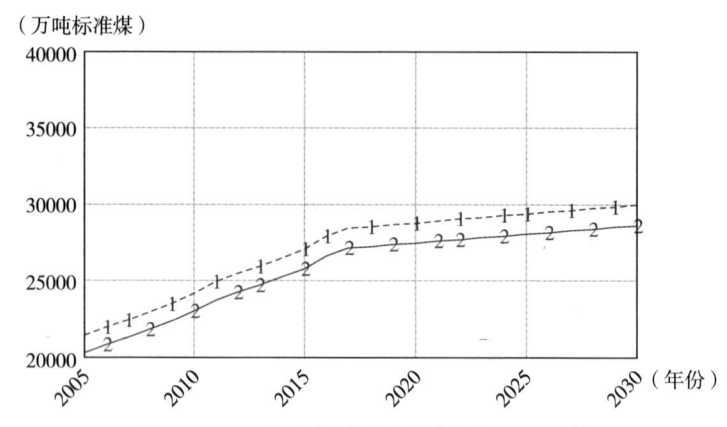

图 14-12　山东省碳排放量中长期预测比较

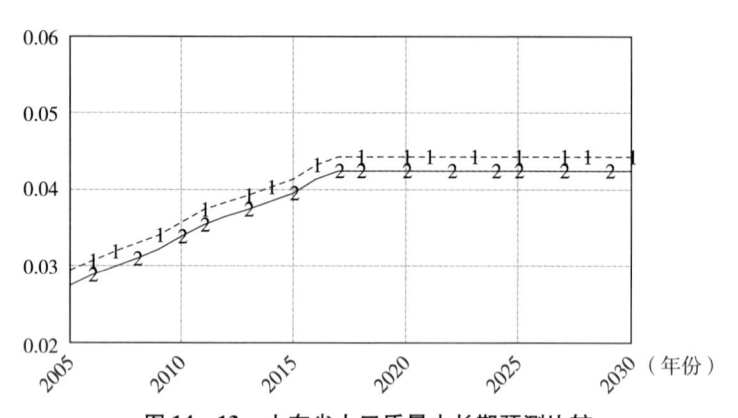

图 14-13　山东省人口质量中长期预测比较

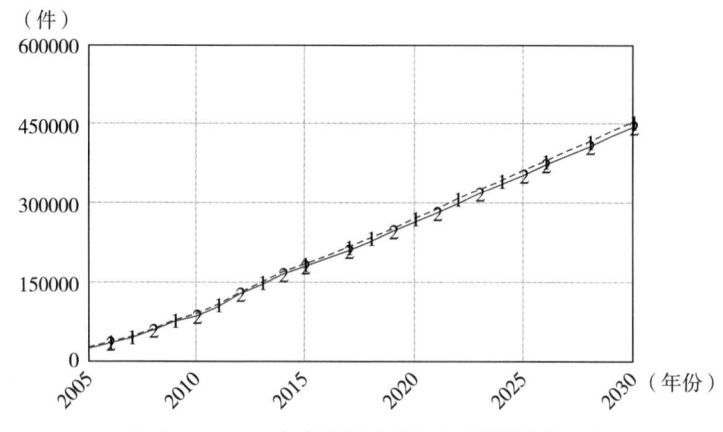

图 14-14　山东省专利申请量中长期预测比较

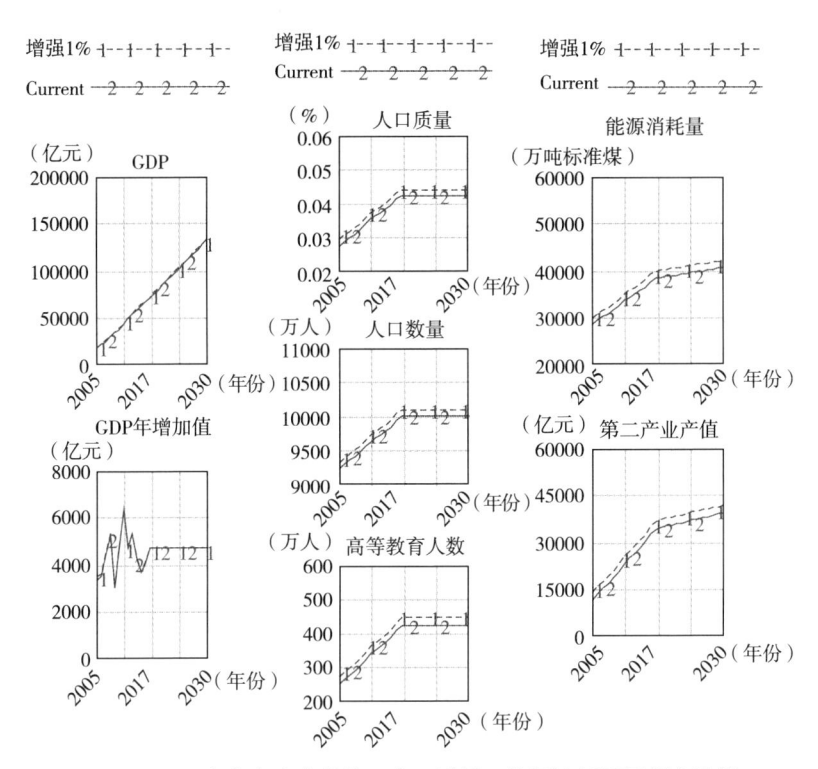

图 14-15　山东省生产总值、人口质量、能源消耗因果拟合比较

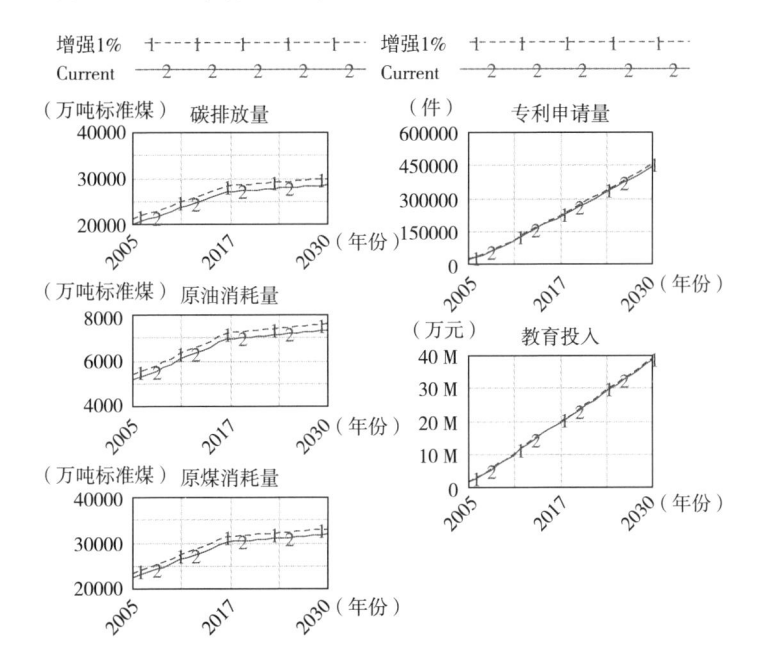

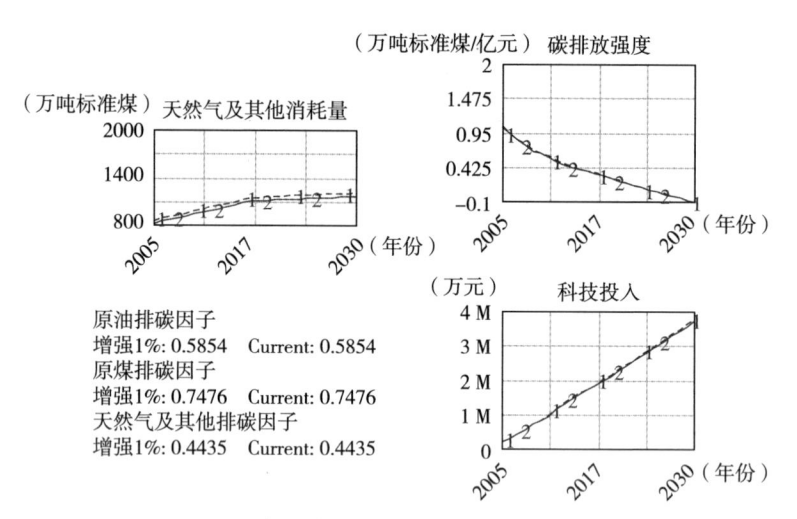

图 14-16　山东省碳排放量、专利申请量因果拟合比较

可以看出，发展强度增强后的各动力要素对山东省低碳经济系统的作用力也在增强。继续深入比较在高发展强度下，系统绩效指标中长期模拟预测与原始强度预测情况，绩效要素因果拟合及仿真预测结果如图 14-17、图 14-18 所示。

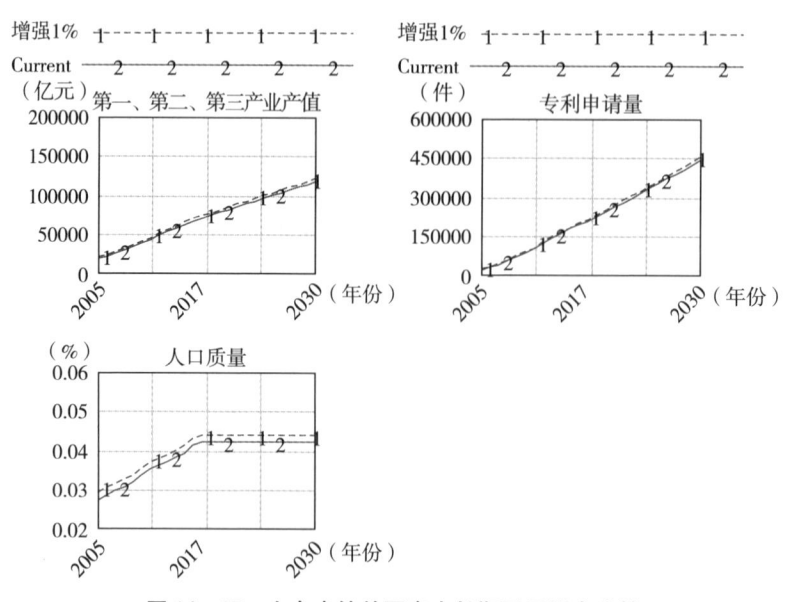

图 14-17　山东省绩效要素中长期因果拟合比较

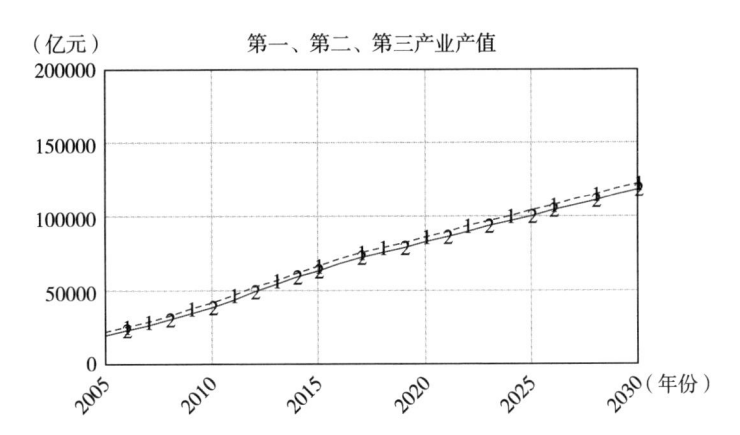

第十四章 山东省低碳经济动因与绩效的仿真模拟 | 221

图 14-18 山东省绩效要素中长期预测比较

比较绩效要素中长期因果拟合与模拟预测结果图，可以发现，山东省低碳经济系统动力要素的发展强度增强后，绩效指标得到了显著提升。与原始发展强度的中长期预测值相比，产值增幅最高为 12.98%（2005 年）、最低为 3.03%（2027 年），平均涨幅达到 5.51%。

这一结果充分说明，动力要素加强对低碳经济系统绩效产出具有明显的推动作用，这也是政府制定产业、能源、科技、教育及经济政策的依据所在。

第六编

山东省低碳经济发展路径选择及政策建议

第十五章 山东省低碳经济发展路径选择

第一节 山东省低碳经济发展方案设定

一 山东省低碳经济发展的制约因素

山东省目前低碳经济发展水平整体不高,其制约因素主要有:产业结构尚不完善,能源结构尚不均衡,教育与科技投入相对不足等。尽快解决产业、能源、教育与科技对经济发展的制约问题,是提高山东省低碳经济发展水平的关键。

(一)产业结构的制约

基于对山东省经济发展现状的分析,本书认为,山东省经济增长对工业的依赖程度较大,2017年第二产业产值已经占总产值的45.30%。目前,山东省经济增长的拉动力已由第二产业向第三产业转变,第二产业对经济增长的贡献率逐年下降,2017年贡献率下降到40.30%;而第三产业对经济增长的贡献率逐年上升,2017年贡献率上升到56.10%。但是,山东省仍存在较大比重的高污染、高能耗行业,诸如,黑色金属冶炼及压延加工业(产值单耗0.68吨标准煤/万元),造纸和纸制品业(产值单耗0.54吨标准煤/万元),化学纤维制造业(产值单耗0.35吨标准煤/万元)以及石油加工、炼焦和核燃料加工业(产值单耗0.34吨标准煤/万元)等的发展,使山东省仍旧陷入碳排放高度集中的发展模式中。故而,进一步调整优化山东省产业结构、约束高排放高污染行业的发展,是解决经济结构制约的有效路径。

（二）能源结构的制约

二氧化碳排放的主要来源即为人工排放，而其中94.00%以上的排放量是由化石燃料消耗带来的。山东省的能源消耗从25687.50万吨标准煤（2005年）增长到38683.70万吨标准煤（2017年），13年间增幅高达50.59%。作为能源消耗大省，山东省的煤品（包括煤炭、焦炭、焦炉煤气、高炉煤气、转炉煤气和其他焦化产品）消耗在能源消费结构中一直居于主导地位，2017年仅煤品和油品消费量的比重就达到87.51%，而电力、天然气及其他品类的能源消费相对而言非常低，其能源消费结构的"高碳"和"非均衡性"刚性特征极为显著。因此，如何在能源消耗中有效加大清洁、低碳能源（诸如，天然气、热力、核能等）的比重，是山东省低碳经济发展亟须解决的重要问题。

（三）教育与科技投入的制约

低碳经济的发展需要以低碳科技作为支撑、以低碳科技人才作为基石，然而目前，山东省在教育与科技领域的经费投入相对偏少。2017年，山东省教育与科技投入的比例分别为20.41%和2.11%，其中科技投入仍然达不到全国平均水平。同时，在技术创新与成果转化方面，山东省的力量相对薄弱，高等教育人口占总人口的比重也远低于发达城市的教育状况。因此，尽快解决教育与科技投入不足的制约，是促进山东省科技水平与人口质量提高的关键。

二 山东省低碳经济发展路径方案设定

在对山东省低碳经济发展制约因素进行深入分析的基础上，本书认为，山东省低碳经济发展仍处于"高能耗、高污染、高排放"的不利模式，亟须探寻科学合理的增长路径。为此，有针对性地提出低碳经济发展的四种路径方案，并在后面的研究中对其分别进行仿真预测与比较。

（一）路径一：传统增长型路径

本书设定的第一种低碳经济发展路径是传统增长型路径，即遵循自然传统的发展模式。在山东省低碳经济系统的运行过程中，不对系统参数实施任何干预，在满足其经济绩效、能源与减排目标的基础上，遵循其原有的经济结构与发展模式，模拟低碳经济传统自然增长的趋势。

对传统增长型路径的模拟预测，有利于考察山东省低碳经济发展过程中的关键性制约因素，进而制订更为合理的调整方案，同时还可作为基准模式与其他发展路径进行对比。

（二）路径二：能源节约型路径

本书设定的第二种低碳经济发展路径是能源节约型路径，即在经济低碳化发展过程中，侧重对能源消费结构的调整，以可持续性能源作为未来能源消耗的主要来源。山东省一次性能源消费中目前比重最高的即为煤品和油品，远高于电力、天然气及其他品类（两者2017年消费占比为87.51%∶12.46%），能源消耗的严重失衡制约着山东省经济与环境的发展。

在能源节约型路径的模拟预测中，通过对能源消费比例参数的调整，有助于深入考察能源可持续发展模式对低碳经济发展产生的绩效。

（三）路径三：产业低碳化转型路径

本书设定的第三种低碳经济发展路径是产业低碳化转型路径，即在低碳经济发展过程中，侧重产业结构的调整优化，通过产业低碳化转型实现减少能源消耗、发展可持续经济的目标。山东省经济发展近几年突飞猛进，2018年，全省地区生产总值达76469.70亿元，2006—2018年13年间，GDP平均增长速度达到11.65%。但山东省产业结构长久以来持续性失衡，自2016年开始，第三产业对经济增长的贡献率才开始超过第二产业，由此导致的粗放型发展模式给资源利用与环境发展造成了巨大的压力。

在产业低碳化转型路径的模拟预测中，通过调整三次产业的投资、就业比例及GDP年均增长值，有助于深入探寻产业结构调整后其他重要目标的发展趋势，并进一步考察低碳化发展模式对经济绩效的影响。

（四）路径四：综合互补型路径

本书设定的第四种低碳经济发展路径是综合互补型路径，即兼顾低碳经济发展的能源、产业、教育、科技以及经济等目标的均衡发展。

在综合互补型路径的模拟预测中，将对低碳经济发展各项目标的内变量参数同时进行调整，而不是仅仅关注某一特定目标的变动效果。其目的是综合考察能源、产业、教育、科技以及经济等政策实施对经济绩效的协同效应，深入考察综合性政策影响下，山东省低碳经济的整体发展态势。

第二节　山东省低碳经济发展路径仿真预测

一　可控变量的选择与参数设定

基于对山东省低碳经济发展路径的方案设定，本书选取低碳经济系统运行中合理的可控变量（可调整的辅助变量或常量），进行路径仿真预测与分析。

各种路径中，可控变量分别为：

（1）传统增长型路径的可调控变量：无，不进行任何干预。

（2）能源节约型路径的可调控变量：原煤消耗比重、原油消耗比重、天然气及其他消耗比重。

（3）产业低碳化转型路径的可调控变量：GDP 年增长率、第一产业劳动比例、第二产业劳动比例、第三产业劳动比例、第一产业投资比例、第二产业投资比例、第三产业投资比例。

（4）综合互补型路径的可调控变量：原煤消耗比重、原油消耗比重、天然气及其他消耗比重、GDP 年增长率、产业劳动比例、产业投资比例、教育投入比例、科技投入比例、农林水支出比例、高等教育比例。

我们对相关参数进行不断的干预与调整，以观察各路径在未来 10 年的发展趋势；同时，通过观察系统重要变量的预测值，比较各路径的优劣，并确定适合山东省低碳经济发展的最优路径。在对各路径的可控变量进行反复调试与运行的过程中，得到了各变量合理的参数值及其最优调整力度，如表 15-1 所示。

表 15-1　　　　低碳经济系统路径方案的变量参数

变量名称	单位	路径一传统型	路径二能源型	路径三产业型	路径四综合型
原煤消耗比重	%	78.40	70.60	78.40	70.60
原油消耗比重	%	18.00	16.20	18.00	16.20
天然气及其他消耗比重	%	2.90	12.50	2.90	12.50
GDP 年增长率	%	12.00	12.00	22.00	22.00

续表

变量名称	单位	路径一传统型	路径二能源型	路径三产业型	路径四综合型
第一产业劳动比例	%	28.30	28.30	22.50	22.50
第二产业劳动比例	%	35.60	35.60	32.04	32.04
第三产业劳动比例	%	36.10	36.10	45.46	45.46
第一产业投资比例	%	1.90	1.90	3.86	3.86
第二产业投资比例	%	49.55	49.55	40.28	40.28
第三产业投资比例	%	48.55	48.55	63.58	63.58
教育投入比例	%	20.41	20.41	20.41	22.45
科投入比例	%	2.11	2.11	2.11	2.32
农林水支出比例	%	10.30	10.30	10.30	11.33
高等教育比例	%	4.18	4.18	4.18	5.02

二 低碳经济发展路径仿真分析

在山东省低碳经济发展的 SD 模型中，我们采用第一、第二、第三产业产值作为系统经济绩效的衡量指标，分别考察各路径中变量参数的调整（具体参数值及调整力度见表 15-1）对绩效指标的影响程度。同时，考察在不同路径中，各相关变量（GDP 年均增长值、能源消耗量、碳排放量、专利申请量、人口质量等）的拟合机理与发展趋势。

观察系统经济绩效指标各路径的仿真值（见表 15-2、图 15-1），可以发现，第一、第二、第三产业产值在四个路径方案中的排序从高到低依次为路径四＞路径三＞路径二＞路径一。

表 15-2　　　　　经济绩效指标各路径仿真值　　　　单位：亿元

年份	路径一	路径二	路径三	路径四
2005	19402.30	19371.50	19371.50	26562.50
2006	22574.80	22543.30	22942.30	30387.00
2007	25887.30	25855.00	26768.40	34456.10
2008	29870.80	29837.70	31446.70	39405.10
2009	34528.90	34495.10	36970.70	45225.50

续表

年份	路径一	路径二	路径三	路径四
2010	38478.10	38443.20	41420.20	49956.50
2011	43569.40	43533.50	47297.90	56170.40
2012	49084.20	49047.50	53890.90	63081.90
2013	53544.10	53506.70	59163.90	68618.20
2014	58586.00	58547.80	65109.90	74861.30
2015	62928.20	62889.10	70178.10	80193.20
2016	67726.40	67686.10	75602.00	85941.40
2017	71937.60	71896.50	80506.90	91101.80
2018	75438.30	75397.10	84817.90	95577.60
2019	78953.80	78912.40	89142.90	100067.00
2020	82481.70	82440.10	93479.30	104568.00
2021	86019.90	85978.10	97825.30	109079.00
2022	89566.90	89525.00	102179.00	113598.00
2023	93121.60	93079.40	106540.00	118124.00
2024	96682.70	96640.40	110907.00	122655.00
2025	100250.00	100207.00	115280.00	127192.00
2026	103821.00	103779.00	119656.00	131734.00
2027	107398.00	107355.00	124037.00	136279.00
2028	110978.00	110935.00	128421.00	140828.00
2029	114561.00	114518.00	132808.00	145379.00
2030	118148.00	118105.00	137198.00	149934.00
总增幅（%）	508.94	509.68	608.25	464.46
未来增幅（%）	49.64	49.67	53.91	49.83

路径一（传统增长型）的发展模式中，完全遵循原有的产业、能源、教育与科技结构，系统经济绩效呈现自然增长的态势。2005—2030年，经济绩效指标从19402.30亿元增长到118148.00亿元，增长幅度为508.94%；未来12年中（2019—2030年），其增幅达到49.64%。

（亿元）图表

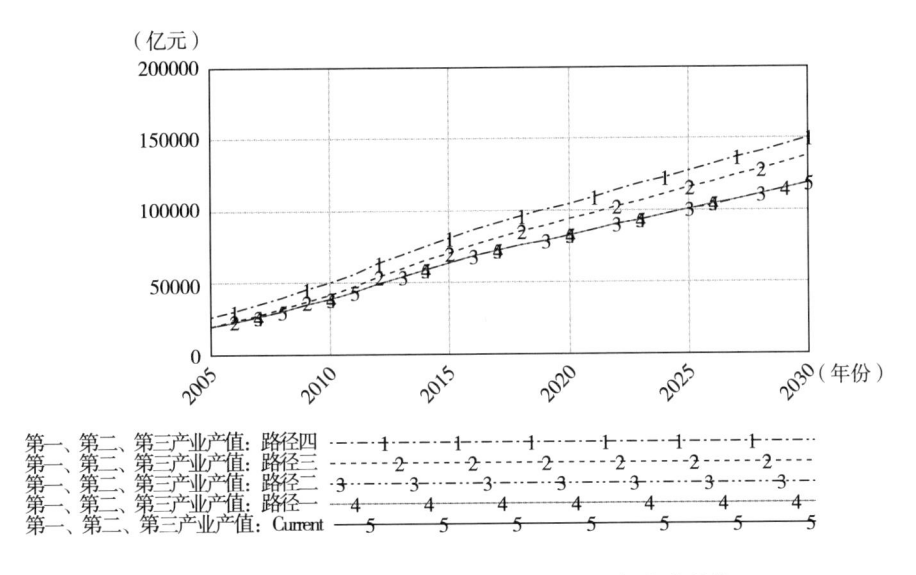

第一、第二、第三产业产值：路径四 ——+——
第一、第二、第三产业产值：路径三 ——2——
第一、第二、第三产业产值：路径二 ——3——
第一、第二、第三产业产值：路径— ——4——
第一、第二、第三产业产值：Current ——5——

图 15-1　2005—2030 年经济绩效指标各路径仿真趋势

路径二（能源节约型）的发展模式中，对能源消耗结构进行了调整。原煤及原油消耗比重分别下调 10.00%，天然气及其他消耗比重上调 40.00%，系统经济绩效呈现持续增长的态势。2005—2030 年，经济绩效指标从 19371.50 亿元增长到 118105.00 亿元，增长幅度为 509.68%；未来 12 年中（2019—2030 年），其增幅达到 49.67%。可以看出，能源消费结构的调整对经济绩效能够产生一定的激励，但因成本、技术等因素的制约，能源节约型发展模式对经济的驱动效应并不是很显著，该模式产生的环境效应反而更为突出。

路径三（产业调整型）的发展模式中，对产业与经济结构进行了调整。与传统增长型和能源节约型路径相比，GDP 年均增长值的增幅明显提高（年增长率为 22.00%），加大了第三产业从业人员与投资比例，并相应减少了第二产业从业人员与投资比例。2005—2030 年，经济绩效指标从 19371.50 亿元增长到 137198.00 亿元，增长幅度为 608.25%；未来 12 年中（2019—2030 年），其增幅达到 53.91%。可以看出，产业结构和经济结构的优化极大地提高了系统经济绩效，在确保经济低碳化发展的同时，实现了经济效益的明显优化。

路径四（综合互补型）的发展模式中，对能源消耗结构、产业与经济结构、科技与教育结构进行了综合调整。其中，能源参数与产业参数的调整分别遵循路径二和路径三的调整力度，此外，教育投入比例、科技投入比例、农林水支出比例分别上调10.00%，高等教育比例提升20.00%。2005—2030年，经济绩效指标从26562.50亿元增长到149934.00亿元，增长幅度为464.46%；未来12年中（2019—2030年），其增幅达到49.83%。可以看出，在路径四发展模式中，通过能源、产业、科技与教育结构的综合调整，能源得到大幅节约，二氧化碳排放增势趋缓，人口质量显著提升，科技创新能力明显改善，经济绩效得到大幅提升。整体而言，极大地实现了低碳经济的发展目标。

三 低碳经济发展路径仿真比较

基于对山东省低碳经济发展路径的仿真分析，本书进一步对低碳经济子系统各路径的发展轨迹进行仿真预测，以期更深入地考察与对比低碳经济发展的综合水平及各路径的影响效力。我们重点考察各路径对经济发展水平、人口质量水平、碳治理水平与科技创新水平的作用效力，相关变量的发展趋势与因果拟合如图15-2至图15-7所示。

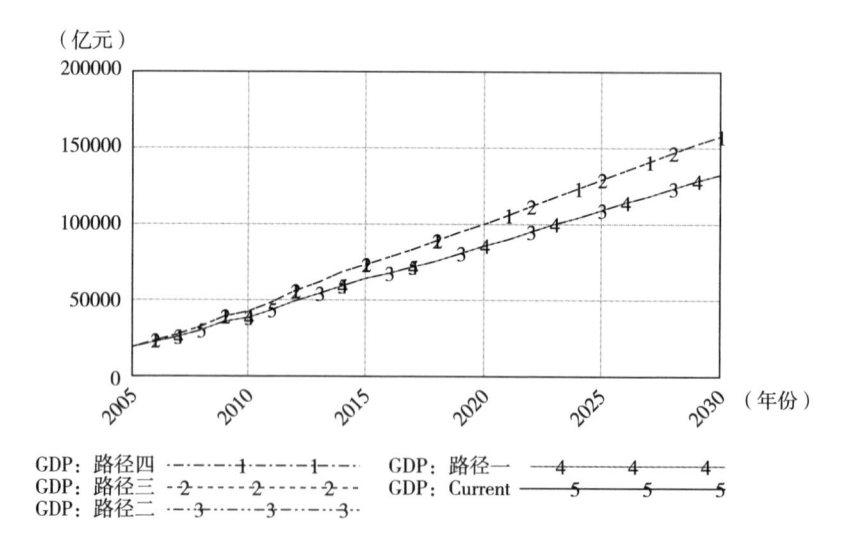

图15-2 2005—2030年各路径地区生产总值仿真趋势

对各路径经济发展水平的考察，选用经济子系统中的 GDP 指标来衡量。可以发现，GDP 指标在四个路径方案中的排序从高到低依次为：路径四（路径三）＞路径二（路径一）。路径四与路径三对产业结构的调整使经济结构得到优化，低碳经济发展水平得到快速提升（见图15-2、图15-6）。

对各路径人口质量水平的考察，选用人口子系统中的人口质量指标来衡量。可以发现，人口质量指标在四个路径方案中的排序从高到低依次为：路径四＞路径三（路径二、路径一）。路径四对高等教育比例的提高使接受高等教育的人数增加，人口质量水平得到快速提高（见图15-3、图15-6）。

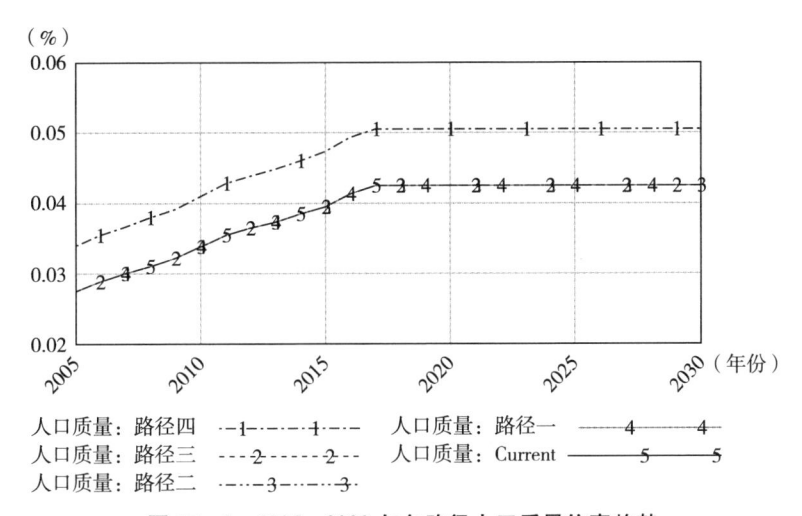

图15-3　2005—2030年各路径人口质量仿真趋势

对各路径碳治理水平的考察，选用碳排放子系统中的二氧化碳排放量指标来衡量。可以发现，碳排放量指标在四个路径方案中的排序从高到低依次为：路径一＞路径三（路径四）＞路径二，即路径一的碳排放量最高，碳治理水平最低；路径二的碳排放量最低，碳治理水平最高。路径二、路径三（路径四）对能源消耗结构和产业结构的调整都在不同程度上降低了碳排放量，其中路径二能源节约型发展模式的作用效果是最为明显的（见图15-4、图15-7）。

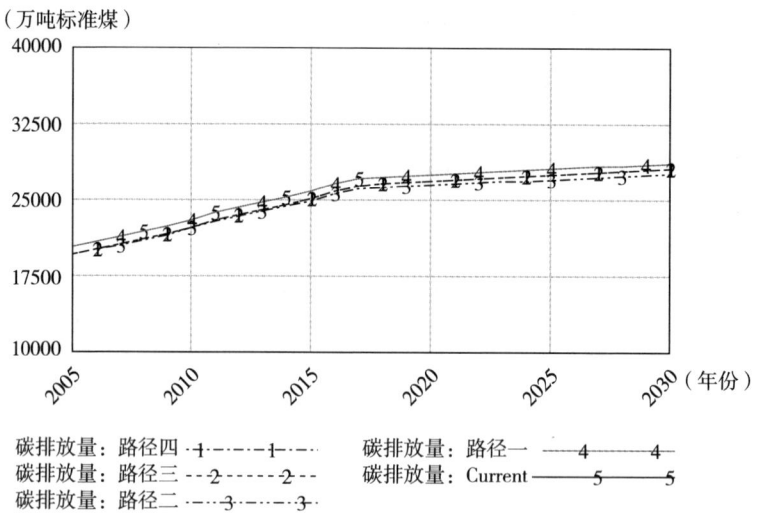

图 15-4　2005—2030 年各路径碳排放量仿真趋势

对各路径科技创新水平的考察，选用科技子系统中的专利申请量指标来衡量。可以发现，专利申请量指标在四个路径方案中的排序从高到低依次为：路径四＞路径三＞路径一（路径二）。路径四与路径三对科技、教育投入的提高使社会创新潜力得到激发，科技创新水平得到快速提升（见图 15-5、图 15-7）。

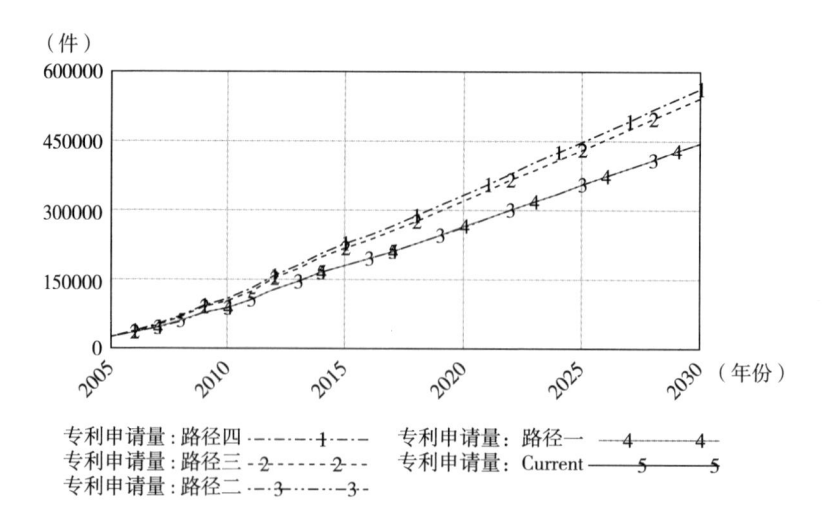

图 15-5　2005—2030 年各路径专利申请量仿真趋势

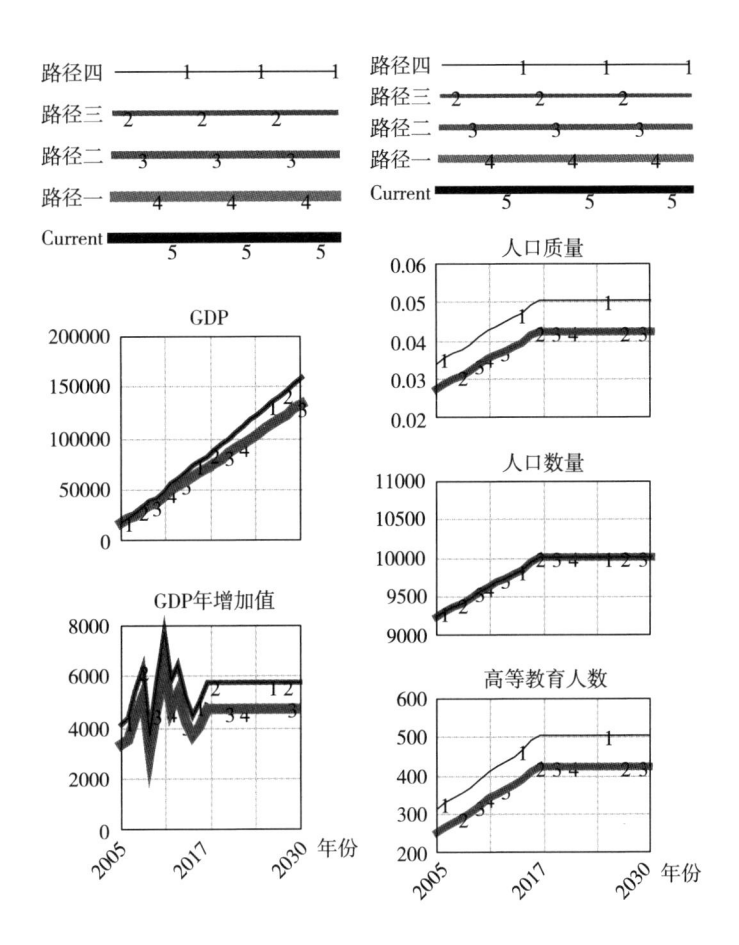

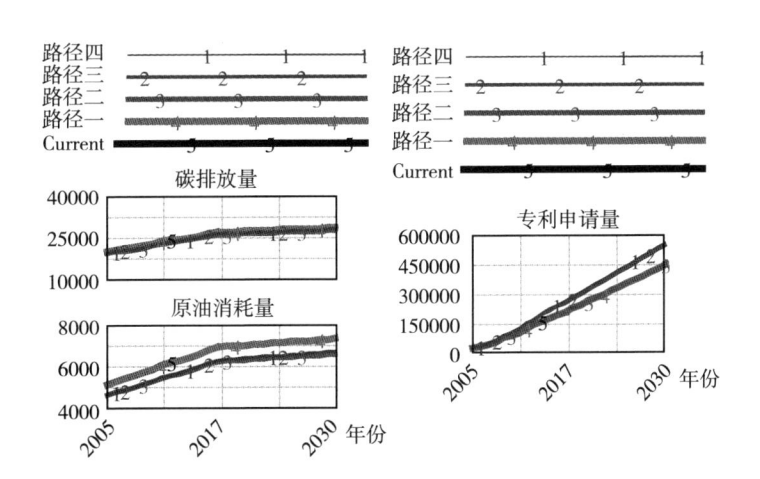

图 15－6 2005—2030 年各路径生产总值、人口质量因果拟合

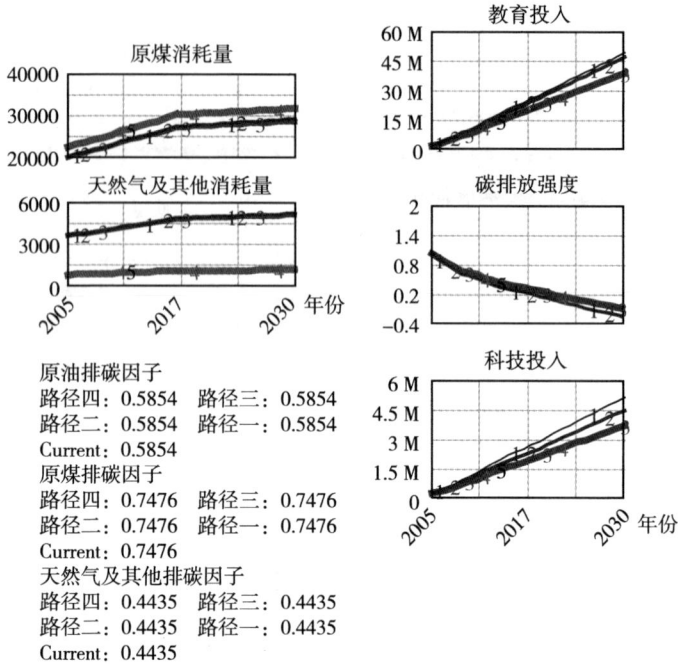

原煤消耗量
40000
30000
20000

天然气及其他消耗量
6000
3000
0
2005   2017   2030 年份

原油排碳因子
路径四：0.5854   路径三：0.5854
路径二：0.5854   路径一：0.5854
Current：0.5854
原煤排碳因子
路径四：0.7476   路径三：0.7476
路径二：0.7476   路径一：0.7476
Current：0.7476
天然气及其他排碳因子
路径四：0.4435   路径三：0.4435
路径二：0.4435   路径一：0.4435
Current：0.4435

教育投入
60 M
45 M
30 M
15 M
0

碳排放强度
2
1.4
0.8
0.2
-0.4

科技投入
6 M
4.5 M
3 M
1.5 M
0
2005   2017   2030 年份

图 15-7　2005—2030 年各路径碳排放量、专利申请量因果拟合

四　低碳经济发展路径选择

目前，山东省低碳经济发展已经初步显示出一定的规模与效益，大部分城市正处于转型升级的过渡阶段，如青岛、烟台、济南、威海、潍坊、东营、临沂等地区；而部分城市仍处于低碳经济发展的初级阶段，如莱芜、滨州、日照、枣庄、淄博等地区。故而，山东省应根据不同地区的阶段性特征，选择适合其经济发展实际的发展路径与模式。

基于上文对山东省低碳经济发展路径的仿真预测与综合比较，本书认为，路径三（产业低碳化转型）发展模式能够有效地确保在经济低碳化发展的同时，实现经济效益的明显优化，该路径适合山东省处于低碳经济发展初级阶段的部分城市；路径四（综合互补型）发展模式下，能源得到大幅节约、碳排放增势趋缓、人口质量显著提升、科技创新能力明显改善、经济绩效大幅提升，能够极大地实现低碳经济的综合发展目标，该路径适合山东省处于转型升级过渡阶段的大部分城市。因地制宜地选择与实施低碳经济发展路径，能够更有效地配置各种资源与要素，最大化地实现低碳经济发展的各项目标。

第十六章　山东省低碳经济发展路径实施

第一节　山东省产业低碳化转型路径实施

一　产业发展的技术与制度锁定约束

在已有国内外相关研究中，学者准确地洞见到，技术与制度之间的共同演化是造成产业低碳化转型中技术与制度锁定约束的关键。但目前相关经济学研究尚未充分解释以下内容：①过分强调低碳技术变迁的刚性，未能深入阐释打破技术与制度锁定的内生动力与外生冲击；②基于路径依赖的技术与制度锁定，较好地解释了低碳技术扩散困难的原因，但未能完全解决新技术的路径创造问题；③未能深入探析技术与制度锁定约束下，产业低碳化转型发展的内在机制与实施路径。

总体而言，国内外关于产业发展中技术与制度锁定约束的理论与技术分析都不够深入，尚未形成较为完整的理论框架，不能切实地解决具体区域产业低碳化转型中存在的技术与制度锁定约束问题，这也正是本书试图解决的关键问题。

（一）技术锁定的约束性障碍

从演化经济学的视角出发，技术在经济系统中的演化进程存在明显的正反馈机制效用，技术发展在一定程度上具有路径依赖的特点。低碳经济发展模式习惯于沿袭已有的传统发展路径，对原有技术进行改造创新的动力不足，这种固化的发展模式不利于改善低碳经济发展环境和提高经济绩效。在低碳经济系统中，技术的演化具有一定的正反馈机制，山东省低碳技术的发展长期依赖传统路径，导致低碳型替代技术不能有效应用与推广，引发了产业发展中过高的市场交易成本。

技术层面的锁定约束，主要体现为：

第一，低碳技术成本的限制。低碳技术采用高成本性、高风险性及低碳技术支撑体系的薄弱性，导致新技术无法得到大规模推广应用。

第二，低碳发展模式对用户收益的带动性不强。根据亚当·斯密的"经纪人"原理，用户从事工农业生产的最终目标是经济利益的最大化。目前，低碳模式更多地强调产业发展中的节能减排，未能使用户获得较高的经济收益，在经济利益与生态利益的长期博弈中，经济利益往往成为用户的最优选择。

第三，用户对低碳技术选择动力的缺失。由于用户自身文化素质、技术水平以及生产模式等因素的制约，用户往往过度依赖传统技术。

长期以来，用户对传统技术与模式的路径依赖导致了技术锁定效应，造成许多有效的低碳技术未能得到广泛应用与推广，制约了产业低碳化转型的进程。

（二）制度锁定的约束性障碍

根据新制度经济学观点，产业发展中创新主体安排及技术创新的驱动是制度创新的主要推动力，山东省产业制度安排本身的局限及低碳技术创新的滞后，是新型产业制度创新不足的主要原因。

制度层面的锁定约束主要体现为：

第一，缺乏健全的产业政策体系。主要包括：产业制度安排失灵、产业激励政策与保障体系安排缺失等方面。

第二，缺乏有力的社会推动及高效的市场手段。主要包括：政府绩效考核制度不完善、用户市场经济观念淡薄、低碳消费需求不足、用户对集体经济组织与地方政府的严重依赖等方面。

第三，传统产业经营体制的制约。在传统的分散个体经营体制下，用户经济基础与经营方式参差不齐，使低碳替代技术的采用在短时间内不能收到明显的经济效益。

制度锁定的约束性障碍引发了产业发展中过高的市场交易成本，抑制了新型产业经营体制的创新，并导致高碳低效制度的均衡长期存在，并且很难发生改变。

(三)"技术—制度"综合体的锁定约束

在山东省产业发展进程中,上述技术与制度约束性要素相互嵌套、交互强化,形成了具有路径依赖特征的巨型复杂碳基技术—经济—社会系统。该系统包含大量相互耦合的要素与子系统,受规模报酬递增机制的驱动,技术体系与治理制度共同衍化进展,使当前的低碳经济锁定在碳密集型能源系统(以化石燃料为基础)之中,并产生持续的政策与市场失灵现象。

在这一复杂技术系统及其嵌入的社会环境共同构成的"技术—制度综合体"(TIC)中,技术锁定强化产业锁定,产业锁定强化制度锁定,而制度与产业的共同锁定又进一步强化了技术锁定。技术与制度要素在共同演化过程中交互影响,导致产业市场与政策安排的持续失灵,进一步强化了产业低碳化转型中的路径依赖与锁定效应。

二 山东省产业低碳化转型动力机制分析

在技术与制度锁定约束下,山东省产业低碳化转型的动力机制是由资源企业及关联性产业、用户、中介机构、政府、高校及科研院所等诸多主体,在资源禀赋、社会环境等条件下,相互耦合而演化成为具有强烈根植性的自组织过程。在产业转型发展过程中,低碳技术创新与推广、产业制度创新与完善等要素贯穿其产业演进全过程(见图16-1)。

低碳技术的供给、采用与扩散是产业低碳化转型的关键路径,在产业市场需求利益诱导下,低碳技术从供给主体向采用主体不断传播与扩散。产业转型的内在动机产生后,在技术创新及制度创新等外在动力机制驱动下,通过产业主体的转换作用,转化为产业发展的现实生产力,其产生的低碳经济效益分别在政府、市场及技术参与方之间进行利益分配,进而诱发产业的发展与创新活动。同时,产业转型发展也将反作用于市场竞争与消费行为,从而激发新的发展动力。在资源市场与外部环境的拉引及影响下,产业转型发展的内在动力因素与外在驱动因素交互作用,辅以政府政策与资金的支持,形成了产业低碳化转型的耦合动力机制。

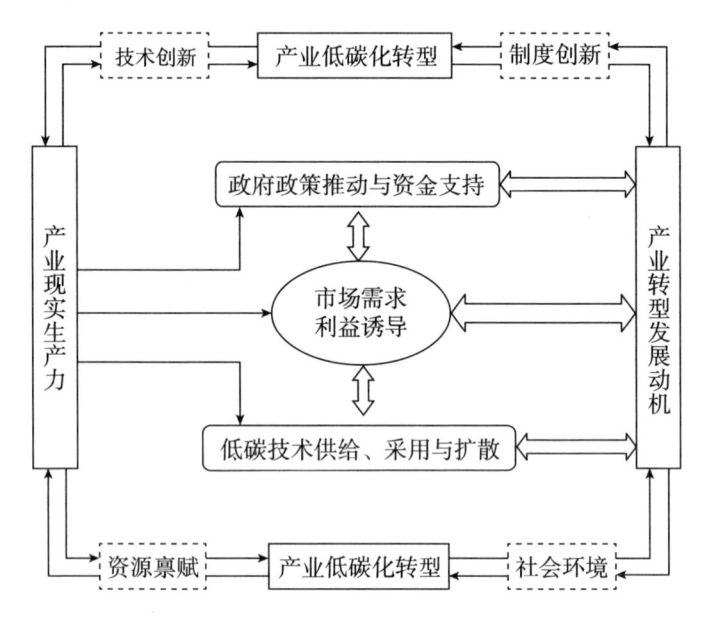

图 16-1　技术与制度约束下产业低碳化转型的驱动机制

三　高碳锁定下山东省产业低碳化转型路径实施

基于技术与制度锁定约束下产业低碳化转型的动力机制分析，本书从技术与制度的复合层面出发，深入探析低碳技术与制度变迁促进产业转型的演化路径。

如图 16-2 所示，通过产业技术变迁与制度变迁路径，形成了产业转型的技术支撑与制度保障，进而促进了产业的低碳化转型。

（一）产业技术变迁路径

针对山东省当前产业发展中的技术扩散情形，需要实行诱致性的低碳替代技术变迁，才能扭转原有的传统产业发展方向。低碳技术诱致性变迁的实现路径主要有：

第一，促进产业低碳技术选择。地方政府及技术推广机构通过普及低碳技术认知、完善低碳技术推广体系，提高用户对低碳生产模式的认知与接受。

第二，提高低碳技术的经济效益。政府通过鼓励用户采用保护性生产模式（例如，减量替代、立体种养、废弃物循环再利用等），以及健全低碳技术风险防范体系，降低替代技术的高成本与高风险，实现低碳技术的应用与扩散。

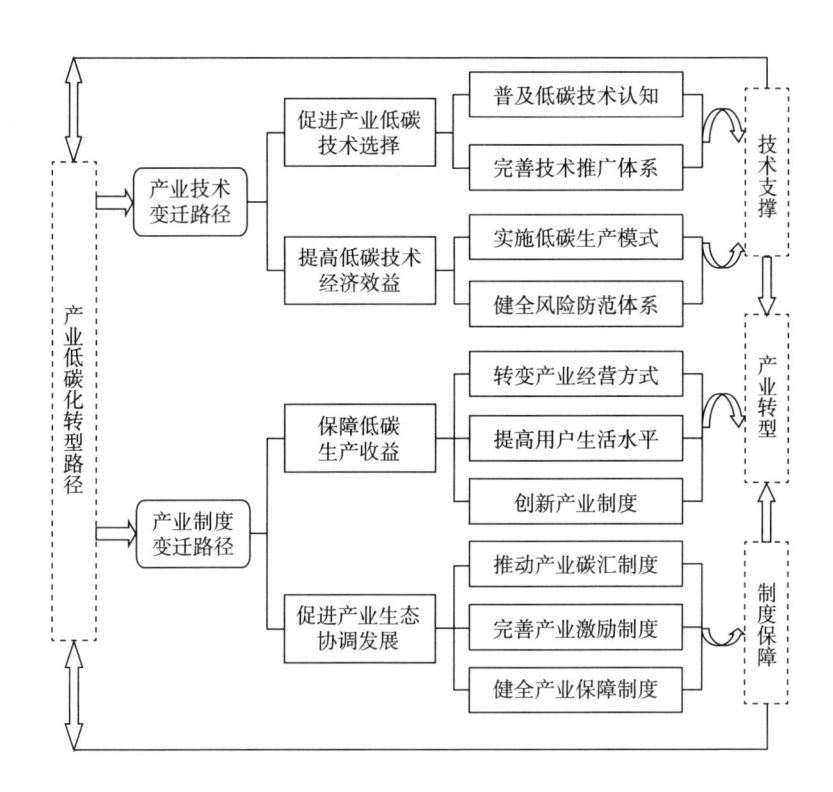

图 16-2 技术与制度约束下产业低碳化转型路径

（二）产业制度变迁路径

从技术与制度路径演化的视角思考，技术与制度锁定的约束只是技术制度路径演化过程中暂时的均衡状态。实施强制性制度变迁，是解除产业制度锁定约束的主要力量。产业制度强制性变迁的实施路径，主要包括：

第一，保障用户低碳生产收益的制度安排。政府通过鼓励用户转变生产经营方式（例如，通过产业合作组织提高用户的组织化程度和扩大产业生产规模），改变用户分散经营的现状；通过创新资源产权制度，形成低碳产业规模化经营制度，保障与提高用户低碳生产行为的收益。

第二，促进产业与生态协调发展的制度安排。地方政府通过实施碳汇及生态补偿、完善产业激励制度、健全产业保障制度等途径，纠正产业制度与政策的失灵，实现低碳经济效益与环境生态效益的均衡发展。

第二节　山东省综合互补型路径实施

一　低碳经济发展中的复合约束

低碳经济发展机制与优化路径的研究不仅是健全低碳经济体系的微观理论基础，而且是保障低碳制度体系有效实施的科学依据。为了解释和引导低碳模式的有效应用与推广，低碳经济发展机制的研究已成为当前交叉学科研究的重要领域之一。

国外学者早在20世纪70年代起就围绕新技术应用与扩散障碍问题展开了研究，21世纪以来，深刻阐释碳锁定效应的TIC（"技术—制度复合体"）理论框架（UNRUH，2002）一经提出，即成为学术界解释替代技术（零排放或生态友好型技术）应用与扩散障碍的基准模型。应用TIC以及拓展的TIC结构模型，能够准确地阐释与解决在我国产业发展实践中，低碳技术难以有效应用与扩散的严峻问题。然而，目前学术界对这一模型的应用尚未深入到低碳经济发展领域中，尚缺乏针对我国尤其山东省的有效研究。

理论研究的滞后严重制约了山东省低碳模式应用与推广的实施效果。自20世纪90年代中期以来，山东省政府先后颁布了《山东省环境保护条例》《无公害农产品管理办法》《无公害畜产品管理办法》《山东省农产品质量安全条例》《山东工业废水排放标准》《山东省"十三"五战略性新兴产业发展规划》等重要法规制度，但是，当前山东省低碳模式依然不能广泛应用与推广，产业发展高碳锁定的形势依然严峻，而低碳经济发展机制这一关键性微观理论基础尚未得到系统而深入的研究。这不仅阻碍了健全现代产业制度体系的进程，更严重削弱了山东省低碳制度实施的效果。

在前期对于低碳技术支撑体系的相关研究中，可以发现，产业结构变迁、产业经营体制、要素及资源市场化水平、低碳消费需求等影响因素对低碳经济发展具有关键性影响作用。在自然生态系统的演替与低碳经济发展子系统（诸如，技术、产业、制度等）活动的相互耦合作用下，形成了具有路径依赖的复杂的碳基技术—经济—社会系统，从而导致了低碳经济发展的障碍。

因此，本书将TIC模型拓展为"技术—产业—制度"三位一体的复合体系，从技术障碍、产业障碍、制度障碍三方面，对山东省低碳经济发展中的高碳锁定、扩散障碍及作用机理进行系统全面的分析。其中，技术障碍主要体现为低碳技术的高成本、技术采用的高风险，以及采用者对传统技术路径的依赖；产业障碍主要体现为产业市场环境与社会环境不完善、低碳技术认知障碍，以及产业经营体制障碍；制度障碍主要体现为产业、能源、教育、科技等领域制度安排失灵，激励政策与保障体系安排缺失等方面。上述阻力交互作用，导致了经济低碳化转型困难、发展缓慢。

二 基于复合体系的低碳经济驱动机制

低碳经济的发展是一个复杂的过程，其动力要素主要包括：第一，内在驱动力，由建立在经济利益基础之上的市场化机制所决定；第二，外在驱动力，由市场、社会、技术、政策等外在环境因素所决定。山东省低碳经济的发展，是内外动力共同作用的结果。为此，本书从技术环境与要素、产业环境与要素以及制度环境与要素三个层次，深入探析低碳经济发展过程中的内在、外在及耦合驱动机制。

如图16-3所示，在低碳技术市场需求的利益诱导下，低碳技术得以从技术供给主体（包括科研机构与院所、技术推广组织、企业与相关组织等）向技术扩散中介主体（包括生产经营企业、产业合作组织、培训会与现场会等），再向技术采用主体（包括广大用户、企业与机构、地方政府等）进行扩散，进而形成低碳经济发展的内在驱动机制。在低碳技术环境、产业环境、制度环境等外在环境的驱动下，资金、信息及技术得以在系统内循环流动，从而形成低碳经济发展的外在驱动机制。内在拉力因素与外在推力因素的交互作用能够促进技术供给者、中介者与采用者之间的融合，进而形成技术扩散的耦合驱动机制。

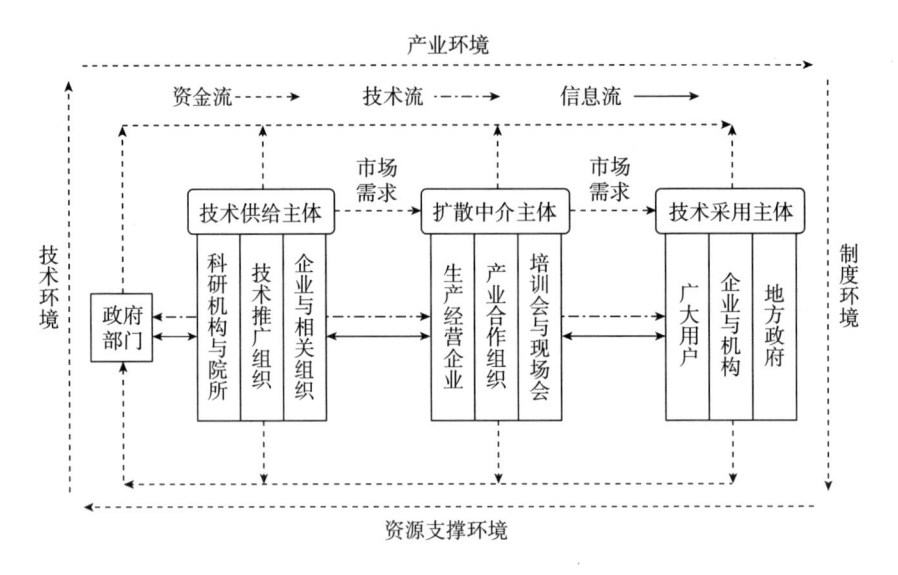

图 16 – 3　基于复合体系的低碳经济驱动机制

在内在、外在及耦合驱动机制作用下，低碳技术环境、产业环境、制度环境、资源禀赋及社会环境等要素相互影响，继而推动产业信息、技术、资金在生产与消费领域循环流动，共同促进了低碳经济的发展。

三　复合约束下山东省综合互补型路径实施

（一）综合互补型路径实施方案分析

基于低碳经济发展的内在、外在及耦合动力机制的作用效力，本书从"技术—产业—制度"复合体系的层面，分析山东省综合互补型发展模式的演化路径，探析其破解高碳锁定困境的路径实施方案。

如图 16-4 所示，在本书所构建的复合约束下综合互补型发展路径中，涵盖了低碳技术创新与推广路径、产业低碳化转型与结构调整路径，以及低碳制度创新与完善路径。各类发展要素相互耦合、交互强化，构成了低碳经济发展路径的良性运作，进而产生良好的正向推动与辐射效应，促进低碳经济向高端转型发展。

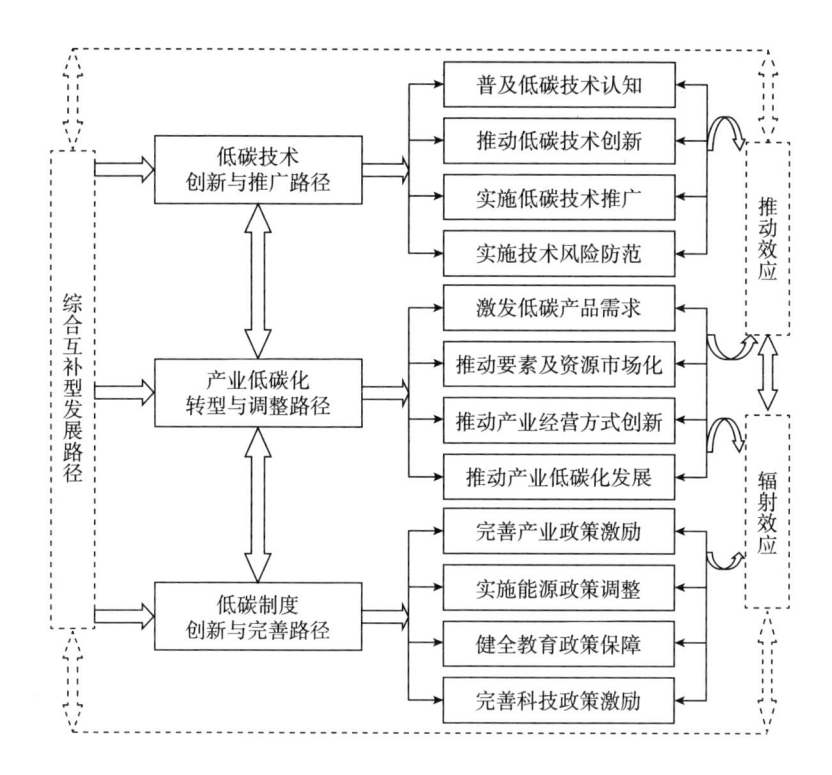

图 16-4　复合约束下综合互补型发展路径

可以看出，技术锁定与制度锁定对山东省经济发展造成的约束性障碍，抑制了低碳技术创新与新型产业制度创新，使低碳替代技术与新型治理制度不能有效实施与扩散，严重阻碍了经济低碳化转型的进程。基于技术与制度经济学中"技术—制度综合体"的 TIC 结构模型，本书认为，产业市场需求利益诱导的内在驱动机制、技术创新及制度创新为主导的外在驱动机制、内在市场因素与外在环境因素相互作用的耦合动力机制交互影响，形成了经济低碳化转型的动力机制，并使其呈现多动力源共同作用的、螺旋式上升的动态演进过程。

因此，从演化经济学的观点出发，就山东省经济低碳化转型发展的现实约束而言，从技术—产业—制度综合层面出发，实施诱致性低碳技术变迁与强制性产业制度变迁，是解除低碳技术与制度锁定约束的关键路径。低碳经济发展本身并不可能通过"环境库兹涅茨曲线"效应降低碳排放，地方政府与各级机构应加大低碳技术创新与低碳制度变革力度，加快产业经营体制与生产方式转变，依靠低碳技术进步提升资源利用效率，形成产业转型的技术支撑与制度保障，突破生产中的技术与制度约束障碍，进而实现山东省经济的低碳化转型发展。

（二）综合互补型路径实施具体措施

第一，积极推动低碳技术创新与推广。通过普及低碳技术认知、推动低碳技术创新、实施低碳技术推广与技术风险防范，形成科学有效的技术交互路径，降低低碳技术的高成本与高风险，有效实现低碳技术的创新与推广，进而破解低碳经济发展进程中的技术锁定障碍。

第二，不断促进产业低碳化转型与调整。通过激发低碳产品需求、推动要素及资源市场化、推动产业经营方式创新、推动产业低碳化发展，形成良好的产业发展耦合路径，实现产业的低碳化转型与调整，完善低碳经济的市场环境与社会环境，进而破解低碳经济发展进程中的产业锁定障碍。

第三，大力推进低碳制度创新与完善。通过完善产业政策激励、实施能源政策调整、健全教育政策保障、完善科技政策激励，形成完善适用的政策交互路径，实现低碳制度的创新与完善，纠正产业、能源、教育与科技政策的失灵，继而破解低碳经济发展进程中的制度锁定障碍。

四 潍坊市综合互补型低碳经济发展实践

近年来，山东省潍坊市各级政府认真制定并实施适合当地实际的低碳发展路线，极大地促进了当地传统经济发展模式向现代低碳经济的转型升级。

（一）加快低碳技术应用与扩散

为进一步推动低碳技术的传播，潍坊市政府下发了《关于加快现代产业发展的意见》，目前已建立起覆盖全市、上下联动、快速便捷的产业"110"科技信息服务系统，拥有14个国家级和省级产业科技研发中心。潍坊市进一步强化产业科技创新驱动，广泛推行新型能源建设、新型职业培育，积极发展诸如产业专业合作组织等现代产业科学技术服务系统；进一步推动科技服务云平台建设，强化产业综合信息服务能力，完善低碳信息发布制度。上述举措使潍坊市科技创新能力显著增强，一些具有自主知识产权的低碳科技成果得到了广泛应用。

(二) 完善现代产业质量安全保障体系

近年来,潍坊市品牌农业、生态农业、智慧农业发展迅速,已形成特色鲜明的"寿光模式""诸城模式""安丘模式"等发展路径。由潍坊市首创的农产品质量安全区域化管理模式已在全国得到普及,截至2017年年底,全市已建成有机食品、绿色食品、无公害农产品"三品"基地740万亩,获得"三品一标"认证的农产品数量已经达到1851个。潍坊市在全省率先实行强制性例行检测制度,已投资2.2亿元,建成农业、畜牧业和水产三大市级检测中心,20处县级检测站,120处镇级检测站及730处针对企业与市场的检测点,从而形成了涵括市—县—乡—市场(基地和企业)四级的农产品质量检测网络,全市农产品检测合格率在99%以上,诸城成为国家级"出口农产品质量安全示范区",安丘农产品成为全国初级农产品的国家标准。

(三) 创新发展"党支部+合作社"制度模式

潍坊市昌乐县庵上湖镇党支部创新发展了"党支部+合作社"的管理体制,成立了联席会议制度,选举产生了理事会和监事会,建立了无公害基地管理办公室,对合作社瓜菜种植实行统一管理服务、全程监督与全程记录,良好的运营模式和管理机制推动了当地合作社发展迅速步入新的台阶。

从2012年起,庵上湖合作社成功构建起村庄和社区间的利益联结机制,将合理使用合作社累积资金与基层组织建设、村民自治等工作有机结合起来,每年将合作社盈余收入的10%用于村公益事业,先后投资18万元对基地、村道路进行绿化,栽种树木2000余棵。合作社实施资金互助,建立了《积分考核机制》和《合作社二次红利分配机制》,每月通过质量检测和技术培训的方式开展对合作社成员的积分考核工作。除此之外,庵上湖合作社利用新入股土地,建造和认证了300亩有机菜园,吸引潍坊市区、昌乐城区市民认种有机瓜菜。2014年,合作社成立了庵上湖科技发展有限公司,利用电子商务平台实现瓜菜网上营销,进一步拓宽了现代农业的市场化、产业化发展路径,使安全农产品成为全省、全国的典范。创新的"党支部+合作社"制度模式,加速了庵上湖镇传统经济向现代低碳经济的转型与发展。

第十七章 山东省低碳经济发展政策建议

第一节 产业低碳化发展政策建议

一 完善产业政策，鼓励节能减排

山东省应制定长期稳定的战略性、方向性低碳产业政策，积极促进低碳产业高效、有序发展，进而促进经济向集约型、低碳化、可持续性方向发展。

首先，地方政府应完善低碳产业标准及相关法律法规，在对落后产能实行无差别淘汰制度的同时，提高低碳行业及技术标准，遏制低产能高排放企业的增加；同时，进一步实施企业能源量化标准，提高能源消耗率要求，拉大能源费用收费差距，促使低产能企业自动放弃低碳市场。

其次，政府应实施以企业为主体、科技为导向的产业政策，加大对低碳技术创新与低碳科技成果转化的财政支持，鼓励企业加大研发投入，通过低碳技术的进步与创新促进高新技术在高能耗产业的应用，从而更有效地节约与利用能源。

再次，倡导对产业生产环节进行逐一分解，区别对待低碳与高碳产业。针对低碳产业能耗低、排放少的生产与销售状态，继续倡导低碳生产理念，进一步提高企业主体及相关员工的低碳意识；针对高碳产业能耗高、碳排放多的生产与销售状态，大力推进低碳技术改造与革新，不断调整减排方向、改进减排措施、监控生产实施，以确保产销环节低碳化转型的实现。

二 调整优化产业结构，促进第三产业发展

受能源禀赋及消费结构的制约，山东省能源消费结构难以在短期内发生根本性的改变，倚重和依赖工业的发展格局还将在一段时期内延续。故此，山东省低碳经济的发展重点应着重于产业发展结构的调整与优化，进而实现经济增长模式的转变。

首先，山东省应在保持三次产业协调发展的同时，继续大力推进第三产业发展，加快高新技术产业、战略性新兴产业（诸如，节能环保、生物医药、新材料等产业）、生产性服务产业（诸如，研发设计、信息、物流等产业）、科教文卫及现代服务业（诸如，会展、金融、文化等产业）发展，持续提高第三产业的知识与技术含量，进一步完善产业内部结构，降低产业资源消耗。

其次，当地政府应进一步完善低碳产业资源的有效配置，大力推进节能减排产业及优质低碳产业的发展；同时，进一步采用合理有效的经济手段，对重点技术改造项目实施优惠性产业政策。

最后，山东省应继续健全低碳产业政策协调机制与执行手段，强化低碳产业监督与问责机制，做到各生产与服务阶段有法可依、有法必依。

三 积极引导第二产业转型升级

第二产业占据山东省地区生产总值将近一半的比重，山东省应积极引导第二产业实施低碳化转型发展。

一方面，地方政府应激励第二产业高能耗企业积极引进节能技术、参与清洁能源开发与利用，引导企业投资向低碳经济领域倾斜；同时，加快高技术含量企业发展，限制能源消费总量增长，降低产业能源依赖率，进一步延伸产业链条，提高产品附加值，避免资源"瓶颈"的产生。

另一方面，政府应制订节能专项规划并实施相关经济、财税政策措施，监督并约束第二产业高排放行业的能耗行为，进一步淘汰落后产

业；同时，应进一步完善低碳准入制度，严格高排放行业（诸如，化学制品制造业、煤炭业、石油加工业等）及高能耗项目（例如，铁合金、黄磷、水泥等行业领域）的市场准入标准，严格对企业低碳生产行为的审核、监督与管理。

第二节　能源可持续发展政策建议

一　健全能源可持续性发展战略

长久以来，严重依赖化石能源消耗、能源利用效率低下的状况已经严重制约了山东省能源与经济的可持续发展，山东省应针对能源利用存在的问题与变化，进一步制定并健全能源可持续性发展战略，构筑安全、清洁、经济的能源供应体系，为低碳经济建设提供能源保障。

山东省于2016年发布了《山东省能源中长期发展规划》以及《山东省新能源和可再生能源中长期发展规划（2016—2030年）》，对"十三五"期间山东省能源发展重点进行了科学布局。规划提出了"构建现代能源体系和倡导节约型生产消费模式"的发展模式和工作重点：到2020年，要实现全省煤电装机容量达到10000万千瓦，风电装机容量达到1400万千瓦，核电装机容量达到270万千瓦；到2030年，力争核电装机容量达2065万千瓦，风电装机容量达2300万千瓦，打造陆上、海上"双千万千瓦级风电基地"，建设东部风电大省。

基于能源可持续发展的战略规划，在能源体系建设中，山东省应认清能源发展现状、特点及面临的形势，明确能源发展取向及目标，瞄准主攻方向构建现代能源体系。其主要任务包括夯实能源供应基础、调整能源消费结构、优化能源开发布局、强化能源储输网络、统筹城乡能源建设、提升技术装备水平、推进重点领域改革等。山东省应继续贯彻节约优先理念，倡导节能生产消费模式，其内容包括优化调整产业结构、推动重点领域节能、大力发展节能产业、完善节能工作机制等；应进一步突出发展重点，实施十大重点行动计划，其方案包括煤炭转型发展行动、油气安全保供行动、非化石能源倍增行动、煤电提升改造行动、电网晋档升级行动、能源清洁利用行动、能源节约低碳行动、装备集群发展行动、能源互联网行动、能源扶贫攻坚行动等；山东省还应实施多种保障措施，包括建立规划实施机制、健全政策法规体系、统筹政府市场作用、鼓励能源创新发展、加大能源监管力度、强化能源保障安全、积极推进开放合作等措施，以确保能源建设目标的顺利实现。

二 调整优化能源结构

当前，面临全球气候变化、环境恶化的压力，能源的安全、有效利用是山东省低碳经济发展的核心问题，山东省应进一步调整优化能源消耗结构，以实现节能、减排、提高效率的目标。

首先，山东省应调整原有能耗结构，节约对传统常规性能源的消耗，进一步提高能源利用效率。要降低对高排放、高污染、低利用率、非持续性常规能源（诸如，原煤、原油等品类）的依赖度，限制其过量开采与应用。例如，推行生产限额及分配制度，提高天然气及其他品类的生产比例，限制原煤及原油等品类的供给，实现传统能源的集约性配置。同时，通过一定的优惠政策鼓励企业采用先进技术，以提高社会对常规性能源的利用效率。

其次，山东省应积极推广煤炭清洁高效利用技术。通过推广应用煤炭清洁高效利用技术，大幅提升煤炭利用水平与效率，是有效减排、确保山东省能源安全的重要途径。地方政府应加快制定、完善清洁高效用煤行业与技术标准，进一步增大对传统低效用煤技术的淘汰幅度，并出台相关推动政策，对采用先进技术的企业提供一定的财税减免，以提高山东省对清洁高效技术的利用效率。

最后，山东省应加大对新能源及可再生能源的开发力度，大力推进新能源应用。政府应制订科学的能源规划，按照新能源取代旧能源、优势能源取代稀缺能源、可再生能源取代化石能源的发展原则，加大对清洁可替代能源（诸如，太阳能、风能、地热能、核能等）的消费比重，探索新型生物质能源（诸如，林木加工废弃物、农作物秸秆等）的利用方式。同时，作为全国农业大省，山东要大力实施农业、农村节能减排项目，进一步降低农业、农村污染物排放，探索具有山东特色的生物质能源建设路径。

三　完善新能源产业政策

拥有丰富的新能源储备，新能源产业已经成为山东省经济发展的新增长点。但目前，山东省新能源市场的发展尚不完备，新能源及可再生能源产品的交易还缺乏系统的技术规范、标准的质量检测与监督体制、统一的能源管理部门，由此导致了新能源发展存在产品质量参差不齐、低水平重复建设严重等现象，出现了大量的地方保护性行为、市场无序竞争行为及恶性竞争行为，极大地干扰了新能源市场的良好运作。因此，山东省应尽快健全完善新能源产业政策。

首先，政府应强化对新能源产业政策的引导与实施。政府部门应进一步健全对新能源产业的经济激励政策，包括新能源投资优惠、新能源产业税收减免及补贴等，激发企业对新能源产业的投资意向与运营信心。

其次，应继续加速新能源产业技术创新与进步。政府应大力推动新能源技术创新体系建设，鼓励企业成为创新活动的实施主体，倡导企业与高校及科研院所开展深度合作，不断提高新能源产品技术含量、提升产品质量与名牌效应，以促进新能源创新成果尽快实现产业化。

最后，政府应进一步加强对新能源产业的监督与管理。政府相关部门应构建完善的新能源产品质检中心与服务机构，进一步完善新能源产品质量标准与认证制度，强化市场监督与管理，完善信息咨询及培训等技术服务，为新能源产业的可持续发展提供服务保障。

第三节　科技低碳化应用政策建议

一　建立完善的低碳科技体系

构建科学、完善的低碳科技体系，有助于促进山东省新能源与可再生能源的开发及利用，促进节能减排技术的创新与推广，能够带动全社会经济效率的提升，进而促进低碳经济转型升级。

首先，山东省应积极完善低碳科技投入、评估与激励体系。当前，山东省仍存在低碳科技创新不足、科技成果转化能力薄弱的问题，一定程度上源于山东省科技投入比例不足的现状（2017年，科技投入占政府财政支出的比例仅为2.11%）。因此，政府应加大对低碳领域基础性研究及应用性研究的财政投入，积极推进低碳创新成果的市场化应用。同时，政府还应进一步完善科技评估与考核体系，构建合理有效的激励体系，重点培育低碳核心科技项目的研发，形成创新氛围浓厚的科研环境。

其次，山东省应进一步健全节能减排项目的科技支撑。山东省应大力开发应用新能源与可再生能源（诸如，清洁能源、核能、地热等替代能源），着力突破新能源与可再生能源的技术及供给限制。同时，积极推进二氧化碳回收治理技术的开发与创新（诸如，微生物转化燃料、太阳能光伏发电、核能发电等技术），积极开展对二氧化碳封存与回收技术的研究，以进一步调整优化山东省能源消费结构，有效地实现节能减排的低碳经济发展目标。

最后，山东省应进一步完善低碳技术创新组织与交易平台。山东省应着力搭建企业研发部门与高等院校及科研机构的战略联盟，强化企业低碳科技创新投入的热情与信心，推动企业与相关科研院所协同发展，促进低碳技术研发与创新的速度，提高创新产出的能源与经济效率。同时，政府应充分发挥其政策性引导效力，积极推进产权交易市场、技术交易平台、创新成果拍卖平台、投融资平台等的建立，进一步推动科技成果的经济化进程。

二　全力推进低碳技术开发与创新

伴随全球气候变化与能源危机挑战的来临，低碳技术已逐渐成为国家核心竞争力的重要内容。山东省面临低碳技术水平普遍较低、低碳技术应用与推广缓慢的严峻现实，低碳技术的开发与创新迫在眉睫。

首先，山东省应根据经济发展实际，做好关键性核心低碳技术项目开发的选择。从低碳经济长远发展的视角出发，山东省应重点开发替代能源技术（诸如，新能源、非化石能源及可再生能源等技术领域）、节能减排技术、替代交通技术（例如，电动汽车技术）以及智能信息技术（诸如，智能电网技术等）。从当前低碳经济现实发展的视角出发，山东省应重点开发节约能耗的技术（诸如，天然气、煤炭品类的高效利用技术)、提高能效的技术（诸如，新能源与可再生能源技术等）以及温室气体控制与处理技术（诸如，碳捕集与封存技术、生物与工程固碳技术、重大能源装备制造技术等）。

其次，山东省应大力推进煤炭清洁高效技术的应用与推广。基于山东省长久以来的高能耗现状，其煤炭为主导的能源消费结构在短期内不会得到根本性的改善，推动煤炭清洁高效技术应用、提高煤炭综合利用水平，是确保山东省节能减排与能源安全的重要路径。为此，山东省应进一步制定完善清洁高效用煤的技术性与行业性标准，增大对传统低效用煤技术的淘汰幅度，完善相关激励性制度与政策，加大对采用先进技术企业的财税优惠与补贴，以促进清洁高效技术的应用推广。

最后，山东省应进一步加大低碳技术的研发投入，鼓励企业与高校及科研院所积极开展低碳技术合作创新，通过产学研的深度合作与交流为低碳经济发展提供技术支持与保障。政府应充分利用多方资源，积极借鉴、吸收发达国家碳基金的管理经验与先进技术，激励低碳技术创新；应进一步强化企业对低碳技术研发的自主创新能力，构建完善的激励机制，形成良好的创新环境，鼓励企业对基础性设备开展节能创新研究，以提升低碳行业的基础性创新能力。

三 积极推进低碳技术市场化

低碳技术的开发与创新为低碳经济发展提供了一定的技术支持与保障，而推进低碳技术创新成果的转化与市场化应用，是加快实现山东省低碳经济建设目标的重要途径。

首先，山东省政府应充分发挥其调控、引导的职能。政府应在低碳技术市场化进程中发挥宏观调控职能，促进对相关市场行为、制度建设及文化行为的引导，协调各技术创新主体的利益联结，有效调动低碳技术创新主体的积极性。同时，政府应进一步强化对资金、技术、人才等创新资源的有效配置，进一步完善创新要素的价格机制与市场竞争机制，引导低碳技术创新成果的转化，加速其市场化进程。

其次，山东省应大力推进与发达国家之间先进低碳技术的国际转让。先进低碳技术的转让有利于促进山东省加速突破关键技术"瓶颈"，解决山东省低碳技术自主创新能力匮乏、技术创新成果市场转化率低的问题。为此，山东省应着重解决低碳技术国际转让中的技术与管理障碍，提高低碳技术基础性应用能力，培训提高现有技术人才，合理配置社会经济资源，妥善解决知识产权保护与技术引进的矛盾，健全相关激励性及保障性制度法规。可通过重大工程招标项目促进低碳技术的国际转让，积极引进和吸收高技术含量的先进低碳技术与市场经验，从而实现先进技术的高效引进与利用，有效推进先进低碳技术的市场化进程。

最后，山东省应积极推动自主研发与技术引入相结合的创新机制。为此，山东省应充分发挥政府的政治协商及市场调节职能，积极鼓励企业提升自主创新能力，出台核心技术开发项目目录并提供相应的政策性优惠与奖励。同时，要引导企业注意低碳技术引进项目的规范性与适用性，进一步将低碳技术的合理引进、科学吸收与自身创新有机融合，研究开发适应山东省低碳市场发展实际的先进低碳技术，以有效促进低碳技术的市场化应用。

第四节 节能减排实施政策建议

一 积极推进区域性节能减排

当前，在能源与资源双重约束的环境下，节约能源、降低二氧化碳排放是应对环境变化的现实需求，也是实现山东省低碳经济转型发展的长远战略方针。

首先，山东省应加大政府支持力度，坚持不懈地推行节能减排方案。山东省应进一步明确节能减排的具体任务和要求，全力推进重点节能工程的实施。诸如，大力推进绿色照明、建筑节能、区域热电联产、节能监测与技术服务体系建设等重点项目，促进能源与经济结构的调整优化。应逐步健全节能减排相关政策的约束与激励体系，制定资金、财税、产业、人才等激励政策，鼓励战略性新兴产业创新与发展，促进产业结构转型升级；应进一步清理高能耗、低效率的落后产能企业，控制高污染的产生及对能源的过量开采。同时，政府还应增大对节能减排项目的投资力度，实施绿色金融政策，设立减排专项基金，完善碳排放交易市场管理体系，健全环境问责制度，降低绿色债券、绿色产业基金等节能减排项目的运营成本。通过财政税收手段，提高节能减排项目的市场竞争力，力争实现可持续发展的低碳经济战略目标。

其次，山东省应进一步倡导低碳意识，鼓励企业推行清洁生产。山东省应帮助企业转变观念，将低碳理念融入企业文化，并作为企业战略目标的重要组成因素。企业应积极践行"清洁生产"的理念，将其纳入经营决策过程与企业发展规划，在产品生命周期的全过程，充分实施清洁生产方案。企业应注重从生产源头开展清洁生产，在生产的全过程（从设计、开发到产品投产）及产品运行的全环节（从产品产出、使用到产品报废），始终实施清洁方案，以降低原材料的能源消耗与污染，提高产品整个生命周期的环保水平。同时，企业应进一步扩大对清洁技术的研发投入，制定人才奖励措施，实施清洁生产审核，健全清洁项目的环境评价机制，以全面提升清洁产品的市场竞争力与环境管理绩效。

最后，山东省应积极研发碳捕捉与碳封存技术。目前，我国对于碳捕捉与碳封存技术（CCS）的应用尚不成熟，多数仍处于基础研发阶段。由于CCS技术的减排效果极为显著，且具备极高的商业价值，被捕获的碳用于石油开发等过程，可提高采收率150.00%以上，山东省应采取各种措施，积极促进该技术的研发与应用。政府应制定相关激励性政策及优惠措施，吸引国外先进技术的国际转移，加大省内对碳捕捉与封存项目的研发投入；同时，对相关企业提供政策性扶持，鼓励火电厂、炼油厂等大型工业排放点试用CCS技术，为加速山东省低碳化进程提供更具潜力的技术保障与支持。

二 积极构建碳排放交易市场

逐步建立并完善碳排放交易市场是实施清洁发展机制项目的重要内容，也是山东省减少碳排放量、促进低碳经济发展的现实选择与内在要求。

首先，在低碳经济发展进程中，山东省应充分运用市场机制的调节作用。山东省的碳排放交易（CDM）具有良好的市场前景，政府应根据不同地市低碳经济发展水平的不同，制订与其实际发展状况相适应的碳交易方案及相关规则；应进一步制定科学详尽、便于实施的环境监测标准与碳排放权交易准则,并逐步完善与之相关的碳交易法规,从而更有效地对当地碳排放交易实施监督与管理。

其次,山东省应进一步加强政府的行政引导,健全碳交易市场管理、研究及中介机构。政府部门应充分发挥其宏观调控及引导功能,合理整合区域资源,建立统一的区域性碳排放交易市场机制,以形成良好的碳交易市场秩序。同时,政府应逐步健全碳交易市场管理机构,完善碳排放权交易相关法律;应成立碳交易市场研究机构,全面研究碳排放交易实践性与操作性体系;应设立专门的碳交易市场中介机构,为开展碳排放交易的企业提供信息交流、项目评估及排放权购买等相关服务,以降低相关交易成本,提高企业碳排放权的交易效率。

最后,山东省应进一步加强金融创新,以促进碳排放交易市场的稳步发展。碳排放交易市场的迅速发展,使其对金融业务及金融衍生品的需求也快速增长,山东省政府应强化对碳金融领域的管理与监督,健全服务于碳排放权交易的金融体系;应进一步完善金融激励制度与条例,调动、激发金融机构的低碳意识与环境责任,鼓励其积极涉足碳金融领域。同时,还应积极吸引和培养高层次的碳金融专业人才,促进新兴碳金融服务业的创新与发展,从而更有效地推动碳排放交易市场的良性运作。

三 提高森林碳汇,实施碳税政策

森林碳汇能够有效地吸收大气中的二氧化碳,通过生物固碳降低温室气体排放浓度,对于缓解全球气候变暖、优化生态环境意义重大。提高森林碳汇、建设绿色山东,是山东省低碳经济发展的重要目标。

首先,山东省应大力发展植树造林,增加碳汇面积。截至2018年,山东省的森林覆盖率仅为17.51%,远低于我国平均水平及世界公认标准。山东省应继续加大对造林绿化的资金投入(包括荒滩、荒地及宜林荒山的绿化等工程),通过实施相关扶持政策,鼓励社会及个体开展植树造林绿化行动;应继续构建防护林带,扩大城市园林绿地建设,保护及改造现有森林,合理养护人工造林。同时,要科学养护已有的碳汇,提高其储碳能力,进一步提升森林的生态保护功能,增加碳汇面积。

其次，山东省应进一步优化生态环境质量，提高地区碳汇能力。山东省应进一步改善社会生态环境，在努力增加森林碳汇的同时，倡导全社会提高环境保护意识。应科学有效地做好工业领域的污水及废弃物处理与利用，提高社会资源的循环利用率。同时，大力发展低碳农业，积极发展现代新兴农业（诸如，设施农业、生态农业等），促进农业发展模式向科学化、集约化与高效化转型，提高低碳农业的碳汇功能与转化效率。

最后，山东省应逐步推进碳税政策实施，提高能源使用效率。山东省应分地区、分阶段逐步实施碳税政策，在广泛宣传的基础上创造条件引入碳税。在税率的设置上，山东省应着重体现其差异性，根据不同地区的实际情况及二氧化碳的不同含量，设置实施对应的差别税率，并做好相关逃税行为的风险防范。在税率水平的设置上，应采取渐次提高的策略，即在最初引入碳税时实行较低的税率水平，开征后期再逐步提高，以避免碳税征收水平过高给企业发展及经济社会稳定造成的冲击。在征收环节的设置上，政府应科学考虑山东省现有税收体制的实际运行情况，合理选择生产环节作为征收碳税的环节，以降低征管成本、确保有效征收。同时，山东省可在开征初期实行一定的税收优惠，并出台相应的扶贫保障机制，以避免碳税征收对能源密集型行业及社会公平保障所造成的不利影响。

四 推进低碳模式多元化应用，倡导循环经济

首先，山东省应积极倡导低碳生活方式与消费模式，带动全社会积极参与低碳经济活动。政府部门应充分发挥其引导职能，广泛宣传低碳生活方式与消费理念，积极营造全民参与低碳生活的文化氛围与环境。倡导采用低碳替代能源（诸如，太阳能、天然气等），鼓励企业实现绿色发展，倡导居民低碳出行（诸如，选择步行、汽车、公交等出行方式）。同时，政府应带头使用低碳产品，可通过政府采购行为，引导相关机构和部门积极进行低碳认证产品的公开采购。

其次，山东省应逐步建立碳足迹标示制度，改变公众消费理念。碳足迹能够标示行为主体（通常为团体或个人）能源意识与行为的"碳耗用量"，产品碳足迹标示是指，在产品上标明产品（或服务）在整个

生命周期过程中所直接或间接产生的二氧化碳排放量。该制度的建立能够使消费者更清晰地了解产品对能源与环境所产生的影响（碳足迹信息），进而使公众的消费理念向低碳、环保方向转变。山东省应积极推广碳足迹科普知识，逐步建立产品碳足迹标示制度，以引导社会大众更积极地参与到低碳产品与服务的消费活动中，实现科学合理、环保节约的社会物质消耗。

最后，山东省应推进能源消费多元化，倡导发展循环经济。山东省应进一步优化能源消费结构与能源利用效率，推动能源生产及消费向低碳清洁、优质高效、新型替代的方向转型发展。地方政府应积极推进企业及社会大众能源消费的多元化发展，倡导发展绿色、循环经济，科学制订循环经济发展规划，有效配置产业资源，以实现资源利用率及经济效益的最大化发展。

附 录

山东省低碳技术采用与扩散现状调研问卷

各用户及各级技术推广站工作人员您好：

此份调研问卷为《山东省低碳经济发展与应用研究》调查研究内容，请您根据相关内容回答问题，您的回答将为本书的研究提供科学的支撑与有益的借鉴，希望您能积极配合我们的调查工作。

非常感谢！

一 用户环保型低碳技术采用情况调研

1. 您认为低碳的核心技术领域包括哪些低碳技术？_____（可多选）

①节水农业　②土壤改良与科学施肥　③"病虫草害"防控技术

④新型作物育种技术　　　⑤作物秸秆综合利用技术

⑥清洁再生能源技术　　　⑦节能高效机械技术

2. 您认为低碳技术的创新路径主要包括哪些方面？_____（可多选）

①产业投入减量化生产　　②副产品资源化利用

③田地土壤"生态固碳"　　④生产制度创新

3. 您认为环保型低碳技术对产业发展的促进作用为：_____

①非常大　②较大　③不大　④较小　⑤非常小

4. 您认为环保型低碳技术对您家庭收入的促进作用为：_____

①非常大　②较大　③不大　④较小　⑤非常小

5. 您是否愿意采用低碳技术？_____

①愿意　②无所谓　③不愿意

6. 如果您愿意采用低碳技术，您倾向于采用何种技术形式？_____（可多选）

①优质农林植物品种培育技术　　②畜禽动物健康养殖技术

③生物多样性利用技术　　　　　④生态友好型农药、饲料技术

⑤动物新品种培育技术　　　　　⑥产品保鲜、贮运与加工技术

7. 如果您不愿意采用低碳技术，您的理由是什么？_____（可多选）

①环保型低碳技术成本太大　　　②环保型低碳技术风险太大

③环保型低碳技术收益太低

④环保型低碳技术普及、推广不够

⑤环保型低碳技术支持政策欠缺

⑥其他

8. 您在采用低碳技术时主要考虑哪些因素？_____（可多选）

①技术是否可靠　　　　　　　　②自己是否有能力使用好

③是否有利于节约劳动力　　　　④对生产有无增产作用

⑤其他

9. 您周围的用户采用环保型低碳技术的情况为：_____

①很普遍　②较普遍　③不多　④很少　⑤无

10. 您所在地区的科技示范户采用环保型低碳技术的情况为：_____

①很普遍　②较普遍　③不多　④很少　⑤无

11. 您认为环保型低碳技术对您的居住环境及生活质量的影响为：_____

①非常大　②较大　③不大

④较小　⑤非常小

12. 您认为当地政府对低碳技术采用的优惠政策如何？_____

①优惠很多　　　　　　　　　　②有一定的优惠

③优惠不大　　　　　　　　　　④没有优惠

二 本地区低碳技术体系建设与应用情况调研

1. 低碳技术体系建设情况：

（1）本地区低碳技术推广站的数量：_____

技术推广人员的数量：_____

技术推广人员的构成情况为：_____

（2）本地区低碳技术的培训与推广是否经常？_____

①非常多　　　②不太多　　　③经常　　　④一般　　　⑤很少

（3）本地区低碳技术推广的内容包括哪些项目？_____（可多选）

①科技示范园区　　　　　　②科技特派员制度

③技术承包服务　　　　　　④用户科技培训

⑤承担各类产业项目　　　　⑥履行公益性职能

（4）本地区低碳技术推广的模式主要有哪几类？_____（可多选）

①政府推广体系为主　　　　②科技示范园推广

③行业协会等民间组织推广

④跨乡镇区域服务站

⑤"公司+基地+用户"的推广

⑥"高效产业园"推广

（5）您在采用低碳技术过程中对您帮助最大的是哪类资源？_____

①技术专家　　　　　　　　②科技推广员

③科技示范户　　　　　　　④亲友乡邻

⑤专业技术协会　　　　　　⑥相关企业

2. 低碳信息化技术体系建设情况：

（1）低碳信息网络体系建设是否完备？_____

①非常完备　　　②较完备　　　③一般

④较不完备　　　⑤不完备

（2）低碳信息化软件系统建设是否完善？_____

①非常完善　　　②较完善　　　③一般

④较不完善　　　⑤不完善

（3）低碳信息服务体系建设是否有效？_____
①非常有效　　　　　②较有效　　　　　③一般
④效果不大　　　　　⑤无效
（4）低碳信息化运行模式是否有效？_____
①非常有效　　　　　②较有效　　　　　③一般
④效果不大　　　　　⑤无效

3. 低碳技术体系应用情况：
（1）本地区低碳技术创新体系中成效显著的有哪些技术？_____
（可多选）
　　①减量化技术　　　　　②再利用技术
　　③资源化技术　　　　　④系统化技术
（2）本地区低碳技术推广体系中成效显著的有哪些资源？_____
（可多选）
　　①技术推广基础网络　　②技术推广市场主体
　　③低碳技术中介机构
（3）本地区低碳技术保障体系中成效显著的有哪些资源？_____
（可多选）
　　①技术发展政策支撑　　②技术发展制度支撑
　　③技术发展资金支撑
（4）本地区低碳技术服务体系中成效显著的有哪些技术？_____
（可多选）
　　①低碳信息技术　　　　②低碳评价技术
　　③低碳标准化技术
　　④产品"质量安全"监督、检测技术
（5）本地区低碳信息化技术体系中成效显著的有哪些资源？____
（可多选）
　　①低碳信息网络体系　　　　②低碳信息资源
　　③技术专家决策支持系统　　④低碳信息服务体系
　　⑤虚拟科技重点实验室　　　⑥低碳信息监测与速报系统

三　对本地区低碳技术体系建设与应用情况的综合评价
1. 您认为本地区低碳技术体系总体运行的成效如何？_____

①非常显著 　　　②较为显著 　　　③成效一般
④较不显著 　　　⑤不算显著

2. 您认为本地区低碳信息化技术体系总体运行的成效如何？＿＿＿＿
①非常显著 　　　②较为显著 　　　③成效一般
④较不显著 　　　⑤不算显著

3. 您认为本地区低碳科技支撑体系的建设存在哪些问题？
_____
_____

4. 您认为本地区低碳信息化技术体系的建设存在哪些问题？
_____
_____

5. 您对提高低碳技术应用与推广有什么建议？
_____
_____

参考文献

1. 埃瑞克·G. 菲吕博顿、鲁道大·瑞切特：《新制度经济学》（第2卷），孙经纬译，上海财经大学出版社1998年版。
2. 安福仁：《中国走新型工业化道路面临碳锁定挑战》，《财经问题研究》2011年第12期。
3. 鲍健强、苗阳、陈锋：《低碳经济：人类经济发展方式的新变革》，《中国工业经济》2008年第4期。
4. 常安：《我国低碳经济发展存在的问题与对策研究》，《经济管理》（文摘版）2016年第8期。
5. 巢惟志、孙宁、米卫红、段项锁、王芳：《长三角制造业的低碳经济发展状况与对策——基于DSR模型的评价研究》，《华东经济管理》2012年第1期。
6. 陈强：《潍坊市农村互联网信息体系研究》，博士学位论文，中国农业科学院，2009年。
7. 陈卫洪、漆雁斌：《农业产业结构调整对发展低碳农业的影响分析》，《农村经济》2010年第8期。
8. 陈文婕、曾德明：《我国低碳技术创新中的锁定效应与对策——基于创新系统的视角》，《光明日报》2010年4月9日第3版。
9. 陈翔、肖序：《中国工业产业循环经济效率区域差异动态演化研究与影响因素分析——来自造纸及纸制品业的实证研究》，《中国软科学》2015年第1期。
10. 程波、贾国柱：《改进AHP–BP神经网络算法研究——以建筑企业循环经济评价为例》，《管理评论》2015年第1期。

11. 戴昕晨：《资源型城市转型过程中的产业结构调整问题——基于安徽淮北市的分析》，《华东经济管理》2010年第5期。
12. 邓正华：《农村生活环境整治中用户认知与行为响应研究》，《低碳技术经济》2013年第6期。
13. 邓正华：《环境友好型农业技术扩散中农户行为研究》，博士学位论文，华中农业大学，2013年。
14. 丁丹：《我国各省碳排放效率测算与差异性研究——基于超效率DEA模型》，《中南财经政法大学研究生学报》2015年第3期。
15. 杜受祜：《低碳农业：潜力巨大的低碳经济领域》，《农村经济》2010年第4期。
16. 付允、马永欢、刘怡君：《低碳经济的发展模式研究》，《中国人口·资源与环境》2008年第3期。
17. 高崇阳、邵辉、毕海普、张志鹏、宋兴帅：《电力建设项目风险管理的系统动力学模型》，《中国安全科学学报》2017年第10期。
18. 葛继红、周曙东：《用户采用环境友好型技术行为研究——以配方施肥技术为例》，《低碳技术经济》2010年第9期。
19. 郭进、徐盈之：《基于技术进步视角的我国碳锁定与碳解锁路径研究》，《中国科技论坛》2015年第1期。
20. 国务院发展研究中心应对气候变化项目组：《当前发展低碳经济的重点与政策建议》，《中国发展观察》2009年第8期。
21. 韩冰、王效科：《中国农田土壤生态系统"固碳"现状和潜力》，《生态学报》2008年第2期。
22. 何立华、杨盼、蒙雁琳、孔渊：《能源结构优化对低碳山东的贡献潜力》，《中国人口·资源与环境》2015年第6期。
23. 黄国勤、王兴祥、钱海燕：《施用化肥对农业生态环境的负面影响及对策》，《生态环境》2004年第4期。
24. 黄国勤、赵其国：《低碳经济、低碳农业与低碳作物生产》，《江西农业大学学报》（社会科学版）2011年第1期。
25. 黄和平：《基于生态效率的江西省循环经济发展模式》，《生态学报》2015年第9期。
26. 姬振海：《低碳经济与"清洁发展"机制》，《中国环境管理干部学院学报》2008 年第 2 期。

27. 蒋高明：《大力发展"固碳型"生态农业》，《科学时报》2010 年 7 月 10 日第 4 版。

28. 金艳鸣、谭雪、焦冰琪、王晓晨、白晓春：《基于可计算一般均衡模型的全球能源互联网经济社会效益分析》，《智慧电力》2018 年第 5 期。

29. 莱斯特·R. 布朗著：《B 模式 2.0：拯救地球延续文明》（第 1 卷），林自新译，东方出版社 2006 年版。

30. 李艾芬、章明奎：《嘉兴市农业面源污染源和农田氮磷平衡的历史变化特点》，《农业环境与发展》2009 年第 1 期。

31. 李国平、李恒炜：《基于矿产资源租的国内外矿产资源有偿使用制度比较》，《中国人口·资源与环境》2011 年第 2 期。

32. 李宏伟：《"碳锁定"与碳解锁研究——技术体制的视角》，《中国软科学》2013 年第 4 期。

33. 李宏伟：《"碳锁定"与低碳技术制度的路径演化》，《科技进步与对策》2012 年第 10 期。

34. 李金兵：《低碳城市系统模型》，《中国人口·资源与环境》2010 年第 12 期。

35. 李立志：《河南省区域信息化水平测度及其与国民经济发展之间的相关性分析》，《经济研究导刊》2010 年第 8 期。

36. 李明生、侯芳芳：《基于 DEA 的长株潭城市群低碳经济发展效率评价研究》，《工业技术经济》2016 年第 5 期。

37. 李明贤、刘娟：《低碳农业发展的技术替代分析》，《山东农业大学学报》2010 年第 4 期。

38. 李明贤：《我国低碳农业发展的技术锁定与替代策略》，《湖南农业大学学报》（社会科学版）2010 年第 2 期。

39. 李小倩、陈国宏：《技术进步、产业结构变动对区域低碳经济发展的影响——基于中国 30 个省市面板数据分析》，《发展研究》2017 年第 9 期。

40. 李晓惠：《低碳农业研究综述》，《农村经济与科技》2011 年第 1 期。

41. 李晓燕、王彬彬：《低碳农业：应对气候变化下的农业发展之路》，《农村经济》2010年第3期。
42. 梁中、李永发、武佩剑：《低碳产业创新系统运行的动态仿真分析——以安徽高技术产业为例》，《华东经济管理》2012年第9期。
43. 林秀群：《区域碳锁定的判定研究——以云南省为例》，《昆明理工大学学报》2014年第3期。
44. 林毅夫：《关于制度变迁的经济学理论：诱致性制度变迁和强制性制度变迁》（第3卷），上海人民出版社1994年版。
45. 刘怀伟、贾生华：《基于锁定的顾客网络管理策略》，《科研管理》2003年第5期。
46. 刘佳奇：《日本农业循环经济的发展及启示》，《农业经济问题》2015年第8期。
47. 刘晶：《我国经济低碳发展途径及潜力探析》，《企业改革与管理》2017年第9期。
48. 刘军跃、汪乐、苏莹：《基于DEA的重庆市发展低碳经济效率研究》，《重庆理工大学学报》（社会科学版）2016年第7期。
49. 刘勇、张郁：《低碳经济的科技支撑体系初探》，《科学管理研究》2011年第2期。
50. 刘振亚：《全球能源互联网》（第2卷），中国电力出版社2015年版。
51. 刘志明、沈光荣：《用绿色农业理念发展现代农业》，《四川农业科技》2010年第5期。
52. 吕涛、张美珍、杨玲萍：《基于扎根理论的家庭能源消费碳锁定形成机理及解锁策略研究》，《工业技术经济》2014年第2期。
53. 吕涛、张美珍、杨玲萍：《基于扎根理论的家庭能源消费碳锁定形成机理及解锁策略研究》，《工业技术经济》2014年第2期。
54. 马艳、严金强、李真：《产业结构与低碳经济的理论与实证分析》，《华南师范大学学报》（社会科学版）2010年第5期。
55. 马友华、王桂苓、石润圭：《低碳经济与农业可持续发展》，《生态经济》2009年第6期。
56. 毛飞、孔祥智：《用户安全农药选配行为影响因素分析——基于陕西 5 个苹果主产县的调查》，《低碳技术经济》2011 年第 5 期。

57. 米松华：《我国低碳现代农业发展研究》，博士学位论文，浙江大学，2013 年。

58. 牛文元、金涌、冯之浚：《发展循环经济的六大抓手》，《中国经济周刊》2010 年第 11 期。

59. 潘根兴、张阿凤、邹建文：《农业废弃物生物黑炭转化还田作为低碳农业途径的探讨》，《生态与农村环境学报》2010 年第 4 期。

60. 庞建峰：《我国发展低碳经济的必要性和途径探析》，《环境研究与监测》2016 年第 6 期。

61. 漆雁斌、陈卫洪：《低碳农业发展影响因素的回归分析》，《农村经济》2010 年第 2 期。

62. 漆雁斌、毛婷婷、殷凌霄：《能源紧张情况下的低碳农业发展问题分析》，《低碳技术经济》2010 年第 3 期。

63. 钱洁、张勤：《低碳经济转型与我国低碳政策规划的系统分析》，《中国软科学》2011 年第 4 期。

64. 屈锡华、杨梅锦、申毛毛：《我国经济发展中的"碳锁定"成因及"解锁"策略》，《科技管理研究》2013 年第 7 期。

65. 任家华：《基于低碳经济理念的产业集群生态创新研究》，《科技管理研究》2010 年第 11 期。

66. 沈友娣、章庆、严霜：《安徽制造业碳排放驱动因素、锁定状态与解锁路径研究》，《华东经济管理》2014 年第 6 期。

67. 施正屏、林玉娟：《低碳农业安全政策模型研究》，《台湾农业探索》2010 年第 4 期。

68. 石洪景：《用户对低碳技术采用行为的机理研究》，《福建农林大学学报》2014 年第 4 期。

69. 石洪景：《用户对台湾低碳技术的采用行为研究——基于福建省漳浦县的调查数据》，《科技管理研究》2015 年第 10 期。

70. 宋砚秋、杨岚：《基于系统动力学的复杂产品系统动态能力研究》，《科研管理》2017 年第 10 期。

71. 孙晓伟：《论我国发展低碳经济的制度安排》，《现代经济探讨》2010 年第 3 期。

72. 孙雪丽:《我国发展低碳经济的必要性与可行性分析》,《现代经济信息》2017 年第 11 期。
73. 汤秋香、谢瑞芝、章建新:《典型生态区保护性耕作主体模式及影响采用的因子分析》,《中国农业科学》2009 年第 2 期。
74. 唐德才、刘昊、汤杰新:《长三角地区能源消耗与碳排放的实证研究——基于系统动力学模型》,《华东经济管理》2015 年第 9 期。
75. 唐海明、汤文光、肖小平:《中国农田"固碳减排"发展现状及其战略对策》,《生态环境学报》2010 年第 7 期。
76. 汪中华、成鹏飞:《黑龙江省矿产资源开发区碳锁定及解锁路径》,《矿产保护与利用》2015 年第 6 期。
77. 王军:《循环经济的理论与研究方法》(第 3 卷),经济日报出版社 2007 年版。
78. 王毅:《发展低碳经济要打好时间差》,《中国能源报》2009 年 8 月 20 日第 2 版。
79. 王昀:《低碳经济略论》,《中国农业信息》2008 年第 8 期。
80. 王昀:《加快发展循环农业步伐》,《新华日报》2005 年 10 月 23 日第 4 版。
81. 王竹:《浅谈国际低碳经济发展经验及对中国的启示》,《经贸实践》2017 年第 1 期。
82. 翁伯琦、雷锦桂、胡习斌:《科技进步发展低碳农业》,《生态环境学报》2010 年第 6 期。
83. 吴哲:《中国发展低碳经济面临的主要问题及政策建议》,《经济研究导刊》2015 年第 12 期。
84. 谢海生、庄贵阳:《碳锁定效应的内涵、作用机制与解锁路径研究》,《生态经济》2016 年第 1 期。
85. 熊鸿军:《技术变迁中的路径依赖与锁定及其政策含义》,《科技进步与对策》2009 年第 11 期。
86. 许广月:《中国低碳农业发展研究》,《经济学家》2010 年第 10 期。
87. 杨玲萍、吕涛:《我国碳锁定原因分析及解锁策略》,《工业技术经济》2011 年第 4 期。
88. 杨洋、张倩倩:《碳减排绝对量约束目标下京津冀低碳经济发展路径分析》,《软科学》2015 年第 11 期。
89. 杨瑛哲、黄光球:《基于系统动力学的企业转型的技术变迁路径分析仿真模型》,《系统工程理论与实践》2017 年第 10 期。
90. 姚延婷、陈万明:《农业温室气体排放现状及低碳农业发展模式研究》,《科技进步与对策》2010 年第 12 期。
91. 张晨:《武汉市发展低碳经济的研究》,博士学位论文,华中师范大学,2015 年。
92. 张海燕、邵云飞、王冰洁:《考虑内外驱动的企业环境技术创新实证研究》,《系统工程理论与实践》2017 年第 6 期。
93. 张莎莎、张建华:《低碳经济技术锁定突破研究》,《技术经济与管理研究》2011 年第 10 期。
94. 张晓晨:《我国低碳经济建设融资现状、问题和对策》,《中国社会科学院研究生院学报》2016 年第 6 期。
95. 赵莉、王华清:《技术锁定的研究述评与未来展望》,《华东经济管理》2014 年第 8 期。
96. 赵其国、钱海燕:《低碳经济与农业发展思考》,《生态环境学报》2009 年第 5 期。
97. 赵秋莉、冯君淑、金艳鸣、王晓晨、谭雪:《全球能源互联网背景下的环境效益评估》,《全球能源互联网》2018 年第 S1 期。
98. 赵子勋:《中国低碳经济发展的途径与潜力分析》,《长江丛刊》2018 年第 1 期。
99. 周栋梁:《环洞庭湖区两型农业生产体系研究》,博士学位论文,湖南农业大学,2010 年。
100. 周立新:《低碳经济时代转变低碳经济发展方式探析》,《低碳经济》2010 年第 4 期。
101. 周茜:《马克思主义生态观视域下我国低碳经济问题研究》,博士学位论文,首都经济贸易大学,2017 年。
102. 周五七、唐宁:《中国工业行业碳解锁的演进特征及其影响因素》,《技术经济》2015 年第 4 期。
103. 周志霞:《林业市场行为与区域经济绩效的 SD 仿真研究》(第 1 卷),中国社会科学出版社 2012 年版。

104. 周志霞：《气候预测对农业决策的经济价值》，《产业经济评论》2016 年第 8 期。

105. 朱文杰：《我国低碳经济的发展路径探索》，《现代经济信息》2018 年第 12 期。

106. 庄贵阳、谢海生：《破解资源环境约束的城镇化转型路径研究》，《中国地质大学学报》2015 年第 2 期。

107. 庄贵阳：《低碳经济：气候变化背景下中国的发展之路》（第 2 卷），气象出版社 2007 年版。

108. 宗慧隽：《全球能源互联网社会效益形成机理及效益测算：基于压力—状态—响应模型》，《福建论坛》（人文社会科学版）2017 年第 8 期。

109. Ashley, R. C. and Christopher, A. S., "Vulnerability and Adaptation to Climate Change and Variability in Semi – Arid Rural Southeastern Arizona", *Natural Resources Forum*, Vol. 33, No. 4, June 2009.

110. Bernard, B., "How Historical Thinking Helps Technology Decision – Making", *Tech – Trends: Linking Research & Practice to Improve Learning*, Vol. 60, No. 4, April, 2016.

111. Barnet, T. V. and Payne R., *Agricultural Sustainability: Economic, Environmental and Statistical Considerations*, Wiley: CHICHESTER Press, 1995.

112. Benjamin, S., Bruno, B., Jeanne, F., Serigne, M. and Grégoire, L. M., "Estimating the Potential Economic Value of Seasonal Forecasts in West Africa—a Long Term Ex – Ante Assessment in Senegal", *Weather Climate and Society*, Vol. 2, No. 1, March, 2010.

113. Berkhout, F., Verbong, G. and Anna, J., "Sustainability Experiments in Asia: Innovations Shaping Alternative Development Pathways?", *Environmental Science & Policy*, Vol. 21, No. 13, August, 2010.

114. Bert, F., Satorre, E. H., Toranzo, F. R. and Podestá, G. P., "Climatic Information and Decision – making in Maize Production Systems of the Argentinean Pampas", *Agricultural Systems*, Vol. 88, No. 6, April,

2006.

115. Cabrera, V. E., Breuer, N. E., Hildebrand, P. and Letson, D., "The Dynamic North Florida Dairy Farm Model: A User – Friendly Computerized Tool for Increasing Profits While Minimizing N Leaching Under Varying Climatic Conditions", *Computer Electronics in Agriculture*, Vol. 49, No. 3, July, 2005.

116. Cabrera, V. E., Hildebrand, P. E., Jones, J. W., Letson, D. and Vries A. D., "An Integrated North Florida Dairy Farm Model to Reduce Environmental Impacts under Seasonal Climate Variability", *Agriculture Ecosystems & Environment*, Vol. 113, No. 5, June, 2006.

117. Calanca, P., "Weather Forecasting Applications in Agriculture", *Encyclopedia of Agriculture and Food Systems*, Vol. 57, No. 4, May, 2006.

118. Carter, M. R. and Barrett, C. B., "The Economics of Poverty Traps and Persistent Poverty: An Asset – based Approach", *Journal of Development Studies*, Vol. 42, No. 6, August, 2006.

119. Catherine, V. and Suraje, D., "Climate Services for Society—Origins, Institutional Arrangements, and Design Elements for an Evaluation Framework, Wiley Interdisciplinary Reviews", *Climate Change*, Vol. 32, No. 5, May, 2014.

120. Chen, C. C., McCarl, B. and Hill, H., "Agricultural Value of ENSO Information under Alternative Phase Definition", *Climatic Change*, Vol. 54, No. 5, September, 2002.

121. Daniel, S. and Letson, D., "Assessing the Value of Climate Information and Forecasts for the Agricultural Sector in the Southeastern United States—Multi Output Stochastic Frontier Approach", *Regional Environmental Change*, Vol. 13, No. 8, June, 2013.

122. David, P. and Bunn, J., "The Economics of Gateway Technologies and Network Evolution: Lessons from Electricity Supply History", *Information Economics and Policy*, Vol. 3, No. 2, February, 1988.

123. David P. A., *Technical Choice, Innovation and Economic Growth*, London: Cambridge University Press, 1975.

124. Elbers, C., Gunning, J. W. and Kinsey, B., "Growth and Risk—Methodology and Micro Evidence", *World Bank Economic Review*, Vol. 21, No. 3, July, 2007.

125. Eugene, S. T. and Christopher, J., "Climate Forecasts for Corn Producer Decision Making", *Earth Interactions*, Vol. 18, No. 5, March, 2014.

126. Everingham, Y. L., Muchow, R. C., Stone, R. C., Inman-Bamber, N. G., Singels, A. and Bezuidenhout, C. N., "Enhanced Risk Management and Decision-making Capability across the Sugarcane Industry Value Chain based on Seasonal Climate Forecasts", *Agricultural Systems*, Vol. 74, No. 1, February, 2002.

127. Foltz, J., "The Economics of Water-conserving Technology Adoption in Tunisia: An Empirical Estimation of Farmer Technology Choice", *Economic Development and Cultural Change*, Vol. 51, No. 1, January, 2003.

128. Hallstrom, D. G., "Interannual Climate Variation, Climate Prediction, and Agricultural Trade—The Costs of Surprise Versus Variability", *International Review of Economics Finance*, Vol. 12, No. 2, September, 2004.

129. Hansen, J. W., "Realizing the Potential Benefits of Climate Prediction to Agriculture - Issues, Approaches, Challenges", *Agricultural Systems*, Vol. 74, No. 3, August, 2002.

130. Hill, H. S., Mjelde, J. W., Love, H. A., Rubas, D. J., Fuller, S. W., Rosenthal, W. and Hammer G., "Implications of Seasonal Climate Forecasts on World Wheat Trade - A Stochastic, Dynamic Analysis", *Agricultural Economics*, Vol. 52, No. 4, December, 2004.

131. Holling, C., "Resilience and Stability of Ecological Systems", *Annual Review of Ecology and Systematics*, Vol. 71, No. 4, December, 1973.

132. Hoogenboom, G., "Contribution of Agrometeorology to Simulation of Crop Production and Its Applications", *Agriculture and Forest Meteor*, Vol. 103, No. 7, June, 2000.

133. Hyung, S. C., Uwe, A., Schneider, L. R., Junbo, C., Erwin, S. and Hermann, H., "Potential Effects of Perfect Seasonal Climate Forecasting on Agricultural Markets, Welfare and Land Use – A Case Study of Spain", *Agricultural Systems*, Vol. 3, No. 2, March, 2014.

134. Isgin, T. A. and Bilgic, D. F., "Using Count Data Models to Determine the Factors Affecting Farmers' Quantity Decisions of Precision Farming Technology Adoption", *Computers and Electronics in Agriculture*, Vol. 62, No. 2, March, 2003.

135. James, W. H., Mishra, A., Rao, K. P. C., Indeje, M. and Robinson, K. N., "Potential Value of GCM – based Seasonal Rainfall Forecasts for Maize Management in Semi – Arid Kenya", *Agricultural Systems*, Vol. 101, No. 4, November, 2009.

136. Jessica, B. and Kenneth, B., "Early Adoption of Climate Information – Lessons Learned from South Florida Water Resource Management", *Weather Climate and Society*, Vol. 5, No. 3, May, 2013.

137. Jones, J. W., Hanson, J. W., Royce, F. S. and Messina C. D., "Potential Benefits of Climate Forecasting to Agriculture", *Agricultural Ecosystem Environment*, Vol. 82, No. 4, January, 2000.

138. Laul, R., "Soil Carbon Sequestration Impacts on Global Climatic Change and Food Security", *Science*, Vol. 304, No. 2, July, 2004.

139. Laura, V. R., Ole, M., Kjeld, R., Hector, N., Abdou, A. and Idrissa M., "Weather, Climate, and Resource Information Should Meet the Needs of Sahelian Pastoralists", *Weather, Climate, and Society*, Vol. 6, No. 4, December, 2014.

140. Letson, D., Laciana, C. E., Bert, F. E., Weber, E. U., Katz, R. W., Gonzalez, X. I. and Podesta, G. P., "Value of Perfect ENSO Phase Predictions for Agriculture—Evaluating the Impact of Land Tenure and Decision Objectives", *Climatic Change*, Vol. 97, No. 3, February, 2009.

141. Loorbac, D., "Transition Management for Sustainable Development: A Prescriptive, Complexity Based Governance Framework", *Governance*,

Vol. 23, No. 1, January, 2010.

142. Muraj S., Ekwue E. I., Birch R. A., "A Controlled Environment Agriculture Greenhouse for the Caribbean Region", *West Indian Journal of Engineering*, Vol. 40, No. 2, May, 2018.

143. Mariano, M. J., Villano, R. and Fleming, E., "Factors Influencing Farmers' Adoption of Modern Rice Technologies and Good Management Practices in the Philippines", *Agricultural Systems*, Vol. 110, No. 6, September, 2012.

144. Mattias, K., Ottmar, E. and Lessmann, K., "Learning or Lock – in: Optimal Technique Policies to Support Mitigation", *Resource and Energy Economics*, Vol. 34, No. 1, January, 2012.

145. Mcmilan, J., Whalley, J. and Zhu, J., "The Impact of China's Economic Roforms on Agricultural Productivity Growth", *Journal of Political Economy*, Vol. 97, No. 4, March, 1989.

146. Murmann, J. P., *Knowledge and Competitive Advantage: Evolution of Firms, Technology and Institutions*, New York: Cambridge University Press, 2003.

147. Nimmerman, A. T., "Uncovering Native South: Archaeology, Agriculture and the Environment", *Alabama Review*, Vol. 70, No. 2, April, 2017.

148. Nelson, R. R., "The Co – evolution of Technology, Industrial Structure, and Supporting Institutions", *Industrial and Corporate Change*, Vol. 3, No. 1, June, 1994.

149. Njie, M., "Making Economic Sense of Adaptation in Up—land Cereal Production Systems in the Gambia", *International Start Secretariat*, Vol. 124, No. 16, November, 2006.

150. Paustian, K., Cole, C. V. and Sauerbeck and D., "CO_2 Mitigation by Agriculture: An Overview", *Climatic Change*, Vol. 40, No. 1, May, 1998.

151. Porter, M., *The Competitive Advantage of Nations*, New York: The Free Press, 1990.

152. Rahelizatovo, N. and Gillespie, J., "The Adoption of Best – management Practices by Louisiana Dairy Produces", *Journal of Agriculture Application Economics*, Vol. 36, No. 1, June, 2004.

153. Rao, N. H., "A Framework for Implementing Information Technology and Communication Technologies in Agricultural Development in India", *Technological Forecasting & Social Change*, Vol. 13, No. 5, December, 2006.

154. Robert, S., *Technical Change and the Aggregate Production Function: The Economics of Technical Change*, London: Edward Elgar Publish Limited, 1993, pp. 673 – 674.

155. Rosenzwing, C., Tubiello, F., "Adaptation and Mitigation Strategies in Agriculture: An Analysis of Potential Synergies", *Mitigation and Adaptation Strategy Global Change*, Vol. 86, No. 12, November, 2007.

156. Sahadeo, S., Ekwue, E. I. and Birch, R. A., "Survey and Modeling of Protected Agriculture Environment Systems in Trinidad and Tobago", *West Indian Journal of Engineering*, Vol. 39, No. 2, April, 2017.

157. Song, G. H., Li, L. Q. and Pang, X., "Top Soil Organic Carbon Storage of China and Its Loss by Cultivation", *Biogeochemistry*, Vol. 74, No. 10, August, 2005.

158. Stoneman, P. and Kown, M. J., "Technology Adoption and Firm Profitability", *The Economic Journal*, Vol. 106, No. 7, September, 1996.

159. Stoneman, P. and Kown, M. J., "Technology Diffusion and Public Policy", *The Economic Journal*, Vol. 104, No. 7, February, 1994.

160. Tlemm, K. and Mcpherson, R. A., "Assessing Decision Timing and Seasonal Climate Forecast Needs of Winter Wheat Producers in the South – Central United States", *Journal of Applied Meteorology & Climatology*, Vol. 57, No. 9, May, 2018.

161. Tocock, T., "Advanced Lighting Technology in Controlled Environment Agriculture", *Lighting Research & Technology*, Vol. 48, No. 1, January, 2016.

162. Tingem, M. and Rivington, M., "Adaptation for Crop Agriculture to

Climate Change in Cameroon: Turning on the Heat", *Mitigation and Adaptation Strategy Global Change*, Vol. 59, No. 14, December, 2009.

163. Unrhu, G. C. and Carrillo, H. J., "Globalizing Carbon Lock – in", *Energy Policy*, Vol. 34, No. 10, December, 2006.

164. Viyush, P. and Nitish, G., "Improving the Energy Efficiency of the New Zealand Economy: Policy Comparison with Other Renewable – rich Countries", *Energy Policy*, Vol. 11, No. 3, June, 2018.

165. West, T. O. and Post, W. M., "Soil Organ is Carbon Sequestration Rates by Tillage and Crop Rotations: A Global Data Analysis", *Soil Science Society of America Journal*, Vol. 66, No. 7, September, 2002.